THE
COMPLETE HISTORY *of*
HAN DYNASTY

5

东汉与蜀汉

公元125年
汉安帝刘祜驾崩

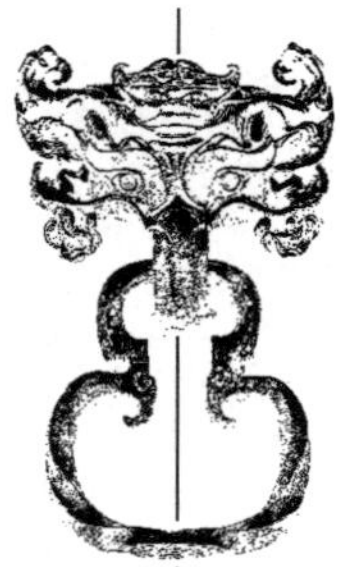

公元234年
诸葛亮病逝

上医治国
◎著◎

北京联合出版公司
Beijing United Publishing Co.,Ltd.

图书在版编目（CIP）数据

东汉与蜀汉 / 上医治国著. -- 北京：北京联合出版公司，2023.8（2026.1 重印）
（大汉帝国全史）
ISBN 978-7-5596-6957-5

Ⅰ.①东… Ⅱ.①上… Ⅲ.①中国历史—汉代—通俗读物 Ⅳ.①K234.09

中国国家版本馆 CIP 数据核字 (2023) 第 102392 号

大汉帝国全史 东汉与蜀汉

作　　者：上医治国
出 品 人：赵红仕
产品经理：张建鑫
封面设计：人马艺术设计·储平
出版监制：辛海峰　陈　江
责任编辑：周　杨
特约编辑：郭　梅
美术编辑：任尚洁

北京联合出版公司出版
（北京市西城区德外大街83号楼9层　100088）
联合读创（北京）文化传媒有限公司发行
天津中印联印务有限公司印刷　新华书店经销
字数 1072千字　710毫米×1000毫米　1/16　69.75印张
2023年8月第1版　2026年1月第7次印刷
ISBN 978-7-5596-6957-5
定价：198.00元（全五册）

目录

第四十四章

积重难返

大厦将倾

后来，诸葛亮在《出师表》中谈及他与刘备讨论东汉的衰落，都不免发出“未尝不叹息痛恨于桓、灵也”的感叹，痛心疾首地把东汉王朝最后的败亡归罪于桓、灵二帝。

其实不然，东汉的衰亡在公元125年之后便已经不可避免。

孝安帝刘祜虽然熬过了太后邓绥，但也仅算险胜，他甚至没能看到班勇在西域点亮汉朝最后的辉煌。延光四年（公元125年）二月，刘祜突发奇想，要南巡回自己老家章陵（原来的舂陵）一趟，结果三月份便在回程途中驾崩，时年三十二岁。

刘祜的死非常突然，只有皇后阎姬和阎姬的兄弟阎显，以及随行的江京、樊丰等少数几个人知道。阎皇后深受邓太后执政十几年的影响，早就将其视为学习的榜样，想体会一把垂帘听政、把控天下的风光。因此，刘祜驾崩之后，阎皇后想到的第一件事就是要把这个消息压下来。

阎姬跟阎显等人商量，考虑到济阴王刘保在洛阳，一旦皇帝驾崩的消息先传到洛阳，大臣们定然会奉刘保为帝，这是她不能接受的。

阎皇后之所以不愿让刘保继位做皇帝，主要是因为她跟刘保有私仇。刘保是刘祜的长子，在永宁元年（公元120年）本已被立为太子，可他的母亲李氏被阎皇后陷害而死，他的太子之位也在半年前因江京等人的构陷被废。有这样的深仇大恨，阎皇后岂敢让他继位？于是，秘不发丧便成了阎皇后和阎显、江京等人一番商量后唯一的选择。

虽然明知刘祜已经驭龙宾天，阎皇后却只是宣布皇帝病了，需要在马车中静养，由江京等人负责的皇帝的日常饮食、起居等一切照常，只不过皇帝不再踏出车门半步。就这样，皇帝的车驾继续前行，一路疾行往洛阳而去。

经过四天昼夜兼程的赶路，车驾终于在三月的庚午日回到洛阳。这时阎皇后仍没敢把刘祜驾崩的消息透露出去，只是说皇帝病得很重，需要治疗。就这样她又拖了一天，第二天（辛未日）傍晚才宣布皇帝驾崩的消息。

有了这一天的时间，阎皇后已经选好了接班人，那就是北乡侯刘懿。

这时候，刘懿的年纪不超过十岁。三月乙酉日，刘懿即皇帝位，阎姬以太后身份临朝。终于得偿所愿的阎姬一上来便有大动作：提拔自己的哥哥阎显做车骑将军总揽大权，把其他的兄弟和亲信都安排到重要岗位上，又把原来的三公明升暗降，都换成自己人。

刘祜在病重之时曾安排大将军耿宝代理太尉一职，显然有让他日后辅政的意思，但这有碍阎姬听政，于是耿宝便成了被打击的目标。此外，在刘祜生前得宠的中常侍樊丰、虎贲中郎将谢恽、侍中周广，以及刘祜的奶妈、被封为"野王君"的王圣等，都被认定和耿宝结党营私，被阎姬用一封诏书送上绝路。

虽然刘祜亲政后并不像个明君，荒唐的事情没少做，但阎姬和他比起来不遑多让。就在阎姬以为天下尽在她掌握中时，一件让她意想不到且无法掌控的事情发生了。

十月辛亥，刘懿薨。

虽然刘懿的早夭令人意外，但放在东汉王朝皇帝一脉里看又并非偶然。当年邓太后在立刘隆为帝，命其他宗室王爷全部之国的同时将刘祜留在洛阳，就是以防万一留的后手。阎姬显然只向往邓太后秉政的风光，而缺乏邓绥的心机和头脑。刘懿的突然死亡让毫无准备的她措手不及。虽经江京和阎显提醒，为了防止有人趁机作乱，阎姬命人关闭了宫门，又派兵把守住洛阳城四周，但在选谁继位的问题上，作为太后的阎姬始终拿不定主意。

阎姬这一犹豫，就让人捷足先登了。

中黄门孙程从皇权的羸弱和皇位的更迭中看到了分一杯羹的机会。在刘懿病重的时候，他便已经与长乐太官丞京兆王国和中黄门王康约定，一旦刘懿病死，就杀了江京、阎显，拥立前太子、济阴王刘保为帝。

十一月乙卯日，孙程、王国、王康和中黄门黄龙、彭恺等一起截衣为誓，约定即刻发动政变。

虽然这个时候计划已定，但由于阎太后在皇宫中闭门自守，孙程他们还缺一个能开门进宫的借口。他们这边正发愁，没想到两天后的丁巳日，洛阳周边便发生了地震。这下孙程等人大喜过望，当天夜里便以地震救援为借口进入皇宫。

这些人在崇德殿上进行了最后的部署。除了一个叫苗光的犹豫不前，留在了崇德殿，其余人先确认了江京等人的位置，然后一举将躲在皇宫里的江京、刘安、陈达等阎太后的亲信杀死，随后在崇德殿迎济阴王刘保为帝。

这时候洛阳出现了一幅奇景：在同一个皇宫里，既有新登基的皇帝刘保，还有不承认刘保登基的阎太后，双方在宫中对峙。

要不说阎姬只看到当太后听政的风光，却缺乏支撑这些风光的手段，都到这时候了，阎姬还不知该怎么办。同样不知所措的还有阎姬的哥哥车骑将军阎显。这一对无能兄妹平日里只知道仗着权势为所欲为，当自己的名头吓不住人，没有一个人慑服于他们时，便如同热锅上的蚂蚁，只知道团团转。

一旁的小黄门樊登看不下去，只好提示阎显，太后这时候应该召将军带兵进宫，不仅可以自保，还能进逼孙程等人。阎显虽然是车骑将军，但让他亲自带兵，他显然是不敢的，于是便召来越骑校尉冯诗。

冯诗听说太后召见，并不知道是怎么一回事，等进宫见了阎姬兄妹，才知道是要让他去对抗孙程。冯诗并不傻，虽然太后许出封万户侯的条件，他却不打算被阎姬兄妹当枪使。

可自己现在在人家的地盘上，若直接抗命，冯诗不得不为自己的性命担忧。好在有的人一紧张，反应就会不由自主地变快，冯诗便是这样的人。他眼珠一转，立即计上心来，先是欣然应允，随即表示自己进宫的时候没带多少人，请求出宫多召集一些士兵。

阎显虽然觉得不妥，但冯诗的理由合情合理，似乎也无法拒绝。

阎显不敢自己去监督冯诗，便派樊登跟着冯诗，到左掖门召集更多士兵。

冯诗这明显是要跑路。那他为什么不选择支持阎姬呢？因为阎太后在听政的短短几个月时间里已经杀了许多反对她的大臣，阎显和他的兄弟、走狗们更是在朝廷中横行霸道，他们的所作所为早已不得人心。

当然，即便皇帝做的错事也很多，比如安帝刘祜亲政之后便逼死了忠臣杨震，但朝廷里那些为社稷、为皇帝死而后已的大臣仍会前仆后继地跟随他。这就涉及了古代人骨子里的正统问题。太后毕竟只是太后，她不是皇帝，也不姓刘，却倒行逆施，怎么可能得到大臣们的支持？

于是，冯诗出了左掖门便把樊登杀了，然后回到自己的军营里再也没出来。

失去了唯一有主意的樊登，困在宫里的阎姬和阎显更像没头苍蝇了。结果，孙程等人将卫尉阎景、城门校尉阎耀、执金吾阎晏等一网打尽，连阎显也被一同下大狱处死。最后，孙程只派一个使者便从阎姬那里把玉玺抢了过来，顺便将太后囚禁在离宫。还没能充分体验君临天下之快感的阎太后，进了离宫更是受不了这样的落差，没过多久就见了阎王。

如此一个泱泱大国，几个宦官竟然就把政变完成了，而且没有长期的计划和准备，没有动用军队，没有朝廷众臣的参与，没有屠杀和动乱。这种不可思议的权力更迭不仅映射出当时东汉皇权的无力，也体现了汉朝政治体制的成熟：只要朝廷中、地方上的大臣各司其职，社会就能正常运转，不管谁当皇帝都一样，甚至有没有皇帝都一样。

既然如此，宦官和外戚们便准备放开手大干一场。

飞扬跋扈

孙程等人扶持刘保当皇帝，当然不是因为喜欢刘保，而是为了博取富贵荣华。现在事情做成了，孙程这十九个人当然把自己当成大功臣。新帝登基之后，第一件事就是封赏孙程这些所谓的功臣。当时一起截衣立誓的人都获得了封侯的奖赏，号称“十九侯”。其中，孙程受封最多，食邑一万户；接下来是王国、王康，食邑九千户；其余人等则受封两千户到五千户不等，连那个最后时刻犹豫不前的苗光也受封一千户。

孙程等人自恃功大牛气起来，在朝堂上呼来喝去，到处指手画脚，不把任何人放在眼里，很快便惹怒了一个人。

这个人就是皇帝刘保。虽然刘保的谥号是“顺帝”，也信任宦官，但这不意味着他会顺着孙程他们。

世事往往就是这么无常。对待同样一件事，即使是同一个人，在不同的心境下也会得出不同的结论。春秋时期，卫国的卫灵公有男宠弥子瑕。有一次弥子瑕吃桃子，一口下去觉得鲜美无比，便把咬了一口的桃子给卫灵公吃，得卫灵公盛赞：“这么好吃的桃子也能忍住不吃完而给我吃，真是爱我啊！”可后来弥子瑕年纪大了，没有了年轻时的俊美、倜傥，卫灵公看着那张长了褶子的老脸，不由得心生厌恶，也就对他失去了兴趣。于是，想起当年的事来，胃里顿时翻江倒海：“这王八犊子，当年竟把吃剩的桃子给寡人，实在是罪无可赦！”

同样，永建元年（公元126年）秋天，就因为刘保讨厌孙程恃功自傲，于是一年前孙程等人发动政变拥立刘保当皇帝的行为成了“干乱悖逆”的犯上之举。结果，这十九侯都被免官，并被改封到边远地区，而且被勒令回到封地。

这时候，刘保其实还是离不开宦官的。没有孙程，他后来又宠信起其他宦官，如曹节、曹腾等。况且刘保是小孩子心性，没过多久，他竟开始想念孙程，于是又下令免除了孙程等人的罪过。永建三年（公元128年），他又把孙程等十九人召回京师，重新委以重任。

本来皇帝信任宦官，看重的是宦官没有子嗣，可后来孙程临死前请求将他的封地给他的弟弟继承，刘保不仅答应了，还把孙程的一半封地封给了孙程的养子孙寿。再后来，他干脆把宦官的养子可以继承封爵一条写入律法。

总之，在刘保的前半生，宦官不仅在皇帝心中占据要位，在朝廷中也占据着重要的地位。朝廷中的大臣见到宦官只能点头哈腰绕路走，谁都不愿也不敢跟他们起冲突。这种情况一直持续到阳嘉元年（公元132年），这一年宦官们的对手逐渐势起，因为刘保在这一年立了皇后。

皇帝有了皇后，就意味着最重要的一支外戚力量诞生了。刘保的皇后梁妠是乘氏侯梁商的女儿。永建三年，十三岁的梁妠和姑姑同时入宫，这大概是梁商上的双保险。结果，年轻的侄女胜出，四年之后被封为皇后。随后，作为皇帝岳父的梁商身份水涨船高，很快便做了大将军。

大将军梁商是个遇事主张以和为贵的人。他虽然得势，却不愿意招惹麻烦，平日里不仅主动跟宦官们套近乎，甚至巴结孙程之后最得宠的宦官曹节、曹腾等人。这一时期大概是顺帝一朝宦官最为得意的一段时间，满朝上下，敢惹宦官的也就只有宦官。

但是，到了永和六年（公元141年），大将军梁商病死，接任的是他的儿子梁冀，情况就不一样了。

据史料记载，梁冀两肩上耸、双目竖立，尊容实在是一言难尽，而且还口吃难言。这家伙为人处世和他父亲完全不同，是个异常骄横跋扈的主儿。永和元年（公元136年），梁冀时任河南尹，仗着自己是大将军的儿子、皇后的哥哥，行事无法无天，可朝廷上没人敢公开说他一句不是。洛阳令吕放因为是梁商的密友，就斗胆私底下跟梁商说了梁冀做的一些不法之事。梁冀因此受到父亲斥责，结果他出门就派人把吕放杀了。

当时的大才子崔琦曾受到梁冀的礼待，便想尽朋友的义务规劝一下梁冀，遂作《外戚箴》一文送予梁冀，文中以“履道者固，杖势者危”暗示梁冀应当收敛行为。结果，学识浅薄的梁冀对朋友的暗示毫无反应。崔琦失望之余灵感爆棚，又作《白鹄赋》一篇，讽刺梁冀“反复欲钳塞士口，杜蔽主听”。没想到，脑袋间歇性灵光的梁冀这次一下就看懂了崔琦的讽刺。作为对朋友劳心劳力写文章骂自己的谢礼，梁冀毫不犹豫地把他杀了。

当这样一个人做了大将军，他怎会看人眼色？知道他的黑历史的大臣又有几个敢触他的虎须？结果，原来得宠的宦官们反过来成了他的爪牙。

又过了三年，在建康元年（公元144年）八月庚午日，三十岁的刘保突然驾崩。这时梁皇后还没有儿子，好在后宫里的美人虞氏有一个年仅两岁的儿子刘炳，且已经被立为太子。

这下好了，又是一个没有用的孤儿皇帝，梁皇后则成了听政的太后，国舅爷梁冀便更加无法无天。然而，刘炳刚当上皇帝不久便病了，仅熬到了转过年的正月初六就病死了。

这下该怎么办？

以太尉李固为首的大多数大臣看好清河王刘蒜，认为这个人年纪较大，而且颇有德行，按照亲疏关系来说又是汉章帝的玄孙，理应被立为皇帝。

梁冀马上表示不同意。

“你们赞成的，我就要反对，而且反对还得有效，不然怎么显示我的威严以及说一不二？”这大概就是梁冀的理论。而且，以当年阎太后的故事为鉴，梁冀早有第二手准备。早在冲帝刘炳发病之时，梁冀便已将渤海王刘鸿八岁的儿子刘缵安排到洛阳都亭中住下，就等着万一刘炳抢救不过来，马上拿他顶上去。

虽然梁太后很看重父亲梁商生前器重的太尉李固，但既然梁冀另有打算，梁妠便不得不倒向兄长这边。李固等大多数人的努力成了无用功，已经兴冲冲地来到洛阳的清河王刘蒜只能灰溜溜地跑回自己的清河郡。

正月二十五，刘缵在大将军的支持下即皇帝位。

梁冀看中刘缵，无非因为他年纪小，容易拿捏。可梁冀没想到自己的所作所为连个八岁的孩子都看不下去，有一天刘缵公开在朝堂之上指着梁冀说：“这是个跋扈将军！”

这句话把梁冀气得不行，尤其小皇帝还是在公开场合说的这句话，这就相当于在文武百官面前扇了他一耳光，这口气梁冀怎么可能咽下？既然咽不下，根据以往的经验，我们可以猜到梁冀接下来会如何报复小皇帝。

没错，就是杀人。

谁得罪他，他就杀谁，直截了当。

这就是梁冀的逻辑。至于刘缵是梁冀自己选的，是小孩，是皇帝，这些统统不在梁冀的考虑范围之内。

本初元年（公元146年）闰六月甲申日，梁冀授意侍从将下了砒霜的煮饼进献给刘缵。刘缵小小年纪，哪里经得起香喷喷的煮饼诱惑？况且即便刘缵不想吃，有梁冀在侧，也容不得他不吃。结果，刚吃两口，刘缵便觉腹痛难忍，随即抱着肚子在地上翻滚。

梁冀在一旁无动于衷，也不许别人上前救治，惊慌失措的侍从们纷纷聚到门口，进也不是，退也不是。最后，刘缵好不容易才表情扭曲地硬从嘴里挤出一句话：“宣太尉李固！”

六神无主的侍从立即反应过来，赶紧冲出宫门，急宣太尉入宫。

等李固匆忙地进宫，刘缵已只剩最后一口气。李固扑通一声跪倒，忙问这是怎么回事。

刘缵此时进气少出气多：“吃了煮饼之后，肚子闷痛，如果能喝口水，或许还能活。”

饼一类的面食经水浸泡后会发胀，在不适的时候，腹胀容易引发呕吐，而如果呕吐则会把吃进去的砒霜吐出来，导致中毒程度减轻。尽管这个可能性非常小，但万一真的是这样，刘缵可能一时间死不了。于是，这时冷眼旁观许久的梁冀说了第一句话："不能喝水，喝了会吐。"

梁冀的话音还没落地，刘缵便一命呜呼了。

虽然刘缵没有指名道姓，但李固并不傻，只是他又能拿梁冀怎么办呢？他只好愤恨地伏尸痛哭，然后拿皇帝身边的侍从和太医们问罪了事。

哭也哭了，罪也问了，虽然处理不了主犯，但有一件事还是要马上做的，那就是召集大臣一起讨论，再选一个人当皇帝。

对于梁冀来说，选一个皇帝远比杀一个皇帝要困难得多。选谁好呢？梁冀想来想去，最终想立妹妹梁太后喜欢的蠡吾侯刘志为帝。可除了太后，没人支持梁冀的想法。

李固虽然不能定梁冀的罪，但他想好了，这次无论如何要立年纪大又聪明的清河王刘蒜为帝，这样才能削弱梁家外戚的势力。而且，他已经和司徒胡广、司空赵戒通过气，有他们三公为首支持，大臣们应当敢和梁冀硬刚一回。

次日朝议，李固当仁不让，第一个站出来表态："应当立清河王刘蒜！"

梁冀赶紧反对："立……立……刘志！"

梁太后只好问："司徒和司空的意思呢？"

胡广和赵戒同样表示刘蒜是合适人选。其他大臣一看三公已统一意见，赶紧随声附议。

只有梁冀不同意，他怒目瞪视李固，李固则毫不畏惧地直视梁冀。梁冀想发作又发作不得，毕竟三公带头要立刘蒜，刚毒杀了质帝刘缵的他心里不禁发虚，况且他也说不出什么反对的理由。

于是双方僵持不下。梁太后一看这情况，既不敢反对立刘蒜，也不敢立刘志，只能宣布明日再议。

大臣们毕竟人多势众，事情越拖，对少数派越不利。如果再这样僵持一段时间，刘蒜大概很快就要当皇帝了。平日里飞扬跋扈惯了的梁冀眼看就要受挫，这让他十分不爽，但一时又下不了坚决反对的决心。

这时候，作为关键的一方，宦官的加入决定了事情的走向。

刘蒜到底是不是真的聪明而有德行，足以让三公为之折服，我们不得而知，但此人确有几分耿直秉性。但凡性格耿直之辈，多是真的猛士，敢于毫不忌讳地给自己看不上的人脸色看，并不屑于与之虚与委蛇。耿直的刘蒜平日里大概是看不上这些点头哈腰的宦官的，因此当曹腾主动上门拜谒的时候，刘蒜并没给其好脸色看，甚至曹腾给他行礼的时候，他也懒得回礼，惹得曹腾十分不爽，愤愤而去。

刘蒜不知道，他得罪了曹腾，也就连宦官们一起得罪了。本来还持观望态度的宦官集团现在也站到了他的对立面。

于是，在梁冀犹豫不决的时候，曹腾连夜来到大将军府，跟他说了一句非常重要的话："大将军作为国戚的这许多年，底下人仗着将军的名头可犯了不少差错。清河王以严明著称，如果他做了皇帝，那大将军不免要受手下的牵连。不如立蠡吾侯，可以保大将军富贵长久。"

人做事下不了决心，往往是因为未触动自身利益。如果可预见利益受损，大概没几个人会视而不见。曹腾的一席话让梁冀的关注点从是不是让刘蒜当皇帝，变成了是不是要牺牲自己的利益，于是他很干脆地对此说不，马上下定了立刘志为帝的决心。

这个决心一下，就再没什么能阻挡梁冀这个莽夫了。

第二天，梁太后再次召集大臣上殿，继续昨天的话题。等大伙儿都到了，才发现今天的梁冀已不同于昨日。他虽然口吃，还结结巴巴地说了跟昨天同样的话"要……立……刘志"，但这次他气势汹汹，且说完立即将手放在腰间宝剑的剑柄上，大有"谁不同意立刘志，就跟我腰中的宝剑商量商量"的架势。

虽然司徒胡广和司空赵戒私底下已和李固达成共识，但梁冀的气势震慑了他们。在面临对朝廷忠诚，还是对自己的生命忠诚的选择时，他们退缩了，唯唯诺诺地表示同意立刘志为帝。其他大臣一看司徒和司空都服软了，自己也没硬撑的必要，于是马上附和："一切听大将军的。"

只剩下太尉李固和大司农杜乔仍坚持己见。李固还想抗议，梁冀却不给他说话的机会，直接以一句"退朝！"结束了朝议。

退朝之后李固还不放弃，连着给梁冀写了好几封信，不断地讲应当立刘蒜为帝的道理。可梁冀哪里会听他的？李固的坚持无法改变结果，只换来梁冀的厌恶，于是他让梁太后下诏罢免了李固的太尉一职，并在闰六月的庚寅日立刘志为帝。

这便是令诸葛孔明痛心疾首的汉孝桓帝。

然而，平心而论，梁冀立刘志为帝也有他不得已的地方。梁冀拥立刘志，自然是要把刘志当傀儡，自己坐镇发号施令。他曾经试图拉拢自己的反对派大司农杜乔，甚至在建和元年（公元147年）六月提拔杜乔做太尉，但杜乔并不为所动，仍然坚持主持正义，不断和梁冀唱反调。

梁冀哪能受得了这个！八月，梁冀把自己的另一个妹妹嫁给刘志，并且立为皇后。朝中那些拍梁家马屁的大臣主张皇帝应当用最尊贵的礼节迎娶皇后，杜乔则认为如此不妥，坚决反对铺张浪费。

这下终于惹恼了梁冀。九月，借着洛阳地区再次发生地震，梁冀授意太后以“灾异”为借口罢免了杜乔。十一月，地方上的刘文和刘鲔造反，要立刘蒜为帝，劫持并杀害了清河国的国相。虽然事情很快就被地方官员摆平，但不可避免地波及刘蒜。于是，闭门家中坐的刘蒜祸从天上来，由清河王被贬为尉氏侯，封地也由清河郡改为桂阳。因为之前两次争夺帝位失败，现在又被牵涉到谋反的事情里，聪明的刘蒜敏锐地感觉到自己大概再难脱身善终，抵达桂阳不久便自杀了。

然而，这件事并没有因为刘蒜的死而结束。梁冀借机污蔑李固、杜乔与刘文、刘鲔二人有来往，要将两人逮捕下狱。梁太后知道杜乔是个忠臣，没有答应梁冀的要求，可梁冀还是把李固下了大狱，并且要以“谋反”之名断他死罪。

这是何等拙劣的借口！但凡长眼睛的人都能看出李固、杜乔不可能和这桩地方上的谋反案有联系。因此，虽然梁冀出了名的跋扈，但事情离谱到这个份儿上大伙儿都坐不住了，心中有一丝正义感、自发站出来抬了腰斩的闸刀、集体到宫门为李固申冤请命的大臣达数十人之多。

这下梁太后心虚了，没经梁冀同意便下诏将李固从大狱里放出来。听说李固被放了出来，大家觉得这是正义的胜利，京城的百姓和官员们兴奋不已，纷纷高呼万岁。这个呼声惊动了还在大将军府里的梁冀，何曾被这样打过脸的他恼羞成怒，马上派人把李固重新抓进大牢。

罪名呢？

李固和刘文、刘鲔勾结谋反啊。

这次连大将军府的长史吴祐都看不下去了。他想据理力争，可梁冀哪里会听他的！吴祐憋了一肚子火没地方发，只好指着在一旁为梁冀书写奏折的从事中郎马融的脸，大声地指马骂梁："李公（李固）的罪名是你一手写成的，若到时候李公因此而死，你有什么脸面出门见天下人！"

挨了明骂的马融也很委屈："是梁冀要我这么写的，我能有什么办法？！"可他不敢反驳，只能把头转到一旁，默不作声。被暗骂的梁冀则暴怒如雷，可又不好发作，气冲冲地起身回内室，不再与吴祐言语。

再次入狱的李固知道，自己这次再不可能有生还的机会。在自己最后的时间里，他给胡广、赵戒这些曾经的同僚留了一封信。他在信中写道："我李固蒙受国家的厚恩，竭尽股肱之力，不顾自己的生死，只是为了能实现自己匡扶汉室，比肩文、宣两朝的理想。奈何梁氏在朝中胡作非为，你们这些人又屈从强权，把好事做成坏事，将可以做成的事生生搞砸！朝廷如果衰败，就是从现在开始的。你们享受着国家的高官厚禄却不思回报，难道以为后世写史的人也跟你们一样没有良心吗？！我李固这次虽死定了，但我求仁得仁，也没什么好说的。"

胡广和赵戒手捧李固的绝笔，感到无比悲哀和羞愧。两人边读边哭，擦干眼泪之后却依然如故，甚至还接受了梁冀的封赏。

其实，我们或许不必太过于苛责像胡广和赵戒这样有良知却不敢坚守立场、跟罪恶抗争到底的弱者，但敢于为了国家和百姓的利益牺牲自己生命的人，显然更得后人尊重和敬仰。

李固是汉中固城人，司徒李郃之子，东汉中期名臣。他年少好学，博览群书。为了不让人知道自己是司徒的儿子，以免受到特殊对待，他常常改名换姓，骑着毛驴不远千里寻访名师，遂成一代大儒。成名后，李固屡次拒绝朝廷的征辟。汉顺帝阳嘉二年（公元133年），他以对策第一入仕。为官后，他因直言得失多次遭人诬陷和排挤，却仍不改初心，其后又以治平天下第一得到朝廷重用。汉顺帝驾崩后，李固为太后梁妠所器重，逐步升为太尉。他文能安邦，武能平乱，却因在帝位继承者的选择问题上坚持立长立贤而得罪大将军梁冀，最终连同自己的两个儿子一起被梁冀所杀。

李固虽死，但他临死前的呐喊日后终将唤醒一批人。

杀梁

梁冀杀李固的同时也没有放过杜乔。他曾经想让杜乔认罪，并保证只要杜乔自杀，就不牵连他的妻子、儿女，但杜乔宁可赔上一家老小的性命也不愿向梁冀低头。那个指桑骂槐得罪了梁冀的大将军长史吴祐则立即失去了上司的信任，被外放为河间相。吴祐也是硬气，梁冀不免他的职，他干脆自己罢免自己，挂印回家。至于那个替梁冀挨了吴祐一顿臭骂的笔杆子马融，后来也因为不能事事顺梁冀的心，被他以贪污罪免官，流放朔方。

梁冀杀了李、杜仍不解恨，还将二人曝尸城北，并禁止别人祭拜和替他们收尸。尽管梁冀如此残暴，仍有正义之士不畏霸权。李固的弟子郭亮、董班，以及杜乔的旧部杨匡冒死前去洛阳城北，为李、杜守尸十二日。梁太后虽然没能保住自己曾经倚重的两位大臣，但还是顶住梁冀的压力，赦免了郭亮、董班和杨匡，并准许杨匡将两人的尸体运回故乡下葬。

最硬气的死了，稍微硬气的丢了官，朝中剩下的大臣人人自危，平日里谁也不敢正面看梁冀一眼。这时候，梁冀的两个妹妹一个做了太后，一个做了皇帝刘志的皇后，梁冀权倾天下，因此其飞扬跋扈又到达一个新的境界。

和平元年（公元150年），皇帝加封梁冀一万户，使他的食邑达到三万户，并封梁冀的妻子孙寿为襄城君，兼食阳翟租，岁入五千万，加赐赤绂，如长公主。元嘉元年（公元151年），梁冀获准“入朝不趋，剑履上殿，谒赞不名”，待遇“比萧何”；又增封为四县，“比邓禹”；得赏金钱、奴婢、彩帛、车马、衣服、甲第，“比霍光”。朝会时，梁冀的待遇甚至和皇帝差不多，能与众臣分开另坐一席。

已经到这种地步，梁冀感觉如何呢？他还觉得皇帝对他“礼薄”。

既然皇帝给不了他更多，那梁冀便毫不客气，自己来取。他在朝廷中独断专权，不仅官员的任免由他说了算，而且升迁的官员必须到他家谢恩，甚至四方的岁贡也要先送到梁冀府上由他挑选，剩下的才能给皇帝送去。

有人会觉得，我凭自己的本事得官，不去梁冀府上又能咋的？辽东太守侯猛大概存的就是这个心思，所以在任命时未到梁府谒见，结果不久便被梁冀随便安了个罪名“腰斩之”。当然，如果你有得罪梁冀的地方，即便去拜了码头也无济于事。有一个叫吴树的，被任命为宛城县令时曾到梁冀家谢恩辞行。可这个人上任之后竟不把梁冀放在眼里，不仅诛杀梁冀底下那些为非作歹、杀人害命的宾客，而且一杀就是数十人。这下梁冀能高兴吗？后来，吴树迁为荆州刺史，到梁府辞行的时候被梁冀当场用鸩酒毒死。至于朝中那些还有正义感、敢于说梁冀一两句坏话的大臣，只要够硬气，能硬挺着把得罪梁冀的话说完，那他们的结局只有一个，就是死。

梁冀对百官凶残，对百姓更是暴虐。

京师有个叫孙奋的富人，有钱到梁冀都有点儿眼红。能让大将军眼红，是件很严重的事情。有一天，梁冀让手下人牵着一匹马去找孙奋，把这匹四蹄纤弱、毛色不怎么有光泽的老马送给孙奋，然后提出要跟孙奋“借”五千万钱。

谁都知道，这五千万借出去就只能当肉包子。但借钱的是梁冀，谁又敢不借？梁大将军有求，你若是不应，下场用脚后跟都能想得到。换作正常人，大概只能自认倒霉，破财消灾，乖乖地把钱给他，然后有多远走多远，到一个谁都不认识自己的地方隐姓埋名保平安。可孙奋不一般，他虽然有钱，却是个不折不扣的葛朗台。想问这种人要钱，他怎么可能给？何况孙奋眼前所得不过是一匹连五千钱都不值的劣马。

要孙奋伸手掏自己的腰包，简直是让他受极刑，心在滴血肉在痛，但他也知道梁冀不好惹，便一咬牙一狠心，给了三千万。

钱给了出去，孙奋如同壮士断腕般痛苦，他只能自我安慰：自己已经做出如此牺牲，想来定可满足梁冀。

没想到梁冀不是不好惹，而是惹不得。手下拿着钱回去给梁冀，梁冀一看：咦，只有三千万？在梁冀眼里，他堂堂大将军跟一个百姓要钱，那是百姓的福分，孙奋应当立即全数双手奉上，可眼下孙奋不说感激涕零，竟还敢打折扣！这孙奋明明是在敷衍他梁冀！虽然伤害性不大，侮辱性却极强！

既然梁大将军感觉受了侮辱，孙奋就得承担后果，而显然这个后果是孙奋承受不起的。

自觉受了侮辱的梁冀马上让地方官把孙奋抓了起来，非说孙奋的母亲是大将军府里逃出来的丫头，当年出逃的时候曾经卷走大将军府里的十斛珍珠和一千斤紫金。

这个罪名可大了去了。且不论十斛和一千斤有多重，即便是打包，一个姑娘如何能“卷”走？单就“紫金”两字就极为吓人。

紫金是一种珍贵的矿物。这里的“珍贵”不是说我们现在觉得它珍贵。在当时的汉人眼里，紫金就很珍贵，之后则越发稀少。后来紫金几乎不见于世，在人们眼中成为传说中的物品；到了明朝，人们更是只能用赤铜和黄金的混合物冒充紫金。

这一千斤紫金一说无疑是要孙奋全家性命的意思，孙奋哪里会承认？何况这完全是没有的事，于是他咬紧牙关，坚决否认。对拒不认罪的顽固派，官府历来百分之九十九的办法就是打、再打，以及用力打。

最后，孙奋就被打死了。

既然人犯已死，那就是死无对证，官府就可以结案了。经官府认定，孙奋的母亲确实卷走了大将军府的十斛珍珠和一千斤紫金，于是抄没孙家家产，折合共计一亿七千万钱，其中绝大部分作为赔偿给了“受害者”梁冀。

除了爱钱，梁冀还有个特殊癖好，就是喜欢兔子。我们不用去描述他自己住的房子有多豪华、生活有多奢靡，光看他给兔子建的兔苑“长宽数十里，征发民工花数年建成”，就可对他的日常生活有所窥见。而且，他梁冀家的兔子都会剪掉背上的一撮毛做标记。这种少了一撮毛的兔子寻常人可不能碰，如果被人误伤了，对老百姓来说是要掉脑袋的大事。弄得一时间洛阳地区的百姓见了兔子都得绕道走，实在绕不过去的，恨不得跪下喊一声：“兔爷，您先请！”据说曾有西域来的胡商不知厉害，竟然弄死了梁冀家的一只兔子，结果包括胡商在内，连带目击的、见兔伤不救的、不及时阻止的，甚至腿脚慢未能远离现场的，一共十几人因为一只兔子被杀。

不仅梁冀如此，他的老婆孙寿同样不像话。这个待遇如长公主的美貌、妖冶女子，恰巧专克梁冀。不管梁冀在外多胡作非为，回家见到孙寿都有种老鼠见了猫的感觉。如果孙寿是个贤内助，或许还能矫正梁冀的跋扈。只可惜她也不是省油的灯，不仅能让梁冀对她唯命是从，还敢公开与梁冀宠爱的监奴私通。对皇帝都不屑一顾的梁冀还硬是忍气吞声，接了这顶绿帽。

孙寿大概是钱多烧得慌，生平最爱做的就是在建筑工程上和梁冀分庭抗礼。只要梁冀在某处大兴土木，营造宅第庭院，孙寿必然在街对面另行建造奢华建筑，与之比较。虽然这种攀比完全没有实际意义，孙寿却一直乐此不疲。

这可苦了当地的老百姓。虽然自己没什么值得大将军惦记的财物，但只要一出门，道路左边是梁大将军家的房子，右边也是梁大将军家的房子，路上有惹不起的梁大将军的走狗，还要提防冷不丁窜出的梁大将军的兔子，除了赶紧回家保一时平安，百姓几乎什么都不能做。

不过，有一个人比百姓更痛苦，这个人就是皇帝刘志。刘志身边的太后是梁冀的妹妹，皇后是梁冀的妹妹，上朝得看梁冀的脸色，吃穿用度还是梁冀挑剩下的东西，他能不痛苦吗？是人都会痛苦，更何况刘志还是皇帝。

然而，刘志无能为力，只能默默地忍受这一切，在痛苦中熬了多年。和平元年（公元150年）正月，梁家人里唯一有点儿良心的太后梁妠在驾崩前的一个月还政于皇帝。刘志虽然在名义上拿回了皇帝的权力，但实际上仍只是个摆设，因为在朝廷中他没有信心和勇气去对抗梁冀。即便在后宫，依然还有一个梁皇后时刻在恶心着他。

皇后梁莹仗着自己的姐姐是太后，哥哥是大将军，生活之奢靡是东汉所有皇后都不可比的，嫉妒之心同样令人难以望其项背。梁皇后不仅要自己专宠，还禁止皇帝接触后宫其他嫔妃。不巧的是，她们姐妹都有不孕症。即便使劲强迫、压榨刘志，梁皇后始终无法怀孕。这让她内心变得更加扭曲和疯狂。刘志迫于现实，不时会瞒着皇后私下去干一些延续他刘家香火的事情，可一旦有妃子怀孕或者生产的消息被梁莹知道，那可怜的妃子和孩子只有死路一条。

在梁莹做皇后的十三年时间里，她所毒杀的妃子和孩子数都数不过来，只能用“多所鸩毒”来描述。好在这个内心变态的女人活得并不算长，在延熹二年（公元159年）七月便殁了。

两个妹妹都死了，在后宫里没有了能看住皇帝的人，梁冀感到一丝莫名的紧张。这时他自己莫名地想出一个主意：把目前皇帝最欣赏的梁贵人认作自己的女儿，然后再让梁贵人做皇后。

要不是这事，刘志大概还不知道自己最喜欢的姓梁名猛女（这个彪悍）的贵人其实并不姓梁，而姓邓。

仔细说来，这个邓猛女跟梁冀多少还有点儿关系。她的母亲生下她后不久便死了丈夫，出于无奈只好带着女儿改嫁梁冀妻子的舅舅梁纪，所以邓姑娘才随继父姓了梁。当年邓贵人入宫也是梁冀牵的线，把她当作梁家人送到宫里，但现在为了把邓贵人的出身划拉到自己名下，梁冀不仅杀死了多个此事的知情人，还打算杀掉邓贵人的母亲。

对梁冀来说，这大概也是无奈之举。他万万没想到两个妹妹会死在自己前面，这让他失去了对后宫的掌控。不然，按照之前的事情推断，这个时候他要杀的也许就是皇帝了。梁冀要杀邓贵人母亲这件事最终被中常侍袁赦得知，他又把事情透露给邓贵人的母亲，然后邓母向皇帝告发了这事。

在此之前不久，梁冀授意下人杀害因为一句话得罪自己的太史令陈授，已经让刘志十分生气。现在梁冀又把主意打到自己的爱妃身上，这件事极大地刺激了刘志。刘志平时看着㞞，但他并非真㞞，而是不得不㞞。好不容易熬死了梁家的母夜叉，刘志怎么可能忍受梁冀再次把手伸到后宫来？谁知道他这一伸手又得是几十年？

于是，忍无可忍的刘志决定出手了。

某天，刘志找来信任的宦官唐衡，问了一个这十几年来他想问却一直不敢问的问题："朕的身边还有谁跟皇后家有仇？"

唐衡低声回答："单超、左悺与大将军的弟弟河南尹梁不疑有矛盾，徐璜、具瑗常愤恨外戚专横，只是都不敢说出来。"

好嘛，竟然还有五个人敢和梁冀作对，刘志大概曾因此感到一丝满足。于是，刘志马上私下召集唐衡、单超、左悺、徐璜、具瑗五人到内室，又问了一个更大胆的问题："梁冀兄弟专权，胁迫内外，朝臣们又多依附于他，把他的话当成圣旨。现在朕欲诛之，你们以为如何？"

刘志说这话是冒着极大风险的。他所找的这五个宦官中但凡有一个背地里是梁冀的人，这番话便足以让梁冀赏他一张毒饼。

好在自从天底下有了宦官和外戚，这两伙人就从未成为朋友，他们能凑到一起完全是因为利益关系。况且只是因为梁冀的强势，宦官们才不得不低头，他们内心同样渴望取梁冀而代之，或者说宦官们想杀梁冀的决心并不比皇帝小。

或许在不少宦官心中，早已盘算了多次皇帝与梁冀的矛盾激发时他们应该如何应对，但真正事到临头，大多数人心里还是蒙的。在这五人之中，中常侍单超第一个反应过来，意识到这是一个千载难逢的翻身机会，于是他赶紧回答：“像梁冀这样的国贼，早就该死了，只是臣等势单力薄，未敢胡乱揣测圣意。”

刘志见单超等人果与梁冀不对付，一颗悬着的心顿时落地，人也轻松了许多：“既然梁冀是大家共同的敌人，请说说该怎么办。”

单超马上说：“要杀梁冀不难，难就难在陛下能不能下定决心。”

刘志正色道：“奸臣当道，已经威胁到国家社稷，朕哪里还有什么疑虑！”说罢，为了表明自己对梁冀的痛恨，以及誓死和梁冀斗争到底的决心，刘志一把拉过单超，在他的手臂上狠狠地咬了一口。刘志的这一口着实下了死嘴，把单超的手臂咬得鲜血淋漓，然后六个人就着这新鲜的热血歃血为盟。

为了避免皇帝过长时间和他人单独相处引起梁冀的怀疑，等几个人趁热打铁把计划定下来，单超五人赶紧告退。离开前，单超不忘提醒刘志：“陛下，如今计划已定，这事便不要再提，免得惹人怀疑。”

其实，不用提醒，刘志也知道保密的重要性，毕竟谁都不清楚他身边有多少梁冀的耳目。因此，他不得不小心，甚至说不得不冒险，说不定自己晚上说的梦话，梁冀想知道也能知道。

尽管刘志已经十分小心，但梁冀仍然从中嗅到了一丝异样的气息，可能是因为得知皇帝曾经私下召见单超等人。于是，他派了一个叫张恽的宦官入宫省宿，想让他监视皇帝的一举一动，以防万一。

梁冀做了这么多年一手遮天的权臣，向来只有他杀人，哪时见过人杀他？因此，他大概已经忘了权力斗争的残酷性。梁冀安排张恽进宫后并没有采取进一步的行动，这无疑给单超他们提了个醒——我已经盯上你们了。

箭在弦上，单超等人不得不发了。

接下来，事情的发展出乎刘志的意料，他深藏心里多年、只能想想不敢行动的念头一旦实施起来，过程竟相当简单、顺利：先是具瑗以“张恽贸然进宫，怕是有不轨的图谋”为借口，让士兵们把张恽抓了起来；同时，刘志来到皇宫前殿，召来尚书向天下昭告梁冀的罪状，然后命具瑗和司隶校尉张彪率领步骑兵一千多人把大将军府团团围住。

张恽被抓得很突然，梁冀还没反应过来，偌大的大将军府已经被士兵围了个水泄不通。这时梁冀丝毫没有平时天不怕地不怕的气势，眼睁睁地看着光禄勋袁盱拿走大将军的大印，给他换了个比景都乡侯小印。虽然皇帝没有明说要杀他，但梁冀当天还是和妻子孙寿一起自杀，梁家和孙家的其他人则被处以死刑。

既然梁冀一家都已经完蛋，他的家产便顺理成章地充公。经过清算，梁冀的财产高达三十多亿钱。有这么大一笔收入，国库一下子变得很充裕，刘志于是减了天下一半的赋税，又把梁家原来的兔苑等大片土地分给穷苦百姓耕种，算是给天下人一点儿补偿。

整个过程可谓波澜不惊。正如单超所说，这件事情的难点只有一个，就是刘志能不能下定除掉梁冀的决心。

第四十五章

党锢之祸

换汤不换药

杀了梁冀当然不算完，刘志还得清算朝廷中梁冀的那些亲信、故交。结果，当时的三公都因依附梁冀被贬为庶人，俸禄两千石以上的官员有数十人被杀，梁冀的故吏、宾客等三百多人被免职。等处理完这些人，有一段时间，上朝时整个朝堂上空荡荡的。

按不破不立的原理，刘志几乎清空了朝廷旧臣，如果能换一批清正廉洁的新鲜血液，自己再争点儿气，无疑至少是个中兴之主，再不济也不至于被后人往头上扣屎盆子。可惜的是，他用宦官除掉了外戚，随即又掉进重用宦官的泥潭不能自拔。

帮助刘志除掉外戚的五个宦官，左悺、唐衡由小黄门升为中常侍；本来就是中常侍的单超被封为新丰侯，食邑二万户；徐璜被封为武原侯，具瑗为东武阳侯，食邑各一万五千户，各赐钱一千五百万；左悺为上蔡侯，唐衡为汝阴侯，食邑各一万三千户，各赐钱一千三百万。

刘志本来也想选用地方上有名望的读书人填补朝廷的空缺，可尴尬的是，很多被征召的名士都不愿意应征。尚书令陈蕃就曾经向皇帝推荐了五位名士：南昌人徐穉、广戚人姜肱、平陵人韦著、汝南人袁闳、阳翟人李昙。

这五个人来自天南地北，相互之间未必全认识，可当皇帝的使者找到他们，请他们入朝为官时，五人全都表示拒绝。因为他们的看法一致：皇帝虽然除了外戚，但现在又听信于宦官，不过是把东西从左手换到了右手，本质上并没有变化。因此，与其出仕为官，最后落得身首异处的下场，不如安安分分地过日子。

招不到人，刘志不以为意。既然人手不足，那就把更多宦官提上来。这些人又乖巧又听话，好用得很，何必找那些只知道摆臭脸、硬脾气的读书人？至于刘志自己，他其实也没有做一代雄主的理想。在他看来，反正自己这个皇位是捡来的，与其费力不讨好地迎合天下人，为何不趁自己能够做主的时候及时行乐呢？

于是，刘志把后宫扩充到五六千人，开始沉浸于享乐之中。东汉朝廷刚出了外戚梁冀的虎口，很快又进了宦官们的狼窝。

这一切让陈蕃感到很郁闷。

陈蕃可不是寻常人，他十五岁便有平天下之志。有一次，父亲的一个朋友到访，看到陈蕃的房间后半开玩笑地说："你这小子也不说洒点儿水扫扫地，再把你这乱七八糟的房间收拾下，这难道是待客之道吗？"

面对长辈的质疑，懒惰的孩子陈蕃丝毫不以为意，伸个懒腰，大义凛然地回道："大丈夫在世，应当扫除的是天下，怎么能顾着一间房子干净不干净！"

如同年轻时四体不勤的我们，这样的牛皮谁都会吹，但我们和陈蕃的不同之处在于，他年轻时吹的牛皮后来被历史证实是"牛"，而我们的则被时间证明只是"皮"。

年轻的陈蕃颇有些愣头儿青的脾气。本来他通过举孝廉做了郎中，却因为和上级意见不合弃官而去。后来虽获朝中大臣屡次推荐，陈蕃却不愿出山，就这么在家里蹲着，过着现代宅男的生活。

和真正混吃等死的宅男不同，作为立志"扫天下"的人，陈蕃只要想做就还有机会，毕竟他是被太尉李固看上的人。等李固向朝廷推荐他后，陈蕃终于出山，并且仕途一帆风顺，没怎么发力就已经做到俸禄两千石的乐安太守。

当时以公正严明为天下人敬仰的李膺被朝廷派去青州做刺史，这项任命一出，青州境内十一个郡的大小官员集体辞职，可谓闻风而逃，只有同样清正廉明的陈蕃坦然地在乐安等候刺史大人的到来。

耿直的陈蕃运气也不错。"威震天下"的梁冀曾找人托陈蕃帮忙办一件私事，事情是什么，我们不得而知，但不管是什么，只要是私事，不徇私的陈蕃显然不会给他开这个后门，甚至一怒之下当场把梁冀派来的使者乱棍打死。如此落大将军面子的事情，换作别人，大概只有死路一条，陈蕃却没遭受多大的打击报复，仅仅是从太守被贬作修武县县令，并且很快就被调到中央做尚书。

好不容易等到梁冀倒台，陈蕃以为自己会得到一展抱负的舞台，不承想这个舞台又被宦官们占据。陈蕃性格上最突出的特点是方峻，“方”就是不懂圆滑；“峻”就是苛刻、严厉。他不畏惧梁冀的强权，自然也不会向阉人低头，因此注定会和宦官们发生直接冲突。

延熹八年（公元165年），又经历两次罢免归家之后，陈蕃代替杨秉出任太尉一职。此时他的个人声望已达到高峰，太学生把他和李膺、王畅三人视为榜样，正所谓“天下模楷李元礼（李膺），不畏强御陈仲举（陈蕃），天下俊秀王叔茂（王畅）”。

同样是在这一年，宦官的为非作歹也到了一个高峰。但是，这一次，许多正直的大臣决定不再沉默，为还朝堂清正，扫世上太平，他们与宦官产生了激烈的冲突。

起初，文官们认为这只不过是大臣与宦官之间的一次寻常争斗，是哪怕丢官仍然坚守正义的剧目，是几个人宁死不屈的抗争。出乎所有人预料的是，他们最终迎来的却是两场针对所有反对宦官的朝臣的大规模清洗。

党锢一起，腥风血雨。

党锢1.0

延熹九年（公元166年），宦官们率先得知皇帝刘志将在不久之后大赦天下的消息。

“大赦”这件事情我们在前面说过，简单地概括就是，在这一年不管你干了什么恶心透顶的事，只要不被斩立决，到大赦那天，再难以启齿的罪行都会被一笔勾销。因此，这个消息一旦被别有用心的人提前知道并加以利用，就会造成极坏的影响。

这一次，宦官们提前知道了消息，于是便有人起了坏心思。

小黄门晋阳人赵津和他的党羽南阳郡大恶人张汜决定在大赦之前把前半辈子的坏事做足，然后安心地等待大赦，之后再开始后半辈子的人生新旅途。也不知道这两个王八蛋到底做了多少坏事，很快他们便被太原太守刘瓆和南阳太守成瑨拿住。大堂之上，两贼对他们所做的每一件恶心事都供认不讳，一边招一边嬉皮笑脸，整张脸上写的都是“满不在乎”。

刘瓆和成瑨虽然感到奇怪，却也毫不客气。平时想拿这些阉人的把柄都拿不到，现在他们竟然自寻死路，哪有不同意的道理？很快，刘瓆和成瑨便按律毫无悬念地判了他们死罪，只待秋后问斩。

然后，皇帝大赦天下的消息到了。

这下把两个太守气得不轻：原来是这么回事，怪不得阉狗有恃无恐！愤怒之下，两位太守不约而同地做了一件事：无视大赦，立即斩杀赵津和张汜！

几乎与此同时，山阳太守翟超查抄了残暴百姓的中常侍侯览的家产，并挖了他家祖坟；东海相黄浮诛杀了强抢并虐杀民女的宦官徐璜的侄子下邳县县令徐宣。

这四人的行为瞬时引爆宦官们的朋友圈。自打梁冀授首以后，宦官们要风得风，哪里受过这样的气！很快，这四人便被宦官指使手下编派各种理由定了死罪。

一时间舆论哗然。

这种事情陈蕃怎么可能坐视不管？他联合司空刘茂上书，为四人申冤，可皇帝刘志这时候已经被宦官们的阿谀奉承所蒙蔽，听不得别人说宦官的坏话。在刘志的观念里，国家这么大，各种破事每天都在发生，何况太尉陈蕃对宦官们的罪责不过是听说，其中难免有夸大之词。而宦官们的忠心则是他亲眼所见的，谁的话更可信不是一目了然吗？况且，陈蕃所说就一定属实？事情就不能是刘瓆等人蓄意报复？

刘志显然不善于表情管理，看着奏折脸就拉下来了，一旁的宦官趁机暗示下面的官员对陈蕃和刘茂进行弹劾。这下刘茂退缩了，毕竟宦官们的目标不是自己，实在犯不着为别人把自己搭进去。于是，再一次提到刘瓆四人的案子时，刘茂便闭口不言，只有陈蕃仍然坚持为之争辩。他以当年申屠嘉召责邓通、董宣追劾湖阳公主的事情举例，不仅要求赦免刘瓆四人，还要求皇帝清除宦官乱政的不正之风。

陈蕃扩大化的攻击这下彻底激怒了宦官们。宦官想拿他开刀，但陈蕃为人清正廉明，又非常不合群，实在是无懈可击，根本没有把柄。最后，恼羞成怒的宦官干脆也扩大攻击范围，拿朝中那些未依附他们的大臣开刀，不仅将刘瓆、成瑨害死在狱中，还不断制造冤案，污蔑、攻击士大夫。

一开始，这还只是宦官们疯狗似的乱咬，直至他们疯狂的攻击波及另一位有名的大臣，即和陈蕃齐名、有“天下楷模”之称的李膺。

当时李膺身为河南尹，治下有一个很牛的人物叫张成。与宦官有内部消息不同，作为占卜演卦的大行家，张成根据卦象所示推测出天下即将大赦，于是赶紧叫自己的儿子去杀了仇家。

杀人是死罪，秉公执法的李膺怎么可能放过杀人犯？他马上将张成的儿子缉捕归案，并按故意杀人罪将其判了死刑。可还没来得及执行，大赦的消息就传来了。李膺联想起张成父子在堂上不以为意的表情，方知其是蓄意杀人，遂大为恼怒。尽管已经得到大赦的旨意，但李膺仍处死了张成的儿子。

占卜演卦和观星象、相面摸骨等类似，在古代都属于玄学，很为当时的上流社会所推崇。身怀这些异术的人在他人眼中也是高大而神秘的存在，令人敬仰。作为该行业的“大拿”，张成不仅跟宦官们很熟，连皇帝刘志也听说过他的名字，甚至不排除刘志曾跟张成请过卦的可能。因此，虽然张成的儿子只是个普通百姓，但他张成想报仇也是有门路的。

儿子被杀以后，张成第一时间便找到宦官寻求报仇机会，正巧宦官们也很讨厌李膺，尤其是中常侍张让。张让的弟弟、野王县县令张朔残忍无道，有一次甚至做出杀孕妇这等禽兽行为。当得知李膺数天前刚当上司隶校尉，作恶多端的张朔也怕了，就跑到自己哥哥家，想避一避风头。没想到李膺毫不畏惧宦官的权势，带着卒吏冲进张让家里，敲碎柱子，把藏在柱子夹层中的张朔一把揪出来丢进洛阳大狱。然后，不等张让有反应，李膺马上宣读张朔的罪状，随后一刀剁了他的脑袋。

张朔这事使张让对李膺恨之入骨，但没有办法，自己弟弟的罪责铁证如山，事情闹到皇帝那里，刘志也拿李膺没有办法，反而会让平日里横行无忌的宦官们对新任司隶校尉李膺忌惮三分。现在有人主动提出要对付李膺，张让这些宦官自然求之不得，双方随即一拍即合。

李膺既然被认为是天下人学习的榜样，道德、人品自然无可挑剔。他深受士人爱戴和追捧，人人都以能得到李膺的接待为荣。可李膺只有一个，即便一天十二个时辰不吃不喝，又能见几个人？这种稀缺更刺激了慕名而来的粉丝们，最后他们甚至以“登龙门”来形容那些有幸被李膺接待、能和李膺说上几句话的人。

汉末著名谋士荀彧的叔叔、经学家荀爽有一次见了李膺，顺手给李膺驾了会儿车，回来后整个人就找不着北了。别人见他这样，很好奇，就问是怎么回事。

荀爽只是搓着手一个劲儿地傻笑：“今天有幸给李膺当了回司机。”——至于这手，一段时间内他怕是不准备洗了。

由此可见，李膺的人际关系非常棒。

就是这个“非常棒”，让宦官们找到了可乘之机。他们教唆张成以“弟子牢修”的名义上书朝廷，状告李膺，说朝廷中有以李膺为首的这么一群人，他们“养太学游士，交结诸郡生徒，更相驱驰，共为部党，诽讪朝廷，疑乱风俗”——说白了，他们告李膺的罪名就两个字：结党。

“结党”两个字的杀伤力可太大了。宦官们很清楚，包括刘志在内的大部分皇帝，不管有德无德，最怕的不是被千夫所指，不是宦官弄权，也不是外戚干政，而是大臣结党。毕竟外戚和宦官不管怎么干政弄权，前提都是必须依靠着皇帝，皇帝仍然处在权力的中心，一旦没了皇帝这张牌，他们便没法儿玩下去。因此，无论在外界看来他们斗得多么激烈，皇帝都可以睁一只眼闭一只眼，因为在皇帝眼中这是在他心理底线之上的有限度的争斗。结党就不一样了，结党就意味着架空皇帝，架空皇帝之后必然是撇开皇权，把皇帝从权力的中心驱逐出去，让皇帝成为斗争的看客。这完全突破了皇帝的心理底线，皇帝如何能旁观下去？

皇帝看不下去，自然就会有所动作。

不管“牢修”所说之事是否属实，“结党”的罪名都深深地刺激了刘志。于是，他昭告天下，严令各地有关部门按牢修所提供之名单，彻底清查与李膺等结党的人，也就是所谓的“党人”。

有了皇帝的圣旨，宦官们迫不及待地要把事情扩大化，其爪牙们秉着宁可错杀不可放过的原则，在全国范围内大肆搜捕党人。

按照朝廷的规矩，如此大规模的案件，相关部门必须先把案件文书送到三公手上，由三公共同确认并在上面签字（平署），才能送往御前。这种事情陈蕃哪里看得下去？那些党人的案子到了三公手里，陈蕃作为三公之一，不但拒绝“平署”，还上书皇帝，为这些人申冤：“陛下，现在所要抓的人都是海内知名、公忠体国的大臣，哪有不公布罪名先抓人的道理！”

李膺这些人是没有罪名的。总不能明说是因为他们不畏强权、公正严明，得罪了宦官们才被抓的吧？可陈蕃不肯平署，案件就没法儿继续审下去。感觉尊严被冒犯的刘志愤怒无比，干脆避开正常的程序，下令将李膺等人押解到黄门北寺监狱受审。

人到了黄门北寺监狱，陈蕃就没办法了——那是宦官们说了算的地方。至于陈蕃，刘志实在是讨厌他，恨不得把他赶走，好让自己的耳根子清净些。可要罢免三公之一的太尉，不是一件容易的事，通常需要有以下三个理由之一：一、最好是他自己犯了错；二、如果他没犯错，那就需要他有病在身，而且超过三个月不能上班；三、要是他的身体倍儿棒，那就得看天意，如果国家出现洪水、山崩、大旱这样的天灾，则可以以“灾异”的借口罢免之。

可惜的是，对刘志来说，陈蕃行得正、坐得直，根本挑不出毛病。尽管年近八十，陈蕃的身体却还很健朗，一口气上五楼都不费劲儿。而且，那段时间全国即便不是风调雨顺，也没见有什么天灾人祸。

实在找不到借口，怎么办？

刘志没办法，但蔫坏蔫坏的宦官们替他想了个办法：以陈蕃之前推荐的一个官员不合格为理由，直接罢免他的太尉一职。

没了陈蕃在一旁作对，宦官们更是有恃无恐，所缉拿的党人前后超过二百人之多，甚至连太仆杜密、御史中丞陈翔这样的高官也未能幸免。然而，宦官们的暴虐并没能吓退天下的士人。相反，因为他们缉拿的大多是天下有名的人物，不少官员不仅不惧逮捕，甚至以被划为党人为荣。更有甚者如度辽将军皇甫规之辈，自认为是西州一带的豪杰，就因为没有被宦官们视为党人而非常不满：瞧不起谁呢！

生气的皇甫规上书朝廷，强烈要求将自己也划归党人：“我曾经推荐过前任大司农张奂。张奂既然是党人，那我就是阿附党人之人。而且，我过去被判服苦役时，太学生张凤等曾经上书为我申诉、辩护，这是党人依附我的证据，因此我应该被连坐。”

事情到了这个地步，已经超出宦官们的预期，而在黄门北寺监狱中的李膺等人也不是省油的灯，屡屡把事情往宦官的子弟身上引。

宦官们一看：“我们的人怎么会干那种事，这摆明就是诬告！”遂要求李膺改口，但李膺怎么会改口？宦官们便要用刑，以“三木”之刑逼李膺翻供。

所谓“三木”之刑，大抵有两种说法：一种是指加在颈、手、足三处的刑具，平时只有重犯才会同时戴这三种刑具，一般的轻犯只会选择其一，所以“三木”又借指重刑；另一种说法是，“三木”指夹棍，是一种由三根木头做成的刑具，又叫“拶”，用此物夹住人的十指，再用力一拉，奇痛无比，即《武林外传》里娄知县口中的“上夹棍，夹死（just）do it！”是也。

不管李膺遭受的“三木”之刑是哪一种，都不是常人所能忍受的，因此在大堂之上有“三木之下，何求不得”的说法。但身为天下人学习榜样的李膺显然不是平常人，身受“三木”之刑依然不改口，一口咬定宦官的子弟们涉案。

李膺这一手搞得宦官们很尴尬：定李膺的罪吧，那得把自己人搭进去；说他胡扯吧，便拿不住他的罪名。这样一来二去，反倒让宦官们变得被动，整个局势开始脱离他们的控制。

首先敏锐地察觉到事情出现转机的，是颍川人贾彪。作为当时有名的学者和名士，贾彪并不热衷仕途。从新息县县长的位置上退下来之后，他基本上就不出远门了，平日里只是在家读读书、写写文章，看起来就是那种无欲无求的隐士。不过，作为曾经的太学首领，贾彪并非不关心时事。一日，他忽然和朋友们告别。当朋友问及他意欲何为的时候，贾彪的回答颇具高人风范：“我得往西边去一趟，我要是不去，这场大祸怕是没人能解决得了。”

说罢，一人一骑，潇洒西去。

贾彪如此自信是因为他已经窥到别人看不见的制胜关键。到了洛阳，贾彪只找了两个人疏通关系，这两个人是城门校尉窦武和尚书霍谞。

在这两人里，前者无疑更关键。

窦武是窦融的玄孙，他的长女窦妙一年前刚被刘志立为皇后，窦武的地位也随之水涨船高。虽然同为窦家人，但窦武的品性及为人和之前的窦宪等人截然不同。年轻时他便以“习经术、有德行”而闻名，即便后来当了大官，也秉持着节俭生活的习惯，非但不收受贿赂，自己的薪俸也大半用于资助士人及贫民。

窦武有这样的德行，又有这样的背景，当然是贾彪口中“解大祸”的合适人选。窦武本来就看不惯宦官的行为，只是碍于自己的外戚身份，不便参与宦官和大臣的斗争，但贾彪晓以利害：“窦大人，现在不是外戚和宦官的问题，而是正义和邪恶的斗争，是公理与私欲的对抗，大人怎么能坐视旁观？”

窦武这下有如醍醐灌顶，思想觉悟一下子到了一个新的境界。第二天，窦武便上书皇帝，为李膺等人叫屈，言辞十分直接且激烈：“陛下自从即位以来，还没有过什么善政，反而被宦官们所欺诈。想西汉的时候也是佞臣执政，终于丢了天下。如果不以前事为鉴，重蹈西汉的覆辙，臣恐怕秦二世的灾难、赵高那样的事情，就都要再现了。”

刘志本就不是什么从善如流的明君，窦武如此直白的言语简直就像在当众揭刘志的伤疤，不禁让人替他捏了把汗。可这还不算什么，窦武接着又说：“陛下的所作所为不合天意，实在不值得高兴。”

与奏折同时递上去的，还有窦武的城门校尉、槐里侯印绶。然后，他便回家等候发落。

这样的大白话也就窦武敢说，大概是因为窦妙刚当上皇后不久，刘志多少得给她点儿面子。要换一个人，第一句话没说完恐怕全家就被拉出去斩了。

窦武的加入彻底打破了这场斗争的平衡，外戚加大臣的力量是宦官所不能抵挡的。与此同时，宦官内部对党人的态度也产生了分歧。中常侍王甫在审讯范滂等人的过程中被范滂的气节所慑服，对党人产生了恻隐之心。

在这种情况下，起初要把党人赶尽杀绝的宦官们只能选择和解及撤退。六月，在宦官们的建议下，刘志宣布将年号由延熹改为永康，同时大赦天下，把黄门北寺监狱里的二百多名党人全部释放，但宣布这些人将被“终身罢黜”。

当然，把第一次党锢之祸中宦官们的退却完全看成士人和外戚的成功、道德公理的胜利，恐怕也不全面。这里面应该还有一个不为人注意的重要因素，那就是刘志的身体这时出现了问题。不管刘志对这些党人是否有深仇大恨，保命总是第一条的。在一些农村，现在还能看到类似的风俗：当家里有人病重之时，老百姓就会通过办喜事来驱逐作祟的邪气，让病人转危为安，也就是所谓的“冲喜”。奈何刘志去年年底才立了皇后，短时间内再娶颇有困难，因此他只能用改元和大赦来“冲喜”——哪怕他在一年前刚刚大赦过。

要不说实践是检验真理的唯一标准，刘志用实际行动告诉我们：封建迷信不可信。虽然改了年号又大赦了天下，但三十六岁的刘志还是在六个月后的十二月丁丑日驾崩了。

自打党人们从黄门北寺监狱中活着出来之后，他们在百姓中的威望就更高了。当时的士人把天下那些包括党人在内的值得他们敬仰的人物排了位次，并选出了最优秀的三十五个人作为世人的典范——值得世人学习的榜样之“三君”：窦武、刘淑、陈蕃；人中英杰的“八俊”：李膺、荀昱、杜密、王畅、刘祐、魏朗、赵典、朱寓；道德可以为人榜样的“八顾”：郭林宗、宗慈、巴肃、夏馥、范滂、尹勋、蔡衍、羊陟；可以引导他人学习“三君”的“八及”：张俭、岑晊、刘表、陈翔、孔昱、苑康、檀敷、翟超；以及不惜家财，救苦救难的“八厨”：度尚、张邈、王考、刘儒、胡母班、秦周、蕃向、王章。

在这顶尖的三十五人中，“三君”的地位无疑又是最高的，他们代表了那个时代道德的天花板。然而，这三个人很快就将陷入另一场斗争中。

可惜他们只是道德的天花板，非战力或者权谋的天花板，而在封建朝廷你死我活的政治斗争中，纯粹的道德几乎不堪一击。

党锢2.0

刘志驾崩后，才当了一年皇后的窦妙就成了皇太后。这还不是最难堪的，最难堪的是，当了二十二年皇帝、换了三个皇后、有四五千宫女的刘志，到头来竟无子嗣。太后无子，这是把双刃剑：弄好了，太后垂帘，外戚权倾朝野；弄不好，窦妙的遭遇就是例子。

天下总得有个天子，选谁好呢？作为当时最大的实权派，已经升任大将军的窦武主张立十二岁的解渎亭侯刘宏。对此，重新回到朝廷并且出任太傅的陈蕃也无异议。

那刘宏是何许人也？要说他的简历，似乎没有太值得人们注意的地方，但他既然能得到世间两个道德“天花板”的认可，想必做了皇帝也不会差吧？

或许，当时的人也是这么想的。

建宁元年（公元168年）正月庚子日，在大将军窦武的支持下，刘宏即皇帝位。同时，因为当年刘志立皇后的时候陈蕃力挺窦妙，如今窦太后投桃报李，给予他极大的信任，不仅将其召回，出任太傅，而且朝廷的事情无论大小，都交由陈蕃做主。

太傅陈蕃公正严明，做事毫无私心，一主政便重新启用李膺、杜密、尹勋、刘瑜这些当世的贤才。大将军窦武严于律己，恪尽职守，同样以天下为己任。整个外朝由这样两个重臣执掌，很难不让天下人心怀希望，似乎又一个太平盛世的出现已经指日可待。

可惜，这个让天下人向往的希望只存在了几个月，便被宦官们伸手戳破。

虽然陈蕃受到太后倚重，窦武是太后的父亲，但真正能影响太后和皇帝的，还是他们身边无孔不入的宦官们，而这些宦官还是两年前那批人，他们的所作所为也还如从前那般，没有一丝丝改变。

这时窦妙虽然名为太后，其实不过是个二十岁左右、独居于深宫内苑的女子，如何经得起心比墨汁都黑、脸皮比城墙还厚、谄媚之言张口就来的宦官们的阿谀奉承？很快，窦太后便开始倾向宦官，不断地给他们加官晋爵。

如果换作其他人，对这事恐怕不会有太过激的反应，但它遇上的是两块道德的天花板，势必会碰撞出巨大的响声。

首先感到不满的是陈蕃。一次朝会之时，他将自己的座席往窦武那边靠过去，低声跟窦武说：“中常侍曹节、王甫这些人，从先帝在时就开始操弄国权，把国家搞得乌烟瘴气，如果不尽早除掉，以后必成大患。”

要不说窦武和陈蕃两人在士人眼中可以相提并论，他们连思想境界都在同一层面，陈蕃所思，正是窦武所想。因此，窦武深以为然，毫不犹豫地点头同意。

如此简单就和窦武达成共识，大概也出乎陈蕃的预料。这老头儿十分高兴，七十多岁的人了，兴奋之下竟不用下人搀扶，一手将座席推回原来的位置，同时腰马合一，仅凭腿部力量一下子就站了起来，步伐轻盈地往外走去。

窦武随后也离开了，但他没有回家，而是找到同样对宦官深恶痛绝的尚书令尹勋，一同谋划起对付宦官的事情来。

作为文武大臣的首领，他们手上要人有人，要枪有枪，要对付几个宦官还不是手到擒来的事情？按理说，事情到这份儿上，摆在赤手空拳的宦官们面前的只有死路一条。

又过了几天，天上出现了日食现象。陈蕃觉得时机成熟，便再次向窦武建议："现在日食就是一个很好的借口，大将军应当建议太后杀宦官以塞天变。"

窦武觉得在理，马上进宫面见太后，张口就说天下要出事了。

窦太后大惊，忙问："要出什么事？"

窦武屏退左右，低声告诉太后，以前黄门、常侍这些宦官不过是皇帝身边的私人财物，现在却被委以朝政的重任，宦官们的子弟遍布朝堂，专门做那些贪赃枉法的事情，搞得天下乱糟糟的，所以要出事。

窦太后显然没主意，便问父亲："为之奈何？"

窦武只说了一句话："应当诛杀所有的宦官，还朝廷清净。"

如此直白的一句话如果是皇帝说的，那这个皇帝很有水平，但这句话从窦武的口中说出来，就显得没什么水平了。因为在朝堂中窦武终究只是个执行者，而不是决策者。一个人替决策者拿主意，拿的这个主意还在决策者的能力、水平，甚至接受范围之外，这就非常不妙。

而窦妙就是这么个能力、水平都较低的决策者。

窦妙之所以能坐上皇后的位置，并非靠能力和机遇，全赖她是豪门之后。别人进宫都得从最低级的采女开始，需要经历残酷的宫斗才有机会升级，窦妙却与众不同，一进宫便成了贵人，又在这一年的冬天被封为皇后。

两步登天。

是窦妙有心计和手段，特别吸引皇帝刘志，集三千宠爱于一身吗？

非也，甚至可以说刘志并不喜欢窦妙。窦妙入宫之后，刘志和她仅仅有过寥寥几次交流。等后来窦妙当了皇后，史书上记载，两人见面的机会是比“稀”更稀的“甚稀”。刘志所喜爱的，是来自民间、娇美且善解人意的田圣。要立皇后，刘志想要立的也是田圣。

但窦妙最后还是当上了皇后，因为她有朝中重臣的支持。

在古代，大臣之所以能够左右皇后的人选，是因为皇帝和皇后的婚姻是天底下最大的一桩政治婚姻。除了少数的强权帝王，能够选择一位有深厚背景的皇后，对皇帝巩固其统治无疑是最大的助力。从这一点出发，那些忠公体国的大臣是容不得皇帝随着自己的性子立后的。因此，当刘志表露自己想立平民出身的田圣为皇后的想法时，以太尉陈蕃为首的大臣便表达了强烈的反对，希望刘志摒弃个人好恶，以江山社稷为重，不要立出身低微的田圣，要立就立背景深厚的窦贵人。

由于大臣们的反对，当惯了缩头乌龟，除了享乐其他什么都不想的刘志选择了妥协。尽管他真的不怎么喜欢窦妙这个女子，但依然在册封皇后的诏书上写下了她的名字。

陈蕃的坚持让他在三年之后重返政坛巅峰，也为他的悲剧埋下伏笔。但忠臣讲究的是鞠躬尽瘁，死而后已，只要对国家有利，个人的生死荣辱又算得了什么呢？

可惜的是，陈蕃所选的窦妙并非他自己口中所说可以做皇后的“良人”。

窦妙最大的问题在于年少无知，既没有贤良淑德的品性，又缺乏政治手腕和天赋。她自觉婚姻不幸，因此对田圣等人怀恨在心，常常欲将这些宫女除之而后快。

虽然相处时间不长，但刘志大概预感到了窦妙对田圣等人的恨意，所以他临死之前还不忘把自己平时最爱的九个宫女提拔为贵人，希望她们面对即将到来的报复有自保的能力。可窦妙哪里会顾忌这些？何况刘志一咽气，她便成了真正的天下之主，自然觉得可以为所欲为。

结果，刘志刚驾崩，棺椁尚停在皇宫前殿，窦太后便在后宫迫不及待地将田圣等人处死，直接让这些平时得宠的女子追随宠爱她们的君主而去。

看着平日里自己恨得咬牙切齿的田圣等人像一只只死狗一样趴在地上，尸首分离，流出的鲜血染红永安宫的台阶，窦妙两年来的抑郁似乎也被冲刷了。她心里莫名有了一丝拥有无上权力的喜悦和兴奋。

史书上因此评价窦妙“妒忌且残忍”，但这或许并不准确。作为一个没有城府的女子，她只是直观地表达自己的好恶而已。窦妙的心思其实非常简单：“谁对我好，我就对谁好；谁对我不好，我就对谁不好。”——远没有旁人想的那么复杂。

如果窦妙只是一个普通的二十岁女子，这种心思当然没有问题。但她毕竟不是普通女子，而是这个时间点上整个国家独一无二的皇太后，这就是个相当大的问题了。

虽然窦妙杀过几个得罪过她的宫女、贵人，但要一下子杀光所有宦官，着实超出了她的心理承受能力，更何况她对宦官们已经有了好感。于是，窦妙大概第一次对父亲的话产生了异议：“自汉朝建立以来，一直都有宦官，只听说谁犯了罪就处罚谁，从没听说过一网打尽的。”

窦武见女儿不能体会自己的良苦用心，干脆自己动手，先斩后奏。他出门就下令逮捕中常侍管霸、苏康，然后请示太后要将两人正法。

窦太后同意了。

不知情的或许以为窦妙在一夜之间思想水平有了质的提升。其实并没有，窦妙之所以支持父亲处理管霸，实在是因为管霸得罪过她。

当年杀完田圣等九个贵人后，窦妙还是觉得不解气，要把宫中那些曾被刘志宠信的贵人都杀光。这时候是管霸、苏康跪下来苦谏，窦妙才勉强压制住怒火，放过了其他人。

窦妙的怒火是压住了，但管霸也把她得罪了。以窦妙简单的性格，对她有恩的，她会记得；得罪过她的，她同样不会忘却。因此，诛杀所有宦官，窦妙是不同意的，但如果杀的只是管霸和苏康，那就另当别论了。

但窦武和陈蕃没心思透过现象看本质，只认为太后同意杀管霸和苏康，就是对杀宦官这事松了口，于是赶紧把管、苏二人杀掉，然后继续上疏太后，要求处理侯览、曹节、王甫等宦官，以及宫内的尚书等多位宦官的党羽。

这下太后就不同意了，毕竟她非但不讨厌这些人，甚至还有点儿喜欢他们。

于是事情便被拖了下来，而且从五月一直拖到了八月。

窦武和陈蕃作为道德上的谦谦君子，有着这类人特有的固执迂腐和循规蹈矩。明明是朝堂上你死我活的斗争，他们却偏偏要搞得堂堂皇皇、光明正大，生怕对手会因为遭偷袭输得不服。在请求诛杀宦官的上疏中，陈蕃甚至恳求太后将他的奏折公开，给所有的大臣看，好让天下的奸贼都知道，陈蕃与他们势不两立。

这样愚蠢的行为，加上事情又拖了三个月，宦官们哪怕又聋又瞎，也能觉察到异样了。八月末，擅长天文学的侍中刘瑜夜观天象，发现将有不利于重臣的事发生，于是偷偷地给陈蕃和窦武去信，建议他们早定大计，迟则生变。

窦武和陈蕃等因为得不到太后的支持，始终不敢有大动作，但事情迁延日久，到了这个时候，不管有没有天启，他们都等不了太长时间了。窦武于是安排朱寓做司隶校尉、刘祐做河南尹、虞祁做洛阳县令，把宫中的黄门令魏彪免职，换作自己的亲信山冰，自地方到中央，再到宫里，形成从里到外将所有宦官层层包围的局势。

决战一触即发。

窦武先指使山冰弹劾宦官的重要党羽、长乐尚书郑飒，将郑飒缉拿，关押在由宦官主持的黄门北寺监狱中。

接下来，对于如何处理郑飒，陈蕃和窦武产生了分歧。陈蕃的意见是既然已经拿住郑飒此等贼子，就绝不能放过，应该抓住一个打死一个，然后再抓下一个。

窦武却不同意。他命令山冰严刑拷问郑飒，一定要从郑飒身上挖掘出证据，进而牵连出更多宦官，等铁证如山，便不由得太后不点头。

那问题来了：谁的办法好呢?

答案是：都不好。

窦武和陈蕃是君子，他们的法子都是阳谋，是堂堂正正、一板一眼的明招，只能用来对付讲规矩的，要是碰到不讲规矩的对手，基本上就得玩儿完。

郑飒没有李膺等人的气节，自然经不住黄门北寺监狱里的刑罚。当山冰轮番使用了几套刑具之后，郑飒很快便吐出了窦武想要的能把曹节、王甫等人牵涉进来的罪证。得到想要的供词后，窦武很高兴，让山冰上疏揭发曹节、王甫等宦官的不法行为，自己则着手再次上疏太后，要求还是一样：杀光宫里所有的宦官。

九月辛亥日，窦武休假回家，离开了皇宫。

窦武小看了朝廷斗争的残酷性。等他一离开皇宫，身边便有内奸将消息传给长乐五官史朱瑀。朱瑀趁机偷看了窦武给太后的奏章，又惊又怕，一屁股坐在窦武平日的位子上，惊惧之下不由得骂出声来："在宫中为官的，如有不法之徒，大将军自可杀之，我等何罪之有，为什么要杀光？！"

谁也不会想到，这场士人和宦官的斗争最后竟由一个事先并不起眼的小人物决定了走向。

须臾之后，朱瑀咬了咬牙，做了个鱼死网破的决定。他起身出门，大呼："陈蕃、窦武启奏太后要废黜皇帝，这是要谋反！"

朱瑀的呼喊惊动了附近的宦官，不管听清还是没听清朱瑀话的，都出来看热闹。最后，他一面通知曹节等人，一面在平时相善的长乐宫宦官里选了十六个健壮、精干的，和他们歃血为盟，宣誓要诛杀窦武自保。

一场影响国家命运的政变就这么猝然发生了。

得到消息的曹节和王甫等人迅速理清头绪，敏锐地察觉到这是最后的斗争，第一时间面见刘宏，连哄带骗地跟小皇帝说："现在宫里乱糟糟的，请陛下移驾德阳前殿，以防不测。"

小皇帝哪知道是怎么回事，迷迷糊糊地从床上起来，听见外面乱哄哄的，蛮热闹，觉得好玩，还挺兴奋，从一旁的侍从那里接过一把宝剑，唰的一声拔剑出鞘，就要往外走。曹节赶紧让小皇帝的奶妈赵娆等人拉住他，然后拿了皇帝的棨信（一种木头做的凭证），再让手下紧闭宫门，严防宫里的消息走漏出去，最后才和众人一起半推半架地把小皇帝带到德阳前殿。

虽然窦武和陈蕃占据道义的制高点，但在政治斗争中曹节和王甫则更为敏锐和果断，显然技高一筹。曹节名为保护，实则控制了斗争中决定胜负关键的小皇帝，并且切断了小皇帝和外界的联系，同时拿到了皇帝的棨信。这样他就能借皇帝的名义发号施令，这时候哪怕窦武等人拿来太后的懿旨，他也可以用皇帝的名义对抗。

将小皇帝控制在德阳前殿后，曹节把尚书们找来，出示棨信，让他们拟一道缉拿山冰、尹勋，任命王甫为黄门令的诏书。被吓傻的尚书们有所犹豫，曹节马上命左右白刃相向。明晃晃的刀刃往脖子上一架，尚书们只好服软，一边小心别被架在脖子上的刀刃划破颈动脉，一边用手颤颤巍巍地拟了一份不论是字体还是水平，都明显不如平时的诏书。

王甫拿了诏书，带着侍卫往黄门北寺监狱小跑而去，一撞开门就宣读诏书，然后不等尹勋和山冰领旨谢恩便要将二人羁押。山冰也不傻，马上对诏书内容提出质疑，还要面见皇帝对质。王甫怎么可能让山冰看诏书，上面可没加盖玉玺！于是，他一挥手就要手下立即拿人。

山冰看王甫神色有异便更加怀疑，遂拒捕，无奈自己势单力薄，很快就被王甫带来的侍卫拿住，又被王甫一刀杀死。

杀了山冰，王甫看杀一个是杀，杀两个也是杀，就把尹勋也杀了，又把之前被羁押的郑飒释放出来。

事情到了这个地步，已经没有可回旋的余地。王甫和曹节一商量，干脆一不做二不休，让郑飒拿着皇帝的节杖带人去搜捕窦武，王甫则带宫内侍卫劫持太后，夺下皇帝和太后的玉玺和绶带。

这一手在最后起了决定性的作用。

郑飒大概是被关久了，头脑已经被仇恨冲昏，带着几个人就冲进大将军府要拿窦武。窦武本来还不知道发生了什么事，见郑飒带人闯进门来，口中嚷嚷着要拿他这个反贼，顿时觉得不妙。可他哪里肯束手就擒，抽冷子跑出了府邸。

郑飒看窦武跑了，赶紧带人去追，结果一方跑一方追，双方跑着跑着就跑到了卫戍洛阳的步兵营附近。

窦武可不是瞎跑的，主管步兵营的将军是他的侄子——步兵校尉窦绍。等窦武进了步兵营，窦绍看自己的叔叔被追杀，岂肯罢休，一通乱箭便把郑飒等人射死。

杀了郑飒，窦武觉察事态严重，赶紧让窦绍带着步兵营几千士兵跟他进了洛阳城，在城中的传舍外驻扎。这时，窦武向大家宣布："宫里的宦官们造反，众将士尽力者重赏！"

然后呢?

然后就没有了。

曹节等人守住了宫门，窦武在外面根本不知道宫里发生了什么。如果他知道此时宦官们已经劫持皇帝和太后，定然会不顾一切向皇宫发动进攻。可他现在只知道郑飒要来抓他，其他的一无所知。作为一个在道德上严于律己的人，光凭这一点，完全不足以让他做出等同谋反的带兵攻击宫门之事。

于是，虽然窦武嘴上喊着让将士们“尽力”，可大伙儿实在不知道这个力该往哪儿尽。

同样只知道一点风声，对事情的严重性缺乏了解的还有陈蕃。听说郑飒到大将军府抓人，他以自己数十年的经验猜想，可能是尚书那儿出了问题。于是，老头儿更加直接，带着自己太傅府里的随从和学生八十多人来到皇宫，拔刀冲入承明门，高喊着“大将军无罪，宦官造反！”的口号往尚书处而去，迎面正撞上从南宫出来的王甫。

陈蕃带着这八十多人，哪里是早已严阵以待的王甫等人的对手！陈蕃见了王甫便想拔剑上前，戳他个对穿，可他还没近身就被王甫身边的侍卫一把夺下剑，人则被侍卫们死死地按住。

陈蕃失了“武器的批判”，便要使用“批判的武器”，张嘴就对王甫进行咒骂。王甫的回应则更直接，几个大耳刮子就将老头儿本已不多的牙齿全数打掉，然后让人把陈蕃押到黄门北寺监狱关起来。

轻松解决陈蕃后，曹节和王甫接下来还是要面对窦武。窦武手下有几千士兵，可不像陈蕃那么好对付。不过，现在他们手上有皇帝的玉玺，事情就好办多了。

首先，王甫拿着皇帝的信物调动羽林军和虎贲军把守住朱雀掖门，抵挡窦武可能发动的进攻。然而，洛阳城里的羽林军和虎贲军满打满算也不过两千余人，以这点儿兵力，王甫可没有把握能挡得住窦武的步兵营。他得找援军。

有援军吗？还真有。

这时洛阳城外有一支军队，为首的是刚平定羌人回来的名将张奂。曹节知道张奂在外作战多年，才回洛阳不久，并不清楚朝廷的情况。于是，他兵行险着，用玉玺矫诏，任命其亲信少府周靖为车骑将军，又让张奂带五校士兵随同周靖去平定窦武的叛乱。

可怜张奂这位多年来为国家东征西讨，平定鲜卑、乌桓、南匈奴和羌人的将军，竟被曹节那一纸盖了玉玺的伪诏蒙蔽，于黎明时分带着上万士兵在朱雀掖门外与瑟瑟发抖的王甫会合。这时候窦武带着士兵也到了，双方在宫门外摆开阵势，剑拔弩张，眼看就要大战一场。

都到了这个时候，窦武还是不能下定决心进攻，毕竟在他的认知中，如果真的打起来，不管结果如何，他犯上作乱的罪名基本上就扣死了。

窦武迟迟不进攻，王甫渐渐缓过气来。加之得了张奂的增援，王甫缩着的胆气逐渐恢复，冻住的脑子也转开了，眼珠子一转便计上心来，让士兵们对着对面大声呼喊："窦武造反，你们也是禁军，自当保家卫国，干吗跟着窦武造反？投降的有赏！"

士兵们只知道听上头的命令行事，哪里分得清是非对错？加之平日里大家就对作威作福的宦官有畏惧之心，现在见宦官那边人多，又拿出了皇帝的信物，人心不由得就散了。渐渐地，士兵们不是逃亡就是投降。等到了下午，窦武手下基本上没剩几个人了。

胜负已分。

光杆司令窦武和窦绍眼见情势不对，掉头就跑，可在城中又能跑到哪儿去？结果，他们被张奂的士兵团团围住，只好双双自杀。两人死后仍被宦官们下令枭首，窦武一家的宗族、宾客、姻亲统统被杀，他们的家属则被流放到偏远的日南郡。

陈蕃进了黄门北寺监狱后本来暂时是没人理的，可在黄门北寺监狱里看守他的是宦官的随从，并已知道陈蕃和窦武要杀光他们所有人的计划。于是，这些随从越发丧心病狂，一边对陈蕃踢打踩踏，一边进行讽刺、谩骂，当天便把这个老头子活活打死。

窦武被杀之后，窦太后被宦官们幽禁于洛阳南宫云台，并在四年之后的熹平元年（公元172年）郁郁而终。

至于张奂，虽然事后曹节等人要他出任大司农，还要给他封侯，但这个时候他已经明白事情的原委，出于良知和被宦官利用的愤恨，张奂没有接受封侯的赏赐，并在不久后因触怒宦官而被免官回家。此后，他在家中闭门不出，致力于讲学和著书立说，写成《尚书记难》三十余万字，最终以七十八岁高龄病逝。

然而，这几个人的遭遇仅仅是这场灾难的开始。

宦官们取得了这场斗争的胜利。事后，曹节升任长乐卫尉，封育阳侯，王甫不但继续担任黄门令，还升迁做了中常侍，朱瑀、共普、张亮等六人被封为列侯，另有宦官十一人被封为关内侯，一时间朝野上下“群小得志，士大夫皆丧气”。然而，宦官们可不仅仅是让你丧气就完了，他们可不讲仁义道德，势要趁机把所有反对他们的士人统统打倒，再踩上一万只脚，让其永世不得翻身。

首先遭到清算的是窦武和陈藩在朝中的亲信。侍中刘瑜、屯骑校尉冯述因被视为窦武的亲信，皆被夷族；虎贲中郎将刘淑、尚书魏朗等被传与窦武通谋，被逼自杀；陈藩和窦武的那些门生、故吏则一律遭到免官或禁锢。

度过建宁元年（公元168年）那个流血的秋天，小皇帝刘宏再次上朝之时，身边已经没有当初陪同在侧的太后，大殿上也少了许多似曾相识的面孔，唯有两旁的宦官依旧，而且将他越围越紧。

曹节、王甫等宦官虽然通过窦武一事诛杀和罢免了一批官员，掌握了政治权力，但他们发现窦武和陈蕃人死精神不死，李膺、杜密等人的威望依然很高。这让宦官们如芒在背、如鲠在喉，时刻感到不爽、恶心，以及来自道德谴责的危机感。终于，一年之后，宦官们被这种危机感击溃，变得越加疯狂。

建宁二年（公元169年）十月，大长秋曹节指使有关部门弹劾虞放、李膺、杜密、朱寓、范滂等“诸钩党者”，要求将他们下狱拷问。

这时候虚岁已经十四的刘宏尚不能理解朝堂中那些简短却意义深邃的词语，于是问身边的宦官：“什么是钩党？”

一旁的曹节回答：“所谓钩党，就是党人。”

“意欲何为？”

“欲图社稷。”

虽然在宦官的影响下刘宏成了一个自己拿不了主意的废人，对国家和朝廷可能什么都不懂，也什么都不管，但他知道自己屁股下面的这张椅子是给不得别人的。不论真假，任何企图和他抢座位的人都应当被消灭。既然如此，刘宏毫不犹豫地在奏折上批了一个大大的“可”。

于是，党锢再起。

宦官是怎么炼成的

宦官曹节等人得了皇帝的准许，在朝中大肆缉捕党人，李膺、杜密、翟超、刘儒、荀昱、范滂、虞放等百余人被下狱处死，六七百人遭到牵连。而且，在随后很长一段时间里，党锢事件不断扩大，社会上的世家名流大多被扣上党人的帽子遭到禁锢，并被剥夺参与政事的权利，帝国政治进入至暗时刻。

这里面涉及一个问题：为什么历史上的宦官能有如此的破坏力？他们掌握权力之后难道就不能像那些贤臣、能臣一样，为国家和百姓服务吗？

简单地说，答案是不能。

但要说清楚为什么“不能”，则不是那么简单的事情。我们得先从阉人的起源说起。

所谓“宦官”，指的是那些专供皇帝、君主及其家族役使的官员。很多人把宦官和阉人等同起来，这其实是不准确的，因为在东汉之前，正常男人和阉人都可以做宦官。直到东汉开始，宦官才必须是阉人。

阉人不是中国独有的现象，历史上各大文明古国都曾出现过，但历史上能够长时间、大批量地出现阉人，乃至形成一种所谓的阉人文化，则是中国独有的。

至于为什么会产生阉人，这是个说来话长的故事。

我们知道，阉人是一种极其残酷的宫刑的产物。宫刑的最早记载出现在《尚书》中，而《尚书》最晚是先秦或者西周时期的作品，因此阉人在中国的出现亦是极早的事情。

宫刑之于男性，最初是用来处罚罪犯或战犯的，初衷大概是杜绝这些“劣质人群”产生不良后代。但经过观察之后，人们惊奇地发现，这些被“去势”的男人不仅丧失了生育能力，而且随着体内雄激素的缺乏，声音、外貌都发生了改变，性格也趋于软弱、温和，尤其对于平日管理他们的“主子”而言，“奴性”二字展露无遗。这一变化被统治者们敏锐地观察到，于是本着物尽其用的原则，阉人们被安排在最适合他们工作的地方——统治者生活的宫殿。

之所以说统治者的宫殿最合适阉人工作，是因为那里的男女比例不是失调，而是崩溃。为了满足统治者某种不可描述的欲望，可以的话，他们自然希望围绕在自己身边的都是年轻、有姿色的女性。但事实是，生活中有很多事情需要更有体力和精力的男性去完成，于是便有了最初的宦官。

一开始，宦官是由正常男性担任的，这就会有麻烦。于是，后来宫里宦官中阉人的比例越来越高。

西汉亡于外戚王莽之手，所以东汉建国伊始，光武皇帝刘秀便借前车之鉴，规定外戚不能封侯，又规定宦官必须是阉人。想出这样的制度，在当时的刘秀看来自己简直英明神武。

可出乎刘秀预料的是，这样完美的制度在他身后出现了他当时想象不到的问题：宦官能造成的破坏力丝毫不比外戚小。东汉是宦官和外戚搞坏的，这句话不仅后来人同意，即便在当时，也是世人的共识。

在东汉，宦官之所以能造成这么大的破坏力，原因首先出现在皇帝身上。纵观刘宏之前的东汉皇帝，除了世祖光武皇帝刘秀活过了六十，其他人的寿命普遍很短。刚刚驾崩的三十六岁的桓帝刘志，按寿命算竟忝居三甲之列，还有四帝死时甚至未满十岁。皇帝早逝带来的一个必然后果是太后主政，但这些年轻的寡妇足不出宫门，想把控朝廷及国家，就不得不依靠身边最亲近的也是唯一的一群人——宦官。

宦官里有没有好人、能人？有，比如一说到东汉最有名的宦官，那非改进造纸术的蔡伦莫属，但这类人在宦官集团里永远是少数。在历史上有名的宦官中，恶人的数量远比好人多得多。

这其实是必然的事情。如同一个人失去视力之后，听觉和触觉往往会变得敏锐，异于常人。这是人的身体机能的一种代偿机制。阉人也一样，宫刑对男性的破坏性实在太大，它不杀人，却剥夺了受刑者作为男人的资格。因此，阉人身体上的残疾同样会导致人格上的残缺，使得他们大多有一种变态心理，急切地希望通过对某种事物的过度获取来补偿自己生理上的缺陷。而能够与失去作为男人的资格这种伤害对等的，绝不仅仅是五感的愉悦或者金钱、食物、豪宅这么简单的事物。而且，偏不巧，阉人又离这种事物很近，几乎比所有人都近。

是什么竟如此强大，能够让失去生殖能力的人忘却自己生理上的缺陷，获得精神上的满足呢？

它叫“权力”。

这恰巧是身处皇宫的宦官最容易接触到的东西。由于统治者在平时的生活中接触最多的人是宦官，所以宦官对统治者的影响逐渐变大，甚至能将其与外界隔离。只要宦官有坏心思，他们就能将统治者蒙蔽或者孤立，从而把权力掌握在自己手里。要知道权力这东西在没有理想和道德约束的情况下就是毒品，会让人上瘾，难怪宦官在它面前会前仆后继，乐此不疲。这也是为什么宦官掌握权力之后不能像历史上那些贤臣、能臣一样，用它去为国家和百姓服务。

有人或许还会有这样的疑问：历史上，早年受权臣控制、后期扳倒权臣的皇帝不少，但早年遭宦官蒙蔽、长大后摆脱宦官蒙蔽的皇帝却寥寥无几，这又如何解释呢？

其实道理很简单，还是因为宦官是皇帝生活中接触最多的一群人，而大臣不是。这就好比你被困在密闭的房间里，如果时不时有个家伙进来放个屁，放完就走，这对你是莫大的摧残，你必然对他恨之入骨。不过，如果是和你同处一个房间的人不断放屁，开始你可能会觉得臭，但时间一长你便觉不出臭来，甚至会产生“空气本就该是这个味”的幻觉。如果有人长期身处这样的环境，还能觉出臭来，那这个人的嗅觉肯定有问题。

刘宏的嗅觉显然没有问题。因此，从十二岁开始就被宦官围绕、架空的他，被宦官蒙蔽而觉察不出他们的奸诈、险恶，就是必然的事情。

对于时局的好坏，处于社会顶层的刘宏是最缺乏直观感受的。尽管社会已经很乱，但没人告诉他乱成什么样了，因此他也不关心。从另一个角度讲，对于刘宏来说，既然下面的人不说，那就意味着还没有出现能动摇他的位置、值得他注意的事情。

既然如此，何不及时行乐？

东汉时宦官众多，而宦官中又以中常侍、小黄门和中黄门地位最为尊贵。这里有个颇为有趣的冷知识：宦官的这三个等级，地位高低是以平时离皇帝的远近为标准的，中常侍地位最高，小黄门次之，而名字上占便宜的“中黄门”地位则在小黄门之下。作为东汉最昏庸的皇帝（没有之一），刘宏对宦官的信任和依赖到了一种空前甚至令人匪夷所思的地步。当时，宦官集团以张让等十个中常侍为首，史称“十常侍”。刘宏曾经说出这样的话："张常侍（张让）是我爹，赵常侍（赵忠）是我妈。"既然如此，他便把朝政放心地交给"爹妈"处理，自己则将精力用在其他事情上。

刘宏不仅对文学感兴趣，在诗词歌赋上小有成绩，对发明创造也有研究，甚至还研究出简易的自来水和排水系统。有段时间，他对体验百姓生活产生兴趣，便在皇宫里开设集贸市场，以宫中珍宝充当货物，任由宫女们偷窃、贩卖。但这些都只是刘宏的业余爱好，有一件事情则是被他视为主业并致力一生的。

这件事肯定不是做皇帝，是什么呢？

享乐。

虽然"享乐"一词过于笼统，但对于一个给宫女们发明开裆裤，以最大限度地方便自己的皇帝而言，恐怕不需要我再多说。

将权力放给宦官后，刘宏过着醉生梦死的生活，他的放荡最终在十五年后结出了恶果。政治的黑暗导致时局混乱、民不聊生，百姓要活下去，既指望不上皇帝，也指望不上官员，只能指望自己。于是，先有会稽人许生起于句章，西南夷民反于益州，后有合浦、交趾、巴郡、江夏、苍梧、桂阳等地百姓揭竿而起。

最后，中平元年（公元184年），由巨鹿人张角领导、席卷大半个天下的黄巾起义爆发了。

黄巾起义

百姓是天下的根本，也是天底下最朴实、需求最低、忍耐力最强的一群人。即便在政治混乱的环境中，他们依然能默默地顽强生存，但上天很快就降下了压垮他们的最后一根稻草。

它就是一种当时被称为"伤寒"的瘟疫。

东汉末年是一个瘟疫横行的时代。桓帝刘志时期出现过三次大瘟疫，到了灵帝刘宏时期则多达五次，再往后疫情更是一波接一波。我们知道，即便是在两千年前，也没人认为能和疫情共存。在卫生医疗条件落后的古代，若碰到皇帝昏庸，置百姓的生死于不顾，老百姓便只能逃。如果疫情的波及范围大到百姓连逃都没法儿逃的时候，似乎便只有死路一条。

可即便在这种绝境中，也不是所有人都会等死。群体生物为了生存而挣扎时，为了更好地活下去，定然会出现个体变异。百姓也不例外，当时百姓中就出现了这样两个人。

其中一个人来自有二百多人的大家族，但其百分之七十的族人先后死于一波波的伤寒疫情。朝廷的腐败无能让他痛恨，族人的意外死亡让他痛苦，为了拯救族人和更多的百姓，他潜心研究医学，然后一边行医一边游历各地，不仅目睹了各种流行疫病对百姓造成的严重后果，同时将自己多年来对伤寒症的研究付诸实践，进一步丰富自己的经验，提高理论认识。经过数十年的努力，这个人终于写成了一部集秦汉以来医药理论之大成，后来被广泛应用于医疗实践的巨著，成为我国医学史上继《黄帝内经》之后又一部影响巨大的医学典籍。

这个人就是张仲景，这部医学巨著就是《伤寒杂病论》。

另一个人便是巨鹿人张角。他同样不甘于在沉默中灭亡，并且在瘟疫中看到了一丝别人想都不敢想的机会。

在伤寒横行的年代，人们不免病急乱投医。只要听说某处的某某某有祖传秘方，专治某病，不论真假，总有人要去试他一试。这时候人们听说巨鹿人张角入山采药，偶遇“南华老仙”，得授之《太平要术》，习成之后不仅能呼风唤雨，还能撒豆成兵。至于散施符水、念咒治病，则更不在话下。于是，张角自称“太平道人”“大贤良师”，创太平道——此处语出《三国演义》，故不足为信。

事实是，道教门人张角不知师从何处，竟学得一些医术，又从道教经典《太平经》中得到感悟，于是在建宁年间与两个弟弟张宝和张梁来到冀州一带活动。冀州是当时的瘟疫重灾区，张角以治病为名博取百姓信任，然后暗中宣扬“举头三尺有神明，神明将按人们的善恶来增加或减少他们的寿命”之类的教义，数年之间便有了几万信徒。

不论张角是否真懂医术，但至少在包装、宣传方面，他的技能是高超的。此时他已然神化了自己，这种神化对古代愚昧的百姓而言非常具有欺骗性。既然百姓听不清他口中呢喃的咒语，看不懂他笔下歪七扭八的符箓，又跪拜过不知在何处的神明，甚至还花了身上所剩不多的钱，自当心安理得地认为自己能得到上天眷顾，远离一切疾病和痛苦——科学家及医学家早已验证，纯粹的安慰剂治疗是有效的，且有效率大概在百分之五六十，其原理简单地说就是人的自信与自我欺骗可以提高自身的免疫能力。

那经过张角的治疗，确有瘟疫患者得到治愈，这又如何解释呢？

其实这也好解释，历史上所谓的瘟疫多数是某种病毒感染的流行所致，而能传染人的病毒大多具有自限性，患病的人只要能扛住不死，一段时间后总能慢慢好转。

跪拜过神明，又喝过张角本没什么用的符水的百姓信心大增，因此不少人“战胜了瘟疫”。但这些人的身子好了，脑子没好，天真地认为是神明和符水起了作用，于是乎对“拯救”他们的张角佩服得五体投地，纷纷拜在他所创的“太平道”门下。

可那些身体没扛住的人呢，张角难道不怕被人质疑？没关系，死人是不会说话的。况且，在连年的瘟疫中，“必死”几乎是染病之人的共识，能活下来就算是赚到了，又哪会有人质疑呢？

于是，张角的信徒越来越多。他已不满足于冀州一地，遂派亲信弟子到天下各处传道。经过十数年的发展，太平道的势力已拓展到全国十三个州中的八个，信徒多达几十万人。当时太平道在地方上的声望之高远超官府，以至于出现这样的奇景：地方上的百姓不惜变卖财产，拖家带口地跨州越县，投奔太平道，以求能做其门下走狗。即便有数万人在途中因各种意外横死，仍不能阻止后来人的步伐。

现在看来，这已经不能用单纯的仰慕来解释，而接近于狂热了。面对此种病态的狂热，地方官府非但没有任何警惕，反而认为这是因为张角的水平高超、教化得当。

然而，虽然皇帝不管事，宦官也没心思搭理民情，但朝廷的大臣中总有那么几个是尽忠职守的。司徒杨赐就敏锐地察觉到了太平道潜在的危险。他向皇帝指出，张角这些人诓骗百姓，而且已经成了气候，这时候如果贸然发下海捕文书，恐怕反而会引发他们提前造反。因此，杨赐建议让各州郡的官员治理好地方，清查各地流民并将他们遣回原籍，以此削弱太平道的力量，然后再将太平道的首领们聚起来杀掉，这样整个太平道就能“不劳而定”。

可杨赐的建议并没有得到皇帝的重视，他自己反倒先把官给丢了。还有一个司徒的属官名叫刘陶，建议皇帝应当用重赏缉拿张角，拿住的封侯，隐瞒或者故意回避的，则与张角同罪。刘陶的建议同样没有被采纳，而且皇帝怕他继续啰唆，把他派去修订《春秋条例》。

由于皇帝刘宏自己的懈怠，太平道得到了足够的发展时间，于是张角开始了他的第二步计划。

张角按地点的不同将全国的太平道信徒划分为三十六个区域，称三十六方，每方各立一个头目，称“渠帅”，其下有六七千人至万余人不等，并且开始在信徒中传播一句话：“苍天已死，黄天当立，岁在甲子，天下大吉。”——只从这短短十六个字，便可知张角所谋甚巨。

自秦朝伊始，统治阶级使用“五德终始说”来阐述其政权统治的合理性。汉武帝“改正朔、易服色”，根据五行相克的原理认定汉朝取代的是用黑色代表水德的秦朝，因此汉朝应该是黄色的土德。可到了王莽那会儿，他为了彰显自己篡位的合法性，根据刘歆父子的建议，认同朝代之间五行相生，并忽视国祚过短的秦朝，认定汉朝继承自以绿色代表木德的周朝，而木生火，故汉朝应为火德。后来刘秀当了皇帝，没有改变这种说法，因此东汉以红色为代表。然后呢？火生土，土就是黄色，这就是所谓的“黄天当立”。那什么时候立呢？时间也很明确：“甲子年”，也就是公元184年。

这样的分工、这样的规模、这样的口号，张角想干什么呢？

毫无疑问，他想做的只有一件事：造反。

现在谁都说不清楚张角到底是先有了造反的念头，然后花十几年时间建立了作为造反“工具”的太平道，还是在建立太平道的过程中逐渐萌生了造反的打算。抑或两者兼而有之：造反的打算最初只是一个模糊的念头，随着太平道的逐渐壮大而日渐清晰。不论如何，结论是肯定的，即到光和六年（公元183年）张角已经有了明确的造反打算，并且开始进行最后的准备。

三十六方太平道信徒虽遍布天下，可这是柄双刃剑，有利也有弊。如何能做到听指挥统一行动便是最大的问题：做好了，一举占领大半个天下：做不好，不免被分化瓦解，各个击破。

张角的方法是紧密加强与各方渠帅的联系。光和六年冬，张角命令自己的亲信马元义统领荆州和扬州的数万信徒开始在邺城筹划起义的准备工作，又让马元义与长安城内的内应中常侍封谞、徐奉等人联系，约定在第二年的三月五日于洛阳内外同时起兵，把大汉王朝掀个底儿朝天。

中常侍封谞、徐奉等人虽愿意做内应，可他们毕竟生活在洛阳城里，马元义要与他们联系，相互传递信息，在那个没有电报、电话的年代，除了口耳相传，就只能靠书信——飞鸽传书在中国流行是隋唐之后的事情，在此之前，书信需以人力运输。因此，马元义不得不频繁地往返于洛阳和邺城之间。

有句话叫“常在河边走，哪会不湿鞋”，最终他被抓了。

张角有一个弟子叫唐周，大概是得知张角的计划后心生惧意，毕竟造反是灭族的大罪，不是谁都敢承担这样的风险，因此他选择了退缩，并且上书揭发马元义。

这下事情再也捂不住了。中平元年（公元184年）正月，马元义在河内郡被抓获，随即被押送到洛阳，施以五马分尸的车裂之刑。同时，太平道在洛阳城里的秘密组织被肃清，与张角有联系的千余人被杀死。

眼看整个计划就要流产，十多年的努力即将付之东流，张角不得已提前于中平元年二月起事。张角自称天公将军，二弟张宝称地公将军，三弟张梁称人公将军，带领数十万农民军起于四方，且皆头裹黄巾。一时间，天下响应，朝廷震动。

为什么黄巾军可以迅速形成如此巨大的声势？显然，除了张角十多年的准备，地方官府的腐败无能是重要原因。各地响应黄巾军的农民，无一不是先杀当地的地方官，拿当官的人头当投名状。地方上那些能活下来的官员都有一个共同的特点：跑得快。至于你说官员的职责不就是要维护地方安宁，镇压暴乱吗？不存在的，他们能不死便是本事，其他的一概不会考虑。

这就是党锢之祸绵延十多年的恶果。当大多数世家名流长期被宦官们剥夺参与政事的权利，朝廷便不得不面对官员队伍整体素质断崖式下降这一现实问题。

为解决这一问题，三月份，北地太守皇甫嵩及时提出了亡羊补牢的解决方案：解除党锢，选取有能力和声望的人为官，镇压各地黄巾军；同时拿出皇帝的个人金库，放出皇家马厩中的好马，激励战士作战。

当然，以刘宏现在的脑子，尽管别人已经把主意拿出来，他也是没办法拍板决定的，还是得问宦官们。

好赖这次刘宏的运气不错，他问的是宦官里的一个明白人：中常侍吕强。

吕强算是个好宦官，但在那样的大环境下，他平日里并不敢和其他同僚对着干，只能独善其身。可如今国家成了这个样子，已容不得他再退缩和忍让。吕强告诉刘宏，党锢事件持续这么久，民间积怨已深，现在必须马上解除党锢，赦免那些无辜受害者，否则一旦逼得他们和黄巾军联合起来，那后悔也来不及了。

紧接着，吕强跪下，跟刘宏说："请陛下先下令诛杀身边那些不法之徒，大赦天下党人，然后派人考察各地刺史、郡守的能力，将没有能力的一律撤职查办。如果陛下能做到这些，地方上那些盗贼就没有摆不平的。"

刘宏当时就被吕强的话吓个半死，也没想到去和他的"爹妈"商量，直接下诏大赦党人，之前因党锢被发配、流放的囚犯也一律迁回原籍，同时发天下精兵，以北中郎将卢植、左中郎将皇甫嵩、右中郎将朱儁为将，征讨黄巾军。而且，刘宏第一次埋怨起身边的宦官："你们经常说党人图谋不轨，现在你们自己却与张角串通，这不是该杀吗？"

这可吓坏了赵忠、张让这些人，他们赶紧把责任往死人身上推，推得一干二净："那些事都是王甫、侯览那些人做的。"回头，他们立即将自己家族在各地的子弟都召回家，夹着尾巴做人。

虽然吕强的一句话解放了党人，但也得罪了大多数宦官，给他惹来杀身之祸。赵忠、夏恽等大多数中常侍本来就和吕强不是一路人，现在他建议皇帝诛杀身边的不法之徒，不是明摆着要和他们作对吗！

谁是皇帝身边的不法之徒？不是明摆的吗！

于是，赵忠等人先发制人，马上去跟刘宏说吕强这个人不得了，平时常和党人一起议论朝政，没事的时候就爱看《霍光传》。吕强这是要干吗？不就是要学霍光，准备换皇帝！

刘宏一听，这还得了，马上让中黄门拿着武器去召吕强来对质。自从那天之后，吕强便知祸已从口出，赵忠、张让这些人是不会放过他的，因此回到家后就准备好了后事。

既然要做一个忠臣，吕强便不会畏惧死亡。他担心的是，即便自己遭迫害致死，也无法让朝廷这潭死水泛起一点儿波澜。历史上有很多这样的忠臣，在国家和朝廷如一潭死水般沉寂的时候，他们牺牲自己的性命化身顽石投入水中，为的只是激起改变的涟漪——这就是死谏。

当宦官们明火执仗，举刀来到吕强府上时，吕强早已料到这个结局。他自知不可能从张让等人手上活下来，干脆自尽，临死前还大声疾呼："我死后天下就要乱了！大丈夫要尽忠报国，怎能面对狱卒祈求苟延残喘！"

可吕强没想到，自己为警示皇帝的自戕，在赵忠等人的巧舌如簧下却变成他有罪的证据："陛下，您看，吕强这个人一听说陛下召见就自杀了，这不是他有罪心虚的表现吗？"

刘宏会怎么说？他自然是觉得"母亲大人"赵忠言之有理，于是下令搜捕吕强的宗族，将吕家财产充公。

正直的宦官下场尚且如此，朝中大臣便更加不堪。河内人向栩当时做侍中，因为见皇帝容易，就时不时对为非作歹的宦官进行讽刺，结果被张让污蔑和张角勾结而被杀。

郎中张钧在朝堂上公开上书，称张角之所以能成气候，实在是"十常侍放纵子弟、亲族、宾客占据州郡，侵掠百姓，谋财害命"所致，因此他主张"斩十常侍以谢百姓"，这样一来，"不须师旅而大寇自消"。

让刘宏杀"十常侍"，这不是让他杀自己的父母吗？如此"大逆不道"的事，刘宏怎么能接受！于是，他当众大发雷霆："张钧就是个疯子！难道'十常侍'里就没有一个好人吗？！"

眼见皇帝如此愤怒，宦官的爪牙马上出来捏造事实，说张钧这个人曾经学过太平道。张钧随即被下大狱，很快便死在狱中。

这样的高压让满朝大臣噤声。不过，虽然张让、赵忠等人在朝中可以翻云覆雨、颠倒是非，但他们对付不了张角的黄巾军。好在朝廷还有卢植、皇甫嵩顶着。

开始的时候，由于朝廷没有准备，黄巾军确实取得了一些胜利，但当朝廷的正规军出场之后，黄巾军组织松散、训练及装备不足的缺点便暴露无遗。而且，黄巾军在历史上是一个相对特殊的军事组织。别的队伍都以男性青壮年为主，抓壮丁也是抓年轻男性，黄巾军却是一个奇怪的组织，军队中从将军到士兵，几乎人人拖家带口，一个人参加黄巾军，恨不得把全家老小一起带在身边。因此，黄巾军的队伍虽然看起来人数众多，真正的作战人员却不一定多。自始至终，这都在很大程度上影响着黄巾军的战斗力。

既然黄巾军有这么多弊病，那可以预见的是，只要朝廷派出带脑子、会作战的将领，击败他们只是时间问题。果不其然，北中郎将卢植出征后与张角激战数场，汉军接连获胜，逼得张角退守广宗城。随后，卢植开始在城外造高墙挖深堑，准备困死城里的张角等人。

这时候，刘宏开始了他的“骚操作”。他获悉惹得大半个天下震动的张角已经被包围，大喜过望，马上派出一个叫左丰的小黄门去前线视察军队。

这个代表皇帝的左丰到了军中，卢植并没有给他好脸色看。别人劝卢植贿赂左丰，好让他在皇帝面前说句好话，却被卢植严词拒绝。

跑了一圈，除了一身臭汗，左丰没捞到一点儿好处，气自然不打一处来，回到皇宫就开始捏造事实，说广宗城里的黄巾军仅剩一口气而已，只需要一次进攻就可以解决。可卢植在干吗呢？他什么也没干，只是把军营的防守修得非常坚固，士兵们则处于放假休息的状态。他这是在坐等老天来诛杀张角！

刘宏一听，怒了，马上让人用囚车将卢植押回洛阳，以东中郎将董卓替代卢植，继续进攻张角。

其实，卢植的方案是有道理的。这个时候张角虽然打了败仗，缩在广宗城里，但和卢植的队伍相比，他的手下不是多，而是多得多。因此，坚壁围城，把黄巾军困死、饿死在广宗城里是最佳方案。董卓可不管这些，作为开启三国乱世的男人，他的第一次登场一如他之后的表现，都不怎么好看。在董卓连续几个月攻广宗城不下，还折了一阵之后，刘宏让他去职抵罪。

接下来，刘宏换上的是皇甫嵩。

皇甫嵩是东汉末年朝廷真正的名将，以其讨伐黄巾军时的表现看，如果他晚生个二三十年，大抵能在三国的名将中占有一席之地。

中平元年（公元184年）四月，皇甫嵩和朱儁受命率军讨伐颍川的黄巾军，但此时他们只有四万人，而颍川黄巾军的渠帅波才手下则有超过十万人。讨伐战开始后，朱儁的队伍首先和黄巾军交战，结果被黄巾军击败。朱儁的失败使得皇甫嵩不得不退守长社城，而得胜的波才大兵压境，将长社城围了个水泄不通。

虽说皇甫嵩手下是朝廷的精兵，但人数远处于劣势，又是新败之后困守危城，士兵们不由得心生惧意。要不是周围还有人看着，不少人早就翻墙跑路了。这时候仍然镇定的只有皇甫嵩，他召集所有军官开了一次战前会议，告诉他们，打仗靠的不是人多，而是因地制宜，出其不意。

那怎么出其不意呢?

皇甫嵩早有计策，他以当年用火牛阵大破燕军的田单自比："黄巾军的营寨用草木搭建，只要来一阵风，很容易就能被点燃。如果我们在夜里突然放火，敌军必然大乱，这个时候出击足可以立下当年田单那般的大功劳。"

主帅的胸有成竹给了下级军官信心，下级军官的信心又影响了基层士兵的情绪，于是大家都镇定下来。更重要的是，当晚风真的来了。

感受着迎面刮来的大风，皇甫嵩赶忙让士兵们带着引火的稻草、树枝在城上集合，又派出数十名精锐士兵，让他们携带易燃物品趁着夜色悄悄地翻出城，于黄巾军营地的上风处纵火。城里的士兵见远处起火，也点起无数火把，同时摇旗呐喊，原本宁静的黑夜瞬间变得混乱、嘈杂。

震天的喊杀声惊醒了熟睡的黄巾军将士，四处亮起的火光让黄巾军乱作一团。在城头观望的皇甫嵩眼见时机已到，马上让手下擂鼓助威，自己亲率士兵冲入敌营。慌乱的黄巾军哪里有抵抗的心思，大部分人一听到喊杀声便已抢先一步逃散，连汉军的人影都没见着。

皇甫嵩继续指挥队伍追击逃散的黄巾军。这时候，朝廷派来增援的另一支队伍也到了，两支军队合二为一，与黄巾军大战一场，歼敌数万，击溃了颍川的黄巾军。接下来，皇甫嵩乘胜再战，在阳翟斩杀颍川黄巾军的渠帅波才，又在西华县击杀汝南黄巾军的渠帅彭脱。旬月之间，除张角外，黄巾军最大的两支主力都被皇甫嵩击败，他也凭此战功获封都乡侯。

另外插一句，长社城外奉命赶来的那支汉军，为首的将领是当时任骑都尉的曹操。

皇甫嵩再接再厉，很快又在仓亭斩首七千，生擒东郡黄巾军渠帅卜己。朝廷一看这家伙行啊，便赶紧让他去广宗城接替董卓，消灭全国最大的一支黄巾军队伍。

皇甫嵩跟董卓的私人关系还算不错，此次接替朋友对敌，自然十二分地上心。他一到广宗城便和黄巾军的主力打了一仗，败北。

虽然败了，但皇甫嵩发现了三个问题：第一，黄巾军的主力，或者说黄巾军里有一支队伍战斗力强悍，不可轻视；第二，经过几个月的围城及反复的拉锯战，汉军都拿黄巾军没办法，导致黄巾军的士兵普遍有轻敌情绪；第三，率领黄巾军主力出战的不是主帅张角，而是张角的弟弟张梁——当然，这不是什么重要的问题，顶多就是个疑问。

针对前面两点，皇甫嵩决定高挂免战牌，让士兵们闭营休息，只派出侦察兵静观黄巾军的变化。黄巾军见汉军这边来了一个新统帅，一开始还有些兴奋，日日前来叫阵。可汉军这边始终没人回应，于是黄巾军开始隔天来一次，然后隔两天来一次，再然后……

看来汉军新来的统帅跟前面那个胖子没什么区别，一开始看着挺凶，打起仗来其实也就那么回事，过一阵子怕是就要回去了。于是，黄巾军干脆学汉军闭营休息。

这时候，旁观已久的皇甫嵩察觉到了黄巾军的懈怠。某天夜里，他亲率精兵趁着夜色悄悄地出了军营，偷偷来到黄巾军大营前。士兵们把随身携带的干粮吃了，然后静静地潜伏，只等雄鸡报晓。在第一缕晨光还未刺破黑夜之时，众人在皇甫嵩的指挥下一起杀出，向黄巾军大营发起猛烈的攻击。

多日未曾作战，黄巾军歇得都已经疲了，面对突袭完全来不及调整状态。在长官的催促下，很多人装备都没来得及穿好，只随手抄起兵器就着急忙慌地上了战场，饿着肚子从黎明一直打到下午饭点（晡时）。终于，黄巾军顶不住了。为了争取活命的机会，士兵开始撤退，然后就是整条阵线的崩溃。

黄巾军一退，汉军越战越勇。最后，张梁战死，三万多黄巾军被斩杀，更有五万人在逃跑途中被汉军追赶，淹死在黄河里。

皇甫嵩顺利地消灭了黄巾军主力，占领广宗城。进城之后他才知道，那个号称以符水神术治病、无所不能的张角早已死在广宗城里，而且是病死的。

这多少有点儿讽刺，但皇甫嵩可不管这些，他毕竟是个认真的人，嘲笑死人不是他的兴趣爱好。秉持着严谨的态度，他命人将张角的尸体掘出，验明正身之后让手下一刀砍下张角的脖子，传首京师。

消灭了黄巾军的主力，其他的残余力量便更不能抵挡皇甫嵩麾下的汉军。

这一年的十一月，在下阳曲，皇甫嵩斩杀了张宝，并且消灭黄巾军十多万，直杀得尸横遍野。

面对满地的尸体，将士们开始犯愁：怎么善后？这时皇甫嵩手一挥，命令手下造一座“京观”。

这个“京观”不是一种景观，更不是一座道观，而是一个专有名词。明代历史学家张岱在他的《夜航船》中是这么记载“京观”的：京，谓高丘也；观，阙型也。古人杀贼，战捷陈尸，必筑京观，以为藏尸之地。古之战场所在有之。

也就是说，所谓京观，就是一个塑成高丘形状的东西，但用的材料比较特殊，不是泥土、沙石，而是人的尸体。建这东西无非是对敌人起到强烈且持久的震慑作用。当然，虽然张岱不说，但掩埋尸体、防止尸体腐烂引发瘟疫，大概也是其作用之一。而且，京观这东西不是汉代人发明的，而是古已有之。

那有人就要刨根问底了：这个“古已有之”究竟可追溯到什么时候呢？

《左传》里记载了这样一件事：周定王十年（公元前597年），为争霸中原，楚、晋两国爆发邲之战，战争最终以楚国的胜利告终。这时候，面对大量战死的晋军将士尸体，楚国大臣潘党建议楚庄王把晋军的尸体收集起来做成京观，这样才能把战功展示给子孙，让他们不忘祖先的“武功”。而楚庄王是这样回答的：“什么是‘武’？‘止’‘戈’才是‘武’。武王伐纣后曾作《武》篇，里面说武有七德：禁暴、戢兵、保大、定功、安民、和众、丰财。这七样我一样都不具备，有什么功劳好展示的？古代圣明的君主讨伐不听王命的国家，杀掉首恶分子并将其埋葬，作为一次大杀戮，这才有了京观。它是用来惩戒罪恶之人的。现在晋国的士兵不过是在为他们的国君尽忠，何罪之有，又怎么能建造京观呢？”

由此可见，京观的出现确实是极早的事情。虽贤明君主不屑为之，但在皇甫嵩看来，黄巾起义对国家是严重的打击和分裂行为，黄巾军自然是极恶之人，造一座京观警示后人似乎也无不可。

虽然声势浩大的黄巾军在几个月内便被皇甫嵩镇压大半，其主力几乎被消灭殆尽，刘宏也在这一年年末顺势改元“中平”以示纪念，但政治的黑暗和腐化远不是单纯的军事胜利能够改变的，反而随着反抗和起义的暂时被镇压而变得更加严重。刘宏受了黄巾军的刺激，深感人生苦短，愈加体会到及时享乐的重要性，于是越发地骄奢淫逸。然而，皇帝也是人，要玩也得花钱。这钱从哪里来？第一个办法是加税。在张让、赵忠的鼓动下，刘宏宣布增加田税，标准是每亩十钱。

田税这东西取自有田地的百姓，这些人本就是社会的最底层，就算绞尽他们又能榨出几滴油？况且，汉朝末年，土地兼并严重，大部分地已落入地主或者贵族手里，无地的流民、佃户越来越多，而这些人都是不上税的。因此，增加田税这件事非但不讨人喜欢，而且行之也不怎么有效。于是，被逼急的刘宏激发出脑袋中不多的潜能，想到一个老祖宗们操作多年且行之有效的办法——卖官。

事实上，刘宏不但公开卖官，而且为了用有限的官职卖出更好的价钱，他还在前人的基础上做了创新。虽说自己没能力设计新的职位，但刘宏突破以往思维的禁锢，想到了一个办法：增加原有官职的人数，即某一个职务可以由几个人同时担当。

国人历来重视职位的高低排位，现在几个人任同一职务，大家职权相同、等级相当，怎么区分呢？

好说，只需要在职位前冠以“前后左右”“东南西北”便可，排名不分先后。

这一下，朝廷官员平白增加了数倍。机会多多，来者不拒，公等欲光大门楣，此时不来更待何时？

虽说自汉文帝起，汉朝的皇帝便有卖官的习俗，武帝更是为了增加财政收入支援对外作战而设立武功爵。但为了圈钱公然地把朝廷的实权职位明码标价，争相贩售，做到刘宏这种地步的，之前没有，之后大概也不会有。比如关内侯的爵位，刘宏的标价是五百万钱一个。就连朝廷地位最高的三公，也有明码标价：一千万。

可能有人会问：我能不能光凭声望、能力、功劳坐上高位？

实话实说，我也不敢说你一定不行，但至少非常难。因为段颎、张温都是当世的名士，而且有公认的功劳在身，却仍得先交钱才能“论功行赏”，坐到三公的位置上。

当时的廷尉崔烈也想过一把做三公的瘾，可千万的价格是他不能承受的。不过，崔家是名门大族，自然与寻常人不同。他思来想去就有了办法：走后门。崔烈也不知道靠什么手段，通过皇帝身边一个姓程的奶妈，最后花五百万得到了三公中的司徒一职。

这种事情大家心知肚明，做了也就做了，可刘宏的脑回路就是和常人的不一样。崔烈被任命为司徒的当天，刘宏出席了任命仪式。等大家给崔司徒祝贺完毕，刘宏先是发出一声叹息，然后冷不丁地来了一句：“可惜啊，要少了，不然可以多拿五百万。”

百官们听罢一愣，都不知道怎么接话好了。这时候，一旁的程奶妈第一个不乐意，马上站出来说：“陛下说的是什么话！崔大人是冀州的名士，这样的人怎么会出钱买官！他的官位明明是我帮他弄的嘛，要不是我，陛下连这五百万也拿不到，有什么好埋怨的！”

由此可见，朝廷已腐败至极。而沉溺于享乐的刘宏被暂时的胜利冲昏了头脑，被琴瑟的靡靡之声堵塞了双耳，被宫女的美色蒙蔽了眼睛，完全不知道当时国家已陷入内外交困的绝境。

在国家之外，羌人、鲜卑接连寇略边境；在国家之内，张角三兄弟虽死，但各地黄巾军的反抗从来没有停止过，全国多则两三万人、少则六七千人的起义此起彼伏，不可胜数。在西边，凉州从事韩遂在羌人的协助下纠集起数万骑兵，打着消灭宦官的旗号直入关中；在北边，前任泰山太守张举拥十万之众自称天子。

外界已然如此混乱，刘宏却还没有清醒的认识。他寻欢作乐，夜夜笙歌，又醉生梦死地过了几年，终于在中平六年（公元189年）把自己和汉王朝一起送上了绝路。

第四十六章

初平元年

混乱的宫廷

中平六年（公元189年）四月，在国家乱糟糟、从官员到百姓都各顾各地忙着自己事情的时候，一个爆炸性的消息吸引了所有人的注意力：皇帝刘宏驾崩。

皇帝的驾崩是推倒这本已摇摇欲坠的帝国大厦的最后一只手。

这时候刘宏有两个儿子：何皇后生的十四岁的刘辩，以及董太后养大的九岁的刘协。刘宏活着的时候一直没立太子，因为刘宏自己不怎么看得上刘辩，认为他的长相不够威仪，行为又过于轻佻，便想立刘协做太子。可寻常主意都拿不了的刘宏又怎能拿这么大的主意，于是立太子的事情就拖了下来，而且一拖再拖，直到自己临死，事情依然没个准信儿。

没有太子，那谁来继承皇位呢？据说刘宏最后是属意刘协的，而且把这件事情交由宦官蹇硕去办。

这件事情对蹇硕来说有些难办，因为按惯例，老皇帝驾崩，如果没有太子，就当立皇后的儿子做新皇帝。要是蹇硕贸然宣布有遗诏立刘协为太子，必然会遭到何皇后和何进的抵制。何皇后不过是一女子，对蹇硕而言倒也没什么。难就难在何皇后不是孤身一人，她有个同父异母的哥哥叫何进，当时是朝中的大将军。

虽然上军校尉蹇硕手握禁军，而且当时任命他的时候，灵帝刘宏说上军校尉是元帅，就连大将军也归他领导，可说这话的皇帝已死，没有皇帝在背后支持，蹇硕想以禁军对抗大将军，很难说有什么胜算。为此，蹇硕想了一个主意：以商量立新皇帝的名义召何进进宫，然后趁机干掉何进。

何进本是屠户出身，只因妹妹当上皇后而火速升迁，很难如朝廷中那些经历无数风雨洗礼的大臣那般充满斗争经验。因此，在这种关键时刻，对于蹇硕的邀请他毫不怀疑，一个人径直进宫了。

蹇硕的计谋眼看即将达成，奈何何进命好，在踏进宫门的前一刻，迎面碰到了蹇硕手下的司马潘隐。潘隐早年间跟何进私交甚密，此时大概是得了风声，特意前来向何进示警的。两人面对面相交而过时，周围还有其他人，不好明言，潘隐只能一边向何进请安，一边挤眉弄眼，使劲向何进暗示，就差没张嘴说出“快走”二字。

也许是何进自己开窍，也许是潘隐的古怪表情把他吓了一跳，何进的警觉性“噌”地提高。他望望那大开的宫门里深邃的走道，再望望四周高耸的宫墙，不由得一阵心惊，产生一种自己进去就出不来的感觉。

这种心惊的感觉使何进不安起来，他当机立断，立即勒马回身，抄小路一溜烟跑回军营，然后点齐士兵进驻各郡国在洛阳城中的官邸。至于蹇硕那边再来人催促，何进只称自己病了，实在去不了。

这边何进不就范，那边蹇硕也没有办法。而且，何进的兵都进城了，一旦双方起冲突，以洛阳城里不多的禁军，很难起到什么决定性的作用。蹇硕没有办法，只能认输。国不可一日无君，新皇帝的事情拖不得，只能按着以往的惯例来。四月戊午，刘辩即皇帝位。至于刘宏生前那不知有还是没有的遗诏，蹇硕更不敢拿出来说了。

虽然有了新皇帝，但不管是外戚还是宦官，经过这一番波折，都很难平静。刘辩的继位并不是结束，而仅仅是斗争的开始。

满朝的文武大臣长期以来迫于宦官的淫威，不敢有过多的动作，好不容易见到宦官在皇帝那里失势，便有人蠢蠢欲动。时任佐军校尉的袁绍跟何进建议诛杀所有宦官。

自从自己的外甥当上皇帝，何进的权势日大，逐渐不把宦官们放在眼里。虽然他暂时不同意杀死所有宦官，但对于曾经想谋杀自己的蹇硕，何屠夫则是意难平，准备杀蹇硕报仇。

另一边的蹇硕也一样。自从不得已让刘辩当了皇帝，他便离开皇宫，坐镇禁军中，时刻提防何进的报复、打击。但世上只有千日做贼的道理，没有千日防贼的道理，横行惯了的宦官们似乎也并不习惯被动的防御。虽然蹇硕上次功败垂成，失去了干掉何进的最好机会，但他依然决定再尝试一次。

于是，蹇硕给赵忠等人去信，跟他们说了自己的担忧以及计划："听闻何进打算扫灭我们这些宦官，只是碍于我蹇硕掌握着禁军才没有动手，但动手是迟早的事情。为今之计只有先发制人，希望诸位找机会助我一臂之力，找个由头让何进进宫。只要他进宫，大家把宫门一关，来个瓮中捉鳖，先一步把他杀掉。"

蹇硕的这封书信到了赵忠那里后，赵忠不敢自己做决定，遂找来十常侍中的其他几人一起商量对策。

十常侍并不是一个共同体，各有各的心思。其中有一个叫郭胜的，这个人心里其实是偏向何进和何皇后的，自然不同意蹇硕的做法。郭胜非但提出了反对意见，而且做了一件非常重要的事情：把蹇硕的书信偷偷地送给何进看。

何进这下不干了。没等蹇硕再有动作，他便抢先一步杀了蹇硕，又把禁军的兵权拿到自己手里。

至此，外戚和宦官第一回合的斗争以何进的胜利结束。

但双方没有休息，第二回合的斗争紧接着就开始了。

赵忠、张让等宦官见斗不过何进，而且蹇硕的事情也让他们心惊，出于对自身性命的担忧，宦官们便开始寻找同盟，一起对抗何进。

那谁能成为宦官们的助力呢？

这个世界上还有一个人与何进及何太后有不可调和的矛盾，那就是董太皇太后。刘辩继位之后，生母何皇后自然跟着临朝听政，这让董太皇太后十分眼红。在她看来，坐到大殿上听政的应该是自己。可惜蹇硕棋差一着，被何进占了先机，不仅让刘辩当了皇帝，他自己还丢了性命，更让董太皇太后空欢喜一场。

有了蹇硕的教训，董太皇太后大概领悟到了做事一定要自己动手，不能假手于人的道理，于是亲自跳出来和何太后一方作对。董太皇太后也不是没有人可用，她的侄子董重时任骠骑将军。每次朝堂上一讨论事情，董重必然持和何进相反的意见，然后董太皇太后就会出来声援骠骑将军。这也不是说何进的意见都是错误的，而是董太皇太后并非就事论事，纯粹是为了反对而反对。可即便这样，董太皇太后的声音仍然往往不如合法听政的何太后的大。

屡次受挫之后，董太皇太后恼羞成怒，盛怒之下指着何太后的鼻子说："你这婆娘如此嚣张，不过是仗着你哥哥的权势罢了，看我改天让骠骑将军把何进的狗头砍下来！"

论在朝堂上的权势、地位，太皇太后不如皇太后，骠骑将军也不如大将军，正面对抗几乎没有胜算。董太皇太后这样做完全没有意义，反而让对手察觉到了危险。于是，何太后把董太皇太后的狠话告诉了何进，何进便连同弟弟车骑将军何苗及三公，一起上奏折弹劾董太皇太后，罪名是太皇太后指使已故的中常侍夏恽、永乐太仆封谞等人在地方上横征暴敛，并把所得财物都收入她自己的永乐宫。

何进他们所说是否确有其事呢？或许有，或许没有，更或许有些有，有些没有，但这都不重要，重要的是他们要以这个为借口达到他们的目的：因为董太皇太后有这样那样的不法行为，而且她是藩妃出身，因此不宜再留在宫中。

不留在宫中，该去往何处呢？何进他们早想好了：她董某人本为解渎亭侯刘苌的妻子，那就保留太皇太后的待遇，但人必须迁回原来的封地，如当年汉平帝母亲卫姬一样。

对于何进等人的奏折，知晓内容的董太皇太后当然是愤怒的，是不能同意的，可她这时才发现一个严重的问题：玉玺不在自己手里。何进、何太后就是在她面前耍阳谋，堂堂正正地走程序，她也没有任何办法。

眼睁睁地看着何太后在奏折上签字、盖章，然后何进带兵把董重的骠骑将军府围个水泄不通，逼得号称能"斩何进狗头"的董重在家里自尽，"无能狂怒"的董太皇太后这才知道恐惧。还没来得及被赶回解渎亭国，这个四十出头的女人便得了急病，很快就在恐惧和疾病的双重打击下暴毙。

再下一城的何进和何太后志得意满，但何进不知道的是，厄运的屠刀很快便要落到他头上。

这时，除了依附于十常侍的，朝中其余大臣都视宦官为洪水猛兽，皆欲除之而后快，只不过方法不同而已：保守派主张徐图之，中庸一些的主张挑几个最坏的先杀了再说，激进者则要以疾风骤雨之势将所有宦官一网打尽。虽然主张有异，但他们都将消灭宦官的希望寄于何进身上，并不断地给何进出谋划策。

这里面最积极的就是当时的佐军校尉袁绍，而且早在对付蹇硕的时候，袁绍就表明了他的立场和态度，用一句话简单概括就是：杀光所有宦官。

对于袁绍的建议，何进还是很心动的。然而，一封奏折报上去，何太后却不同意他们的做法。何进虽然正杀得起兴，可何太后不拍板，何进心里再怎么想也不敢动手。心痒难耐的何进浑身难受，于是袁绍便给他出了一个主意：以何进的私人名义召地方上的猛将带兵进逼洛阳，然后跟何太后说他们是来请愿诛杀宦官的，以此吓唬何太后。何太后不过是一区区女流之辈，一被吓唬必然不知所措，只能依靠大将军何进，到时候还不是何进说什么就是什么？

何进一听，顿觉：善。

那袁绍口中所谓的猛将都有谁呢？他们分别是大将军府掾王匡、东郡太守桥瑁、武猛都尉丁原。这三人确实是当时的实力派，是一匹匹龇牙的恶狼。

哦，对了，还有一个最重要的家伙：前将军董卓。

这是一只噬人的猛虎。

投机主义者：董卓

董卓无疑是三国时期著名的人物之一。提到董卓，大伙儿心中百分之九十九会出现一个满脸横肉、大腹便便、肥得流油、肚脐可以点天灯的淫贼形象，但这只是历史人物的民间形象，隐藏在民间形象背后的历史人物本身，无疑更让人感兴趣。

汉桓帝中期，靠近帝国边境陇西郡的羌人时常能在临洮县那里见到一个粗犷的年轻人。这个小伙子非常实诚，只要你是羌人，他都会招待一番。如果你是羌族的豪帅，他会宰一头牛来款待你。要知道，在农耕民族中，耕牛是重要的生产资料，除非有朝廷的许可，否则私自宰杀耕牛是犯法的事情。尤其在汉代，律法明确规定耕牛是不能杀的，特别是处于青壮年期的耕牛，“犯禁杀之者诛”。这个年轻人居然敢冒着犯禁的风险请他们吃牛肉，怎会不让朴实的羌人豪帅们感动？更何况小伙子身强体壮、膂力过人，平日里身后背两个箭壶，带两把弓，在马上竟能左右开弓，豪帅们便不由得折服。于是，他们在小伙子家吃了顿饱饭，回去便让人十数倍甚至数十倍地送来各种牛羊牲口，免得地方官府查到小伙子私宰耕牛的事。

这个小伙子便是董卓。

成人之后，董卓投身军旅，凭借自身高超的武艺屡立战功。桓帝末年，羌族一部联合鲜卑人叛乱，董卓因为在羌人里颇有威望，得以以军司马的身份随名将张奂出征叛党。结果，董卓一战成名，朝廷不但拜他为郎中，还赏赐缣（一种双层丝织品）九千匹。

赚得人生第一桶金的董卓这时表现出过人的见识，他把手下都召集起来，说：“朝廷虽把功劳都算在我头上，但我董卓清楚，这功劳其实是大家的。”遂把九千匹缣都分给了手下众人。

董卓不仅能得人心，打仗还有些小聪明。中平二年（公元185年），司空张温率十几万军队去抵挡羌族和韩遂等人的联军，指派董卓带三万人去攻打先零羌。董卓第一次带这么多人，意气风发，看到小队羌人便是一顿猛冲猛打，结果羌人不堪一击，急急忙忙地逃过河去。董卓一看羌人想跑，马上命令队伍放弃辎重渡河追击，没想到刚过河，到天水郡望桓县北边就被羌人的大部队团团围住。

董卓赶紧指挥手下结营防守，可队伍龟缩在军营里缺衣少食，形势岌岌可危。望着营外里三层外三层的羌人，董卓发愁了。谁都知道，现在进肯定是进不得了，可退同样退不回去。至于固守，那更不可能。怎么办？

情急之下，董卓想了个办法：在军营后面的河边筑起一道堤堰，然后让一些士兵大张旗鼓地在那里捕鱼。

羌人见状，只以为汉军要自力更生。没承想，董卓捕鱼是假，跑路是真。临时筑的堤堰虽不高，但阻挡了上游流下来的河水，使得下游水位下降，董卓便可在堤堰的掩护下让队伍分批分次从堤堰下方偷偷渡河。等羌人反应过来的时候，董卓的队伍已经全部渡过河，而且殿后的队伍掘开了堤堰，使得河水暴涨，羌人只能隔河兴叹。

虽然董卓这次没什么战功，但张温手下的其他几路人马一路比一路惨，只有董卓这一路算是全身而退，因此朝廷给他封了个千户的斄乡侯。后来，董卓又做了前将军。

董卓无功封侯，坐实了朝廷已经极度缺乏军事人才的事实。虽然有如皇甫嵩之流，但在宦官们的压制下已难再有太大作为。这让董卓看清了局势。既然如此，何不干脆在地方上割据自立，做个土皇帝，以待天时呢？于是，在此之后，董卓多次推辞了朝廷征召他到洛阳为官的任命，并且拒绝交出手中的兵权。中平六年（公元189年），灵帝刘宏驾崩之前，还曾下诏任命董卓为并州牧，让他把兵权交给皇甫嵩。对此，董卓表示坚决不服从，请求“将之北州，效力边陲”。

放在平时，违抗皇命搞不好是要掉脑袋的罪过。好在刘宏很快便嗝屁了，也就没人再去追究董卓的事情。可董卓放弃入朝高升的机会，他所等待的天时一定会到吗？

董卓自己怕是也没有十足的把握，但时间很快给了他答案。刘宏驾崩三个月后，大将军何进听从佐军校尉袁绍的建议，召董卓等四人带兵入洛阳，以武力恐吓何太后，迫使她同意诛杀宦官。

对于召董卓等四人入洛阳一事，不少大臣是反对的，比如侍御史郑泰、尚书卢植等。他们的意见是，即便要找人，也不能找董卓这样“强忍寡义、志欲无厌”的人。可何进不知怎么的就认准了董卓，一定要让他带兵到洛阳，大有非董卓不能成事的样子。

虽然这只是何进的私邀，但此时董卓无疑大喜过望。他点齐兵马就往洛阳赶去，出发之前还给朝廷上疏，说明了自己此番进洛阳的目的。他在上疏中称“张让等宦官祸乱天下”，而他听说扬汤止沸不如釜底抽薪，更听说以前晋国的赵鞅曾带领晋阳的士兵清君侧。因此，前不久还信誓旦旦要守卫边疆、不肯履新的董卓，现在却要带兵进洛阳，而且一路“鸣钟鼓”——沿途大肆宣传张让等人的罪状，称自己到洛阳不为别的，只为帮朝廷除掉张让这些奸秽之人。

整篇上疏中，董卓急迫进京的意图简直溢于言表。

从中我们可以猜想，董卓最初的意图大概是借着帮何进诛杀宦官的机会，将朝廷的势力重新洗牌，并且让自己在朝中获得一个举足轻重的地位，然后再徐图变化。

可他没想到的是，接下来事情的变化远超出自己的想象。

何进之死

抛开结果而论，在当时的斗争中，何进真的“优势很大”。

但再大的优势也架不住他自己的犹豫不决和身边那群猪队友不停地帮倒忙。

何进自己本来是想杀宦官的，可他缺乏决断力，尤其是在始终没得到何太后支持的情况下，整日在动手和不动手间摇摆不定。这对于一个要做大事的决策者来说已经很致命了，同样致命的还有他身边那群以袁绍为首、热衷于杀宦官的下属。

当时袁绍为了说动何进，便举前人的例子，以示前事不忘，后事之师：“桓帝时前任大将军窦武就想诛杀宦官，可到头来反被宦官杀害。什么原因呢？两点：第一，泄露机密，让宦官有了警觉；第二，当时洛阳周围的士兵都畏惧宦官的权势，而窦武却想用他们来对抗宦官，怎么能不失败！”

袁绍不承想，自己的乌鸦嘴如此灵验，竟把何进弄成了第二个窦武。何进要诛杀所有宦官的消息同样走漏，而他私召地方军阀进京的事情则成了大臣和宦官产生激烈冲突的导火索。

何进所召的几位将军到洛阳附近后，发生了几件匪夷所思的事情：东郡太守桥瑁进驻成皋，把守住交通要道；武猛都尉丁原率几千人在河内郡烧杀抢掠，还点燃了孟津渡口，冲天的火光在洛阳城里都可以看到；袁绍则私下督促董卓带兵进逼洛阳城西的平乐观。

这下宦官们怕了，平日里飞扬跋扈的他们纷纷躲起来不敢出声。何太后也怕了，下诏罢免了所有宦官，而且不允许他们再留在宫里。但何进等人的要求并不是将宦官们罢免，而是要取他们的脑袋。以十常侍为首的宦官们为求自保，不得不硬着头皮垂死反击。

他们首先通过太后的妹妹——张让的儿媳妇（猜测张让的这个儿子应该是继子）——向太后求情，请求赦免宦官们的罪过。前一刻还受外兵威胁、感觉性命已经危在旦夕的何太后，这时候竟然同意了妹妹的请求，宣布准许十常侍重新入宫，使张让等人重新得到了翻盘的机会。

八月，何进再次进宫，要求太后诛杀宦官。张让等人知道何进进宫后，便尾随他到厢房偷听。确认何进确实要取他们的性命之后，宦官们决定孤注一掷。

等何进从太后那里出来准备出宫时，张让等已经集结数十人，并在殿外尚书们办公的尚书省截住何进。何进先是摆威风，对张让怒目相向，不料四周哗的一下围上来一群宦官。他不由得大惊，遂心胆俱寒，赶紧手扶剑柄，声色俱厉地呵斥他们："你们想干什么？！"

宦官们哪里会和他分说，纷纷拔刀向前。何进毕竟只是杀猪的出身，杀猪和杀人总还是不大一样的。人要被杀是会还手的，而何进却没有以一敌百的武艺，更何况在尚书省的方寸之地，闪转腾挪都极为不便，想跑都跑不了。经过短暂的搏斗之后，尚方监渠穆一剑刺穿了何进的胸膛。

杀完人，张让等人趁消息还没走漏，赶紧找来尚书们拟诏，说得了皇帝的口谕，要下诏由樊陵出任司隶校尉、许相出任河南尹。

谁都知道，樊陵和许相都是宦官的人。尚书们对张让等人所谓的口谕产生了怀疑，嚷嚷着张让等人说的不算，要"大将军出来说话"。两方就这么僵持了下来。这时候，沉不住气的张让直接把何进的头颅丢到尚书们脚下，宣称："何进谋反，业已伏诛。"

好家伙，这下尚书们直接炸了锅，哪里还敢留在原地，嘴里大喊着"大将军死了！"四散逃窜。

对宦官来说，本来应该被捂住的何进被杀的消息就这么被尚书们惊慌的叫喊声带出了宫门。在宫门外等候何进的下属们得知消息后同样大惊失色，但这些军人是莽夫，是一群持械的暴徒，非但没有如书生般一哄而散，反倒随手抄起家伙，撸起袖子就要给大将军报仇。

一场代表三国时代开始的骚乱就这样在洛阳城里上演了。

先是袁术和吴匡率人用刀砍断皇宫紧闭着的小门的门闩，放火烧了南宫的九龙门以及东、西宫，吓得张让赶紧带段珪等人挟持太后、天子以及陈留王刘协往北宫而去；然后，尚书卢植手持长戈一夫当关，喝退段珪，救下何太后；紧接着，袁绍先和叔父袁隗一起杀了樊陵及许相，后与何苗进宫，捕杀中常侍赵忠。

大家杀得兴起之时，突然发现能让他们尽兴的宦官不够了。奈何？吴匡便把矛头转向何进的弟弟、车骑将军何苗，认为就是因为何苗没能和何进同心协力铲除宦官，这才使得何进反被宦官所害，并由此进一步衍生出何苗是宦官同党的幻觉。于是，杀红了眼的吴匡联合董卓的弟弟、奉车都尉董旻，带着士兵又把何苗杀了。

那问题又来了：宫里的宦官成百上千，为什么会不够吴匡杀呢？

因为宫里已经有一位杀宦狂魔在肆虐。

这个人是谁？

不是别人，正是鼓动何进杀宦官，并且一手策划董卓进京的"脑有病"袁绍。

袁绍是个狂热的宦官仇视者和屠杀者。他似乎认定只要如外科手术般精准地将宦官杀尽，就能根治帝国的恶疾。于是，杀掉中常侍赵忠之后，袁绍便着令士兵们将北宫团团围住，由外至里，一寸一寸地进行地毯式搜剿，践行他消灭所有宦官的誓言。之后，他继续扩大打击范围，最后甚至到了这样的地步：只要是嘴上无须的，不管男女老幼，全当宦官处理。他就这样杀了两千多人，最后逼得那些不是宦官、嘴上又没毛的人见到拿刀的士兵便抢先脱裤子自证身份。

袁绍虽然杀了许多宦官，却让最重要的张让带着小皇帝和陈留王跑掉了。等到第二天董卓趁乱带兵进入洛阳的时候，事情已经陷入他无法控制的局面。

漂亮、光鲜的"权五代"：袁绍

既然袁绍在大事前如此不济，为什么何进偏偏对他青睐有加呢？

原因很简单，如果你是何进，你也会选择与袁绍为伍。

袁绍出身高贵，家族里四代都曾坐上三公的高位。他自己从小就长得十分俊俏，早年很得当时的大将军梁冀的喜爱。长大后，袁绍非常爱结交朋友，况且他家世好、背景深，又仪表堂堂，稍微做谦虚状，便被视作折节下士。一时间，士人不分贵贱，皆以投奔袁绍为荣。

你说，这样一个从背景到长相均无可挑剔的袁绍，就算是何进，又怎能不喜欢？

年轻的时候，袁绍的名声大到就连张让也忌惮三分："袁本初（袁绍字本初）这个人追求个人名声，而且好养死士，不知道他想干吗。"

袁绍的叔父不知在哪儿听到了张让的话，当场吓得半死，赶紧回家找到袁绍，让他收敛一点儿。但袁绍也不知是命好，还是宦官们没真的把他放在眼里，尽管此后他并未有所收敛，却也没遭到宦官集团的打击，甚至还做到了佐军校尉的高职。

虽然宦官放过了袁绍，袁绍却不打算放过他们。也不知从什么时候开始，袁绍便产生了除尽宦官的想法，并将之付诸行动。

袁绍当然最希望亲自动手，做惩奸除恶、匡扶大业的英雄。可他很清楚，虽然自己是孝灵帝驾崩前所任命的最核心的八校尉之一，但光凭他个人的力量，无论如何都不可能撼动朝中那些宦官。于是，他不得不退而求其次，转而向更具实力且同样与宦官不对付的大将军何进靠拢，希望借助何进的力量完成他铲除宦官的理想。

然而，袁绍的理想和他深得人心的礼贤下士的表现，甚至他的个人能力，都如同他俊朗的外貌，终究只是表面上的功夫，经不起真正的考验。

至于如何对付宦官，袁绍给何进出的最重要且最核心的主意，便是召董卓等外兵进京，以此迫使何太后支持他们的行动。

但袁绍的主意是真的好吗？

当然不是。

那是没有人看出来他的计策不妥吗？

也不是。

袁绍的计策一出，大将军何进的主簿陈琳就引经据典地提出反对意见："《易经》上说，'一旦把鹿放跑，就再也抓不回来了'（即鹿无虞）。做小事情尚且不能用欺骗的方式，何况是国家大事，怎么可以诈取？现在大将军掌握着兵权，龙骧虎步，要做什么事都只在大将军一念之间。此事就好比用烧红的炉子燎毛发，有什么难的，何必借外人之手？况且大兵一旦集结起来，谁的实力强，谁就有话语权。到时候万一授人以柄，事又不成，不是给天下添祸乱吗？”

可惜陈琳一个明白人终究说不动两个糊涂蛋，只能眼睁睁地看着祸乱国家的大门被何进按袁绍的意思所找来的董卓一点点地推开。

何进的失败并非只有陈琳一人预见到。当时另有一人一听说何进私召外兵进京便表达了对他的不屑和对宦官的鄙夷：“宦官古已有之，只是皇帝不得力，导致他们专权，才弄出现在这种局面。如果要治宦官的罪，派一个狱卒去已足够，何必召外面的军队？！如果要杀光他们，事情则必然会泄露。只要有脑子，定会看出他必然失败。”

在这个人看来，袁绍、何进这些人都是没脑子的，而这个有脑子的人，就是当时的典军校尉曹操。

治世能臣：曹操

曹操无疑是东汉末年这段历史的主角，至少也是“之一”。但对于曹操本人的生平，今人有着许多误解，首当其冲的便是曹操的出身。即便是如《三国志》这般的正史，为了给曹操祖上贴金，开篇亦不免来上一句“汉相国曹参之后”。

这完全是胡说，因为曹操的父亲叫曹嵩，是中常侍、大长秋曹腾的养子。即便曹腾的祖上是曹参，从血缘和遗传学角度讲，跟曹操又有什么关系呢？陈寿也知道这句话靠不住，于是出于史学家的严谨，在后面马上给自己圆场，说曹腾“养子嵩，莫能审其出生本末”。

当然，后世人给他审出了个本末：曹嵩原来是夏侯家的孩子，东汉末年有名的大将夏侯惇是曹操的堂兄弟。

虽说曹腾的为人风评尚可，又有拥立孝桓帝刘志的功劳，但他的宦官出身便是原罪，十分为士人所不耻。至于他的养子曹嵩，后来虽代替那个当庭闹笑话的崔烈出任太尉，但也是前后花了一个亿才得来的结果，价钱足足是前任的二十倍。

有优越的生活条件却没有优秀的门风，这大概就是曹操小时候的生活环境。这使曹操从小就非常机灵，有权谋，也造就了他任侠放荡、不治行业的性格特点。于是，对于年轻时的曹操，基本上没人把他当作一个特殊的人才看待（世人未知奇也）。

曹操并不以为意，仍然整日飞鹰走狗，我行我素。况且如果他能开启上帝视角的话，就会知道二十多年后，另一个后来与他同样出色的人才在荆州的南阳郡也长期处于“时人莫之许也”的相似境地。

所以说，真理并非时刻掌握在多数人手里，众人的眼睛有时候也是盲的。然而，大众中终究有明眼之人，当时的名臣、曾任太尉的桥玄就非常推崇曹操，认为在他所见过的人中，没有一个比得上曹操，甚至说天下将乱，而曹操就是那能安天下的人。

曹操得此评价，高兴是肯定的，但不全信也是肯定的。于是，他问桥玄：“真的吗？”

桥玄回答：“那当然！我年纪大了，将来我死以后，我的妻子和孩子就托付给你了。不过，你现在名气不大，要得到世人的认可，你必须先得到许劭的一句评价才行。”

听了桥玄的指点，曹操很快找到当时全国最受欢迎的“选秀节目”《月旦评》的主持人许劭，请他给自己一个定位。

许劭作为当时最顶尖的评论家，看了一眼曹操后，拒绝对他做出评价。但从小机灵的曹操怎肯罢休，也不知他使了什么法子，最终逼得许劭给出了流传千古的一句话：“治世之能臣，乱世之奸雄。”

得此一句，曹操心满意足，大笑而去，开始了他为国效力，做一个能臣的道路。

背后有人的曹操二十岁便轻松出仕，做了洛阳北部尉。年纪轻轻便身居要职，曹操没有得意忘形，反而新官上任三把火，准备大干一场，为开创国泰民安的太平盛世尽自己的一分力量。即便这个社会即将陷入水深火热之中，这个朝廷在父辈眼中已无可救药，他依然奋不顾身地往前冲，为拯救天下哪怕陷入险地也在所不惜。

也是，谁没年轻过呢！

年轻的曹操一上任就进行了改革，先把之前破败不堪的衙门进行了升级装修，然后重申了朝廷的禁令，并在自己的大堂左右各置十余根手臂粗细的五色大棒，专门用来对付犯禁之人。

要知道，曹操这些五色大棒可不是摆设。它们不仅色彩艳丽，而且通体中空，内灌水银，打得人皮开肉绽，惨不忍睹，至于看不见的内伤则更在外伤之上。别人审案子，逮住嫌疑犯猛打，主要是为了震慑嫌疑人获取罪证，而曹操的一顿棒子那是真的在往死里打。

这样看来，曹操未免也太狠了些，但这恰恰也是曹操比一般人清醒或高明的地方。灵帝时期的社会，除了未曾出现肉眼可见的乱世，其他一切的一切已然是乱世无疑。因此，至少可以将其定性为乱世的前奏，而我们知道，乱世宜用重典。

秉持着“只要没打死，便往死里打”的精神，曹操的五色大棒不避豪强，狠狠地往那些胆敢犯禁的人身上打去，只要落到他曹某人手上的，皆“棒杀之”。一时间洛阳的豪强、权贵都知道怕了，纷纷收敛行为，到北城都得绕道走，生怕哪天一不小心落到曹县尉的棒下。

只可惜曹操的努力没有任何作用。虽然因为祖父和父亲的背景，曹操没有遭到正面的打击报复，但不久他便接到了朝廷的一纸调令：调离洛阳，出任顿丘县县令。

虽然明面上是升迁，可曹操已看透这个社会，对当时的国家政治失望透顶。后来黄巾乱起，曹操因为讨贼有功，做了济南国国相。在任期间，他发现济南国下辖各县的地方长史基本上都和权贵们沆瀣一气，贪赃枉法，于是一气之下奏免了十几个长史中的八个，又下大力气整治了地方，使得济南“一郡清平”。

不过，这也耗尽了曹操对朝廷的最后一丝幻想。等朝廷的嘉奖下来，要让他出任东郡太守时，曹操拒绝了任命，选择回家赋闲，因为他需要时间去思考自己未来的人生道路。

曹操这是缺乏耐心、韧性，轻易放弃自己的理想吗？我觉得恰恰相反，这是曹操的真性情，“明知不可而不为”。他并没有放弃自己拯救这个国家和社会的理想，只是这个朝廷已经腐化不堪，他选择换一种方式实现自己的理想。他不会不撞南墙不回头，不见黄河不死心。

灵帝刘宏驾崩前任命曹操为典军校尉，曹操虽然接受了这个任命，但这时候他并不具备改变时局的能力，只能眼睁睁地看着国家在自己小时候的玩伴袁绍的奇葩操作下乱作一团，然后董卓过来趁乱接手国家政治，并打开了毁灭之门。

入仕十五年，曹操始终没有找到做一个能臣、为国效力的理想道路，反倒目睹了社会的日渐衰败。在痛心疾首之余，面对国家和朝廷的危急存亡，感到时不我待的曹操开始了他的抗争之路。

乱世序幕

袁绍等人经过两天两夜的疯狂杀戮，将洛阳的半边天都染成了红色。张让等数十人挟持着皇帝刘辩和陈留王刘协趁夜逃出洛阳，跑到巩县附近的渡口小平津附近。洛阳城里的大臣们发现皇帝不见后纷纷出城四处寻找，其中尚书卢植和河南中部掾闵贡率先找到了已经饥肠辘辘、走不动路的皇帝刘辩。

见到刘辩，闵贡先行了君臣之礼，宰杀一头羊，烤了给刘辩吃。待张让等人流着口水想分一杯羹时，闵贡勃然而起，厉声叱喝张让是“劫迫帝主、荡覆王室”的混账东西。闵贡还说，自王莽以来，还没有哪个奸臣贼子能和他张让相提并论，此等奸臣理当“速死”，否则他闵某人便亲自动手。

张让等人在接连几天遭受惊吓和饥饿之后本就体虚，眼下听了闵贡的话更是如遭雷击，魂魄早已吓出体外。等到闵贡当真拔出剑连杀数人之后，张让和剩下的几十人赶紧磕头求饶。可闵贡绝非心慈手软之辈，不是张让等人随便磕几个头、喊几声“爷爷饶命”就能够糊弄过去的。眼见闵贡提剑又要杀人，走投无路的张让等人不得已投河自尽。

闵贡这一通又是呵斥又是杀人的举动，早把小皇帝刘辩吓坏，再鲜美的烤全羊也吃不下了。满地流淌的鲜血和河里漂浮的死尸更让他坐立不安，只好大晚上跟着闵贡徒步往回走。走了好几里地，闵贡才寻到一辆没有顶棚的牛车，载着平日里养尊处优的两个半大小孩儿到洛阳城外的驿站休息。

等到天明，陆陆续续有大臣听说皇帝的所在，纷纷向驿站集中，迎候小皇帝刘辩回京。但这些人都是文官，很难抵御路途中可能发生的变故，好在董卓带着军队及时出现，算是给大伙儿吃了一颗定心丸。之前董卓的兵马虽一直停留在洛阳郊外，但他夜里远远望见洛阳方向火光四起，便猜测到洛阳发生了巨变。于是他赶紧点齐兵马向洛阳开进，并在城北等到了小皇帝一行人，反倒成了第一个带兵护主的功臣。

经过一天一夜的颠沛流离，小皇帝刘辩终于回到了洛阳，但象征皇帝权力的玉玺却在骚乱中遗失，这让刘辩和诸大臣深感恐慌。

这个时候他们完全没有意识到，皇帝丢失的不仅仅是一方玉玺，整个王朝都已经变天。

虽然在骚乱中杀得最起兴的是袁绍，但骚乱过后，袁绍并不是最大的获益者，反倒是董卓借着勤王的首功夺得了话语权。不过，董卓也知道他当时带来的三千西凉军虽战斗力彪悍，却并不足以威慑京都众人，尤其当时洛阳还有其他应何进私邀赶来的将领。因此，他必须赶紧做一些事情，好稳固自己的地位。

董卓先是让他的军队趁夜偷偷出城，然后第二天装作一支新抵达的队伍大张旗鼓地进城，每过四五天便如是反复一次。一时间，洛阳的群臣都搞不清楚董卓到底带来了多少人。但董卓也知道这种多开灶、吃空饷的举动终究无法瞒太久，于是趁着大家被他兵力雄厚的假象所震慑之时，迅速收编了何进及何苗留下的部曲，又买通丁原的手下，将丁原杀死，兼并其众。

不说大家也知道，丁原的这个手下便是吕布。

此时，之前被何进派出去招兵买马的骑都尉鲍信正好回到洛阳，一看董卓这阵势便知不妙，劝袁绍先发制人，没想到袁绍根本不敢硬撼董卓。鲍信见劝说无效，又担心自己祸从口出，遂干脆抢先一步跑路，带着手下直接跑回泰山郡。

这下子董卓成了洛阳及附近地区唯一真正掌握军队的人。没了对手，自身的实力又大增，董卓一跃由之前的虚胖变成了真胖。于是，他用实力说话，以近期大雨连绵为借口，直接罢免司空刘弘而代之，完成其个人政治地位的三级跳。

你以为董卓的目的到这儿就达成了？当然不。司空地位再高，也不过是三公，怎么说身边也还有两位至少名义上和他平起平坐的人，这怎么能忍！况且董卓的想法并不仅仅是换个大臣，他已经开始谋划一件更大的事情：换皇帝。

小皇帝刘辩自然是没机会得罪董卓的，因此董卓要废皇帝的心思就显得有些莫名其妙。

通俗的说法是，在城北第一次见到落魄的皇帝时，董卓向刘辩询问日间发生的事情，刘辩惊惧、害怕，口不能言，半天蹦不出一句整话。于是，董卓又问陈留王，结果小五岁的刘协反倒对答如流。董卓一看：哎呀，这小子聪明伶俐，是个当皇帝的料。而且，刘协还是与董卓同族的董太后所养大的，那他必须是皇帝的不二人选。于是，董卓“遂有废立之意”。

这或许并不准确。

董卓既然要把持朝政，皇帝当然是越笨越好。难得别人已经帮自己选了个遇事口不能言的，何必废傻子而立一个聪明的将来做自己的对手呢？至于董卓因与董太后同族，所以更亲近刘协一说，乍一听似乎说得过去，但董卓作为边将，在此之前与刘辩也好，刘协也罢，都没有见过面，更谈不上私人感情，而作为桥梁纽带的董太后也已经死去，这个时候再打感情牌，效果难免有限。况且废立之事一出，不管董卓的真心如何，在世人眼里总逃不过一个奸臣的骂名。唯一说得通的原因，就是刘协年纪更小，留给董卓操作、发挥的时间更长。

可这种得一利而取两害的行径实在算不上高明，但凡脑子里想法多一点儿的人，或许都会慎之又慎。可董卓则迅速付诸行动，推测他的意图或许并没有这么复杂，只是单纯地想通过废立皇帝一事，向天下展示自己的权威。

从后世的视角看，废立皇帝的大臣绝大多数没有好下场，哪怕如伊尹这样的贤臣，最后的结局也晦涩不明。至于其他想搞废立皇帝之事的大臣，则基本可以断定不会有好下场，这明显就是脑残行径。但董卓还是这么做了，足可见他在政治上给自己立了个没脑子的人设。

关于废立之事，董卓起初还想争取大臣的同意和配合，尤其是像袁氏这样在朝中根深蒂固的重臣。如果得到袁隗的支持，阻力就会小很多，于是他先找到袁绍商量。

为什么找袁绍呢？找他叔叔太傅袁隗不是更好吗？大概是董卓觉得袁绍好欺负，毕竟之前鲍信建议袁绍趁董卓立足未稳之际先发制人时，袁绍因为惧怕董卓的实力未敢有所行动，逼得鲍信不得不带人跑路。但此一时彼一时，袁绍再害怕，反应再迟钝，也知道董卓是什么货色了。所以，当董卓跟袁绍表露自己想废刘辩而立刘协的想法时，袁绍当即表示现在的皇帝并没有什么过错，想废嫡立庶，不只他不会同意，满朝的大臣恐怕都很难同意。

董卓一听，勃然大怒："臭小子，你敢反对！天下的事不是我董卓说了算吗？！难道你们以为我董卓的刀不快吗？！"

受羌人风气影响严重的董卓，喜欢即兴杀人是出了名的。话说到这份儿上，袁绍心里大惊，暗道不好，接下来董卓怕是要拿他开刀了。好在袁绍反应还算快，当机立断，死里求生，噌的一下站起来，大声壮胆："天底下难道只有你董公的刀快吗？！"随即拔出佩刀横在胸前，倒退着出门，回到家后赶紧收拾东西跑冀州去了。

董卓虽然没有追杀袁绍，但他的心思已经显露，也不避讳什么了。九月，董卓大会群臣，表示自己准备效仿伊尹、霍光两人的事迹，改立陈留王为帝。随即他又提醒大家，当年霍光做这件事的时候，田延年在旁按剑，有敢阻挠者皆以军法从事。

即便董卓这样赤裸裸地明示，依然有人敢于与之对抗。尚书卢植起身，第一个表示反对："太甲这个人无道，昌邑王犯了一千多件错事，这才有大臣的废立之事。当今陛下有什么错，跟他们的情况哪里一样？"

董卓历来不屑与人争辩是非曲直，更没有以德服人的耐心，只要有人意见与他相左，他的做法便非常简单：杀之。

于是董卓便要让人把卢植拉出去砍了，因董卓所信用的蔡邕、彭伯等人拼命拦住，才堪堪保住卢植的性命。

有了卢植这个范例，其他大臣再不敢反对董卓了。太傅袁隗更是甘做董卓的打手，按照董卓的意思将小皇帝刘辩废为弘农王，立陈留王刘协为帝。袁隗还亲自解下刘辩身上佩戴的玺绶奉于刘协，然后带头下跪北面称臣，并于第二年改元初平。

刘协便这样成为汉帝国的最后一任皇帝，也就是后来的孝献帝。

一般而言，大臣废立皇帝需要得到一个人的支持，那便是太后。可董卓不同于常人，太后什么的，他根本不放在眼里。他在何太后的眼皮子底下就把事情办完了，何太后却只敢在一旁偷偷地抹眼泪。

政治是不同情眼泪的，更何况董卓也没打算放过何太后。刘辩被废几天之后，董卓便用毒酒鸩杀了她。至于被废为弘农王的刘辩，也没比何太后多活多少日子，同样被董卓鸩杀。

董卓并不是不知道管理一个国家需要很多人才，他也想招揽人才，取得士人的支持。因此，在把持朝政后，他第一时间便宣布给党锢之祸时遭殃的党人翻案，恢复陈蕃等人的爵位，让他们的子孙继承，又征召各地人才到洛阳为官。董卓提拔人才有一个异于常人的特点：火箭提拔。有个非常极端的例子，一个叫荀爽的名士，从白身到被提拔为司空，仅仅用时九十三天。

虽然董卓努力做出求贤若渴的样子，但他急躁、残忍的性格注定难以得到士人的认同。蔡文姬的父亲蔡邕是董卓十分看得起的人才，当初他想让蔡邕到自己手下当差，蔡邕却不怎么看得起董卓，便托病不从。董卓一听，好嘛，不配合，便马上换了一副嘴脸，让人给蔡邕捎话："你蔡邕虽然骄傲，但我董卓别的本事没有，就是能灭人三族，杀你不跟转下脚腕一样简单！"

蔡邕听罢，觉得比起气节，还是命比较重要，只好乖乖地到董卓府上就职。至于其他士人，因畏惧于董卓的残暴，只要被点了名，基本上没有敢不来的。

对于董卓霸道、残忍且恶毒的行径，满朝的大臣不敢提出一点异议，因为但凡敢公开反对他的人，绝少能活下来。董卓对自己的司空职位不满，于是转职太尉，又假节钺；还是不满，想了想干脆将自己加封为相国，而且如当年萧何一般"赞拜不名，入朝不趋，剑履上殿"。这下他才算稍微满意，遂得意地跟手下人表示，自己是比皇帝还有权的人。

自从董卓把持了朝政，他的残忍、嗜杀得以充分展示。同时他害怕别人杀他的恐惧也暴露无遗，只要是他看不顺眼的，便只有死路一条。有一次，一个叫扰龙宗的侍御史只因为给董卓汇报工作的时候没有解下腰间佩剑，便被认为有行刺意图，话还没说就被董卓槌杀。至于那些临时或事先被董卓抓起来，在酒席间或聚会时被当众残杀用来助兴的反对者，更是不胜枚举。董卓也不是只针对反对他的大臣，那些没反对他的，他想杀照样杀。洛阳城里的女子同样没逃过厄运，哪怕是公主、妃嫔，只要是董卓看上的，没有人能逃过他的魔爪。

董卓是残忍的虎豹，他手下的士兵则是疯狂的野狗。当时洛阳经过一百多年的发展，早已成为全国最富庶、人口最多的地区。面对这样一块肥肉，董卓毫不迟疑地放出了手下的野狗，纵容他们在洛阳城里烧杀抢砸，奸淫掳掠，简直无恶不作。董卓还给这种刮地皮的行动取了个专门的名称：搜牢。经过士兵们的反复搜牢，繁华的洛阳在短短数月之间便民不聊生。

董卓祸害的不止洛阳一座城，但凡他的士兵可以到达的地方，无一例外都会遭到毁灭性的破坏。比如，董卓曾率军至阳城，当时城中百姓正聚集在一起祭祀土地神。董卓一看百姓乌泱泱一大片，杀意顿起，纵兵将百姓中的男的杀死，将头砍下来，挂满马车前部驾牲口的两根直木，车上则装满财物和妇女，然后和众士兵唱着高歌如凯旋的战士般返回洛阳。

董卓除了喜欢杀人，喜欢美女，还喜欢钱财。世界上怎么来钱快？去偷、去抢还是慢的，不足以满足董卓迅速膨胀的胃口，于是他想到一条最直接的路子——铸钱。董卓为了迅速敛财，取消了流通数百年的五铢钱，转而改铸面值更大、重量更轻的小钱。可铸钱需要大量的铜，眼下朝廷的铜量不足，怎么办？多加人手，增大铜矿的开采力度？

可以，但没必要。

董卓的办法是把长安城里当年秦始皇收天下兵器所铸的十二铜人，连同西汉皇宫中那些笨重的铜马、铜钟等大件铜器全都销毁，开小灶铸大钱。依靠这种手段，董卓迅速掠夺了大量财富，却导致社会出现严重的通货膨胀，一石米的价钱达到数万钱，足是价格最低时的上千倍之多。

可这仍不能满足董卓对财富的欲望。既然从活人、假人身上弄不到钱了，他便把手伸向死人。

何太后被逼死之后，董卓非但没有给她安排任何陪葬品，反而趁着何太后与孝灵帝合葬的机会，命吕布带人重新打开孝灵帝的文陵，尽取墓中珍宝。其为敛财所施之伎俩，真可谓无所不用其极。

在董卓的残暴压迫下，洛阳的大臣们只能选择沉默，要么在沉默中忍受，要么在沉默中逃亡。不只袁绍，袁绍同父异母的弟弟、后将军袁术和骁骑校尉曹操等，也纷纷逃离洛阳。

袁术逃跑可以说是受了袁绍的牵连，可曹操为什么要跑呢？

反正绝不是因为献七星刀。

当时董卓准备任命曹操做骁骑校尉，还要将他纳为心腹，与他商量国家大事。就在这个节骨眼儿上，曹操跑掉了。可能曹操预见到董卓必败无疑，因此不愿意和他绑在一条船上。更可能的是，他已经下定决心要为拯救天下而战。

中平六年（公元189年）十二月，逃出洛阳的曹操在陈留停下了脚步，随后做了一件当时谁也不敢做的事情：拉起一支队伍，以武力对抗和改变这个腐朽的社会。

当年年末，汉家的天下进入了新的也是最后的时期。它开始的标志便是曹操举起武装斗争的旗帜，同时联系袁绍、袁术这些从洛阳跑出来的人，以及诸多地方实力派，和他们一起谋划以武力对抗董卓。

一盘散沙关东军

起初袁绍等人虽然痛恨董卓，但无奈他以朝廷的名义发号施令，占据政治制高点，迫使他人只能仰视。可现在董卓自废武功，不仅废立皇帝，还杀太后，又把首都一带搞得民不聊生，相当于把他自己从高高在上的权臣变成了祸国殃民的大奸角，一下子沦落至道义和舆论的下风口。因此，原本只能声讨他的人现在可以打着“举义兵，诛暴乱”的口号，为了朝廷和国家去征讨他。

初平元年（公元190年）正月，在曹操的倡议下，河内太守王匡、冀州牧韩馥、豫州刺史孔伷、兖州刺史刘岱、陈留太守张邈、广陵太守张超、东郡太守桥瑁、山阳太守袁遗、济北相鲍信、后将军袁术、渤海太守袁绍等组成联军，公推袁绍为联军盟主。

当时各路诸侯手下大多有数万人马，就连第一个起兵反对董卓、大概也是联军中实力最差的曹操，手下人马至少也在五千人以上。这样一支联军虽然看起来声势非常大，可其实他们内部的组织架构非常松散。众人推袁绍为盟主，不是因为他长得帅，更不是佩服他的本事和能力，只是因为袁家四世三公名望很大，知名度很高。把他们家的虎皮扯起来做旗，那就真的是一面大旗。

“官五代”袁本初长期处于父辈的荫护之下，如今一朝得势做了联军盟主，自觉终于拨云见日、出人头地，于是毫不客气，不仅领了盟主一职，还自封车骑将军，又自行给其他盟友加官晋爵，先过了一把天下第一人的瘾。

瘾过了，旗子竖起来了，按照惯例，接下来应该是联军与董卓军的捉对厮杀了吧？现实却让人大跌眼镜。联军组成之后，各部的行动方向是这样的：袁绍和河内太守王匡屯兵河内；众人中钱包最鼓、粮草号称能支持十年的冀州牧韩馥留守邺城，负责后勤工作；豫州刺史孔伷屯颍川；刘岱、张邈、张超、桥瑁、袁遗、鲍信和曹操都留在酸枣；袁术则在鲁阳待着。虽然大家所处位置分散，但行动十分一致，都按兵不动，没有一个人准备去打头阵。

联军这边还没有动作，董卓却先动了。他派士兵偷渡小平津，绕后袭击河内太守王匡的队伍。毫无准备的王匡被打了个措手不及，主力军队被消灭殆尽。

王匡的失败更让联军的其他将领坚定了这样一个想法：董卓不是那么好对付的，须从长计议。于是，众人更加龟缩起来，哪怕是在人多势众的联军大本营酸枣，也没有人站出来发起进攻的号角。

输了一阵的联军不动弹，赢了的董卓反倒坐不住了。虽然已消灭了离洛阳最近的王匡，但由于忌惮关东联军人多势众，董卓打算迁都长安，避开联军的锋芒。

迁都是事关国家民生的事情，兹事体大，牵连众多，涉及朝廷的方方面面。自古以来，皇帝想迁都都不是件容易的事情，更何况是董卓。

怎么才能让大家同意呢？

董卓不说自己是摄于联军的压迫，而是耍了个小心思，拿出了东汉皇帝们最喜欢的那套玩意儿——符谶。

董卓对众人说，高祖定都长安后，朝廷经历了十一个皇帝，后来世祖定都洛阳，到现在也经历了十一个皇帝，这正是天道轮回的表现，现在应当响应天命，回到长安去。这当然也不是他董卓说的，乃《石包谶》中如此记载。

对于此种逃跑主义的做法，连董卓自己的人都看不下去，纷纷表示反对。再说了，《石包谶》是什么东西？当然，具体的内容我们现在说不清楚，只能说是当时的一卷符谶之类的玩意儿。不过，它在当时的社会中应该还是有所流传的，因为朝中的大学问家司徒杨彪公开表示《石包谶》是“妖邪之书”，不可信，而且劝董卓不要有迁都的念头，因为天下“动之至易，安之甚难”。

杨彪的这句话是简单的天下至理，但董卓历来是不听道理的。而且，按照他的习惯，既然自己想做的事有人反对，那就杀几只鸡给猴子们看。于是，董卓便杀了同样反对迁都的城门校尉伍琼和督军校尉周毖，又把杨彪和太尉黄琬免职。这一泼鸡血，震慑住了其他不同意迁都的大臣。同时，董卓查抄了洛阳几乎所有的富户家庭，把富人杀死，将其财产收入自己囊中，又让吕布将洛阳周边的帝陵和公卿贵族的坟墓盗掘了个遍。

初平元年（公元190年）二月，迫于孙坚的军事压力，董卓开始迁都。在士兵们的驱赶下，数以百万计的普通老百姓踏上了迁往长安的路程，而他们身后是冲天的火光。在被董卓榨尽最后一丝剩余价值后，曾经繁华一时的洛阳被焚为一片焦土。

时局已经到了这份儿上，号称要为天下诛暴乱的联军却还是没有动静，仿佛对洛阳的情况丝毫不知。尤其是袁绍，因为他受了“盟主”这面大旗，董卓已将包括他叔叔袁隗在内所有在洛阳的袁氏族人杀干净，袁绍却十分沉得住气，任敌残暴、猖狂，我自岿然不动。这时候，反倒是曹操坐不住了。他对众人的行为深恶痛绝，公开向联军的将领们表达了自己的愤怒：“现在举义兵诛暴乱的计划已经做好，队伍也已集结完毕，大家还有什么好顾虑的？之前董卓占着京城，又把皇帝捏在手里，你们说投鼠忌器，现在他把洛阳烧了，我们的皇帝也不知被劫持到哪里去了，这不正是老天要亡他吗？！依我说，现在只要大家出兵，天下一战可定！”

曹操虽然说得激动，说得在理，但是没有用，因为没有人听他的。

曹操没有办法，又心有不甘，加之武装反对董卓这件事是他第一个干的，因此不管有没有帮手，曹操都决定要出击。此时，联军中只有他的发小儿张邈对他表示同情，让自己的手下、曹操的朋友卫兹带着一支只有千人的小队伍随曹操行动。

曹操大概是联军里实力最弱的。当时他从洛阳跑出来后几经辗转，最后跑到了陈留。陈留是曹操的福地，在这里他得到当地大户卫兹的帮助，卫兹散尽家财助他招募了五千士兵，这就是曹操最初的班底。

可在联军其他将领以万为单位的队伍中，曹操的五千人实在不值一提。现在即便加上卫兹的小队伍，离“万人”仍有不小的距离。但曹操并没因为人少而胆怯，他一路向西，准备先占领战略要地成皋。

当时，荥阳至成皋一线是天下的分界，曹操想得很好，只要占住成皋，就能扼住天下的咽喉，然后进可以直逼关中寻求决战，退可以占据关东徐图发展，择期再战。能清楚地意识到荥阳至成皋一线的重要性，而不是龟缩在酸枣等董卓的兵马上门，表明曹操的战略眼光比袁绍诸人高出一等。但打仗有时候有眼光还不够，还需要有足够的实力把脑子里的想法实现，而曹操眼下缺的恰恰就是这个实力。

在汴河边，曹操迎面撞上了董卓的部将徐荣。遭遇战伊始，看着对面黑压压的人群以及被马蹄扬起的漫天尘土，曹操便知道自己机会不大。难道要灰溜溜地退回去，然后任凭酸枣那群透露着棺材里死尸般腐朽味道的联军将领嘲讽？曹操觉得，与其如此，不如一试。

于是，曹操带头冲锋，率着几千士卒与徐荣鏖战一日。

人们把世界上那些极难做到的、不同寻常的事情叫“奇迹”。奇迹之所以被称为奇迹，就是因为它超乎常理，非常难遇到。即便是曹操，也不可能随随便便弄出一个奇迹来。因此，在与徐荣进行的这场实力悬殊的较量中，曹操毫无疑问地失败了。

经过一整日的激战，曹操的手下几乎死伤殆尽，他自己的马也被流矢射中，最危急的时候多亏从弟曹洪把马让给他，曹操才得以趁着黑夜逃离战场。徐荣则因为看到曹操手下人马虽少，但作战顽强，进而对关东联军的战斗力产生错误的判断，放弃了追击，这才让曹操逃过一劫。

当灰头土脸的曹操回到酸枣大营，看到联军十多万士兵按兵不动，各路诸侯只知道开会喝酒，不思进取，他不禁悲怆地疾呼：“大家听我一言。现在只要袁盟主带河内士兵占据孟津，大军诸将进驻成皋，依托敖仓的粮食，把持住太谷、轘辕的要道，南阳的袁术将军进逼武关，然后大家都坚壁勿战，如此三管齐下，天下便可以平定。可你们看看你们现在做的都是什么！打着‘义兵’的旗号却迟疑不进，使天下人失望，我都替你们感到丢脸！”

尽管曹操义愤填膺，可有什么用呢？所有人都以一种奇怪的眼光看着曹操，仿佛在说：“说得这么好，你倒是去呀，怎么回来了？！”

看着众人讥讽、不屑的目光，曹操大失所望。他不屑与这些人为伍，直接离开了酸枣大营。但曹操的霉运似乎还没有到头，自己好不容易拉起来的队伍已经在和徐荣的战斗中被打散，接下来不管他要去哪里，抓壮丁都是当务之急。

曹操随即来到扬州，在扬州刺史陈温的帮助下招募到四千人。然而，或许是钱没给够，要么就是受了委屈，这四千人没几天就叛乱了，还趁夜放火烧了曹操的大帐，曹操在贴身护卫的保护下连杀数十人才得以脱身。

一番折腾下来，曹操到手的四千人转眼又变成了一千人。这一丁点儿人的队伍能干吗？就别想开创一番事业了，找个靠山暂且栖身才是重中之重。于是，曹操只好跑到河内郡投靠袁绍。

其实，曹操这还算命好，好歹离开了酸枣的联军大本营。而还在大本营里面，整日“置酒高会不思进取”的那些人，下场是什么呢？

只有一个：坐吃山空。

酸枣十几万大军每日的消耗不是一个小数目，负责后勤保障的冀州牧韩馥做得也不算尽心，况且他也不打算掏空家底长期养着这么多白吃白喝的人。因此，酸枣的粮草并没有支撑大军吃喝太久，一月时大伙儿开流水席，吃到四月的时候就基本上揭不开锅了。

一群不太熟的人在一起，和气大概只在酒桌之上。当酒喝完，菜吃光，一团和气表面下的矛盾显露无遗。更何况整支队伍粮草不足，大伙儿朝不保夕，在不思进取就无法开源的前提下，节流成了活下去的唯一方法。于是，联军在没有遭受敌人军事打击的情况下自行瓦解，然后开始了内斗。

表象是兖州刺史刘岱杀死了东郡太守桥瑁，实际上联军里的每个人都做好了在背后捅别人一刀，同时防着被别人在背后捅一刀的准备。面对这样一支如同散沙般的关东联军，董卓本可不迁都长安，端坐洛阳吃瓜，在一旁把他们当笑话看，可没想到南方突然冒出来一支队伍，且战斗力远在联军之上，一路直冲洛阳而来，着实把董卓吓出一身冷汗。

智勇双全孙文台

当关东联军的大队伍踌躇不前之时，除了曹操不成功的尝试，还有一支队伍在不断向洛阳进击，为首的将军正是长沙太守孙坚。

孙坚生性勇敢、机智，十七岁便供职县吏的他某日与父亲乘船出行，偶遇一伙刚抢劫了商人的财物、正在岸边分赃的强盗。这时候孙坚只有一人一刀，可他观察了下周遭环境后信心满满地对父亲说："这伙贼人，我一个人便可以搞定。"

孙父忙劝阻儿子："他们人这么多，恐怕超出你的能力，还是当作没看见算了。"

孙坚却不由分说，自行提刀上岸，远远地就开始挥舞手臂，做出一副指挥他人从左右两侧向前包抄的架势。强盗们抢劫刚刚得手，还在亢奋之中，自然有些风声鹤唳、草木皆兵，看到远处有一人手舞足蹈地跟空气打招呼，以为遭了埋伏，紧张之余赃物也不要了，一哄而散。这时候孙坚从后赶上，揪住跑在最后的那个强盗的衣领，一刀下去便结果了强盗的性命，成功追回所有的赃物。

这件事情让孙坚一战成名，随后他出任代理县尉。一年之后的熹平元年（公元172年），会稽贼人许昌在句章城暴动，很快发展到数万人的规模。许昌于是放开胆子自称阳明皇帝，结果他这个皇帝没蹦跶几天就被朝廷的正规军剿灭，而时任郡司马的孙坚因为参与剿灭许昌有功，升迁为县丞。

这时候他才十八岁，这种人生简直像开了挂。但在随后的十几年时间里，孙坚辗转三地却依旧是个县丞，人生可谓高开低走。

到了中平元年（公元184年），黄巾乱起，孙坚自募精兵千余人，跟随中郎将朱儁攻击颍川和汝南的黄巾军。黄巾军退守宛城，企图负隅顽抗。没想到在随后的攻城战中，孙坚只身独当一面，冒着箭矢、滚石先闯入城中，硬生生杀出一条血路，受到鼓舞的士兵紧跟在他身后，一举攻破宛城。

孙坚因为战功升任别部司马。总结自己前半生的经历，他大概会有这样的感觉：他孙坚并不适合治世，只有在乱世中，在战斗中，他才能发挥自己的才能，才能不断地往上，再往上。

现实似乎也验证了这一点：当长沙贼区星在地方上作乱时，孙坚升任长沙太守，并在旬月之间击破区星；之后，孙坚干脆越俎代庖，走出自己的辖区，征讨零陵、桂林两郡的叛乱，结果“三郡肃然”，孙坚因功获封乌程侯。

一次次的成功让孙坚对战斗愈发上瘾。中平三年（公元186年），孙坚以参军身份协助司空张温讨伐叛军时就曾鼓动张温借机干掉董卓，可惜张温并没有接受建议。这次十二路诸侯讨伐董卓，虽然孙坚没有被邀加入联军，但他自发拉起一支队伍，加入讨伐董卓的行列。

原本孙坚人马并不多，但在他杀了荆州刺史王叡和南阳太守张咨后，不仅有“众数万人”，而且在南阳郡中征粮“无求不获”。虽然有兵有粮，但孙坚这时尚算不得天下知名，因此他只好就近依附于实力、能力、水平皆不如己，名气却很大的袁术。

袁术虽说原来是后将军，但他当时为了躲避董卓，跑到南阳太守张咨那儿躲了起来，基本上是要枪没枪、要人没人的光杆司令。孙坚杀了张咨，却没敢将富庶的南阳郡占为己有，结果反而便宜了袁术。袁术作为袁绍同父异母的弟弟，吹牛的本事也是有三分的。他又是摆自家光辉的家谱，又是拍着胸脯打包票，要向朝廷表奏孙坚代理豫州牧，还表示自己将全力支持孙坚攻打董卓。

孙坚可能就是这样被袁术迷惑了，得了袁术的承诺后便带着自己的队伍继续向前推进。没承想，刚走出百余里，他便遇到了董卓派来的大军。猝不及防之下，孙坚吃了败仗，最后只带着几十人突围而出。最紧急的时候，孙坚把自己常戴的红色头巾摘下来给部将祖茂换上，这才摆脱了董卓队伍的追击，逃得性命。

得脱大难的孙坚并没气馁，他收拢残兵，继续与董卓军交战，结果不仅大败由吕布带领的西北军，还杀了董卓的都督华雄。

孙坚的胜利震惊了所有人。董卓赶紧派出手下李傕，向孙坚提出和亲请求，表示不仅愿意与孙坚结成亲家，还让孙坚列一份家族子弟的名册，他将按名册把这些子弟外放做刺史、郡守等封疆大吏。

大胜之际，孙坚哪里会吃董卓这一套？他怒斥董卓逆天无道，表示要夷董家的三族给天下人看，吓得李傕头也不回地跑回洛阳。孙坚这番话可不是吓唬人的，他立即整顿三军，很快便进兵至离洛阳只有九十里的地方。

孙坚的行动把董卓吓个半死，他赶紧卷巴卷巴家当，赶着洛阳的百姓往长安逃去。孙坚因此创下了酸枣大营里十几万联军吃光粮食也没取得的成绩。

按照这个路子走下去，孙坚大概会是改变三国历史进程的人物。然而，事实是，历史并没有因为孙坚而改变。这样一个人生开挂的人，三年之后受袁术的指使去攻打荆州牧刘表。在击败刘表大将黄祖，接着进兵围困襄阳的时候，孙坚为追击逃跑的黄祖，在襄阳城外的岘山上冷不丁被黄祖手下的士兵射杀了。

百折不挠刘玄德

除去上述人物，三国时期还有一个巨头，自然是刘备。

刘备是涿郡涿县人，关于他的祖父刘雄、父亲刘弘，史书上称其“世仕州郡”。这无疑也是给先人脸上贴金的说法：刘雄曾做过东郡范县县令一事已经被大书特书，记录在案；对于刘弘的官职，史书上则含糊其词，显然顶多就是末流的吏员。刘备早年丧父，家境贫苦，只得与母亲靠织席贩履为生。长大到十五岁后，他曾与公孙瓒等人一同求学于当时的大儒卢植。

要说刘备有什么超乎常人的地方，首先便是他的长相。刘备在三国历史名人里是最具帝王相的，至少也是之一。

什么是帝王之相？是阔口高鼻，是宽脑门、凸脑袋，还是一张鞋拔子脸？这个很难说清楚，但可以明确的一点是，长得要足够稀奇古怪。倘若长一张大众脸，那大概意味着只能是大众中的一员。刘备的长相就异于常人：两耳垂肩，双手过膝。他的耳垂之大非我们所能想象，他快速摆动头部的时候，眼角的余光甚至能够瞥见耳垂的残影。

当然，这也给刘备的敌人制造了发挥的机会，呼之为“大耳贼”，日后给刘备造成了一定的困扰。

长大后，虽然温饱都成问题，但刘备作为非常人，自然有非常人的志向：要成就一番大事业。黄巾之乱发生的时候，各地纷纷招募义兵抵抗黄巾军的入侵，二十三岁的刘备得到大商人苏双和张世平的重金资助，也拉起了一支小队伍，跟随一个叫邹靖的校尉讨伐黄巾军。因为讨贼有功，刘备被任命为安喜县县尉。

这是刘备人生中的第一个官职，但上任不久便发生了他捆缚、鞭打督邮，然后弃官而走的事件。随后的几年，刘备辗转于下密、高唐等地为官。虽然官职没有提升，但长期做基层工作使他在各地收获了大量民心，并且树立了亲民的形象。

要说刘备得人心到什么程度，就不得不说后来他出任平原相时的一次经历。当时，平原县有一个叫刘平的富人。这个家伙大概是因为百姓都喜欢刘备，不喜欢他，便对刘备心生怨恨。于是，某一日，刘平出钱请一个刺客去杀刘备。结果，刺客到了刘备那里，刘备按照他平时接待百姓的那一套接待了刺客。

刘备官职再小，也是个地方官，而刺客再牛，也是个老百姓，刘备却毫不在意地和他在同一张席子上坐着聊天，在同一个锅里吃饭，不分彼此。这在等级制度森严的古代社会里是不可想象的。刺客大为感动，饭还没吃完就放下筷子，把刘平买凶杀人的事情向刘备和盘托出，然后转身离去。

这是件很有趣的事情，我们还可以深究一下。

在古代，做游侠、刺客的，通常都非常重视他们的职业道德，为完成任务甚至可以不惜牺牲自己的生命。刘备却能够在不经意间让一个刺客放弃自己的职业道德。开汉四百年来，除了刘备，大概也就西汉的袁盎能有此作为。袁盎当时是社会上的知名人士，是有名的长者，梁王刘武派去刺杀他的刺客是一路打听着来到长安的，最后被袁盎的口碑所感动才决定不动手。那时刺客的心态有一个相对较长时间的积累、变化过程，倘若刺客出门就碰到袁盎，袁盎大概躲不过这一刀。而刘备则不然，本地人请刺客刺杀本地长官，刺客有明确的目标和地址，留给刘备发挥的时间非常短。但事先毫不知情的他不但感动了刺客，更难能可贵的是，他靠的不是作秀，不是欺骗，只是自己平日待人的基本操作。这几近不可思议。

那刘备的秘诀是什么？除了能诚信待人，真正做到折节下士，不摆谱，还有一个重要的因素，那就是他的身份。

刘备的身份是什么？稍微接触过《三国演义》的人都知道，早期刘备一出场总不免先来一句自我介绍："中山靖王之后、孝景皇帝玄孙。"这跟

《西游记》里孙猴子取经时遇到妖怪，生怕妖怪不知道自己是谁，必得竖起拇指先来一句“俺乃是五百年前大闹天宫的齐天大圣孙悟空”，再从自己当年的事迹中挑出三五件紧要的大肆吹嘘有异曲同工之处。

虽然刘备的这个身份背景有可能是靠不住的，但它非常重要，甚至不可或缺，因为他是个有大志向的人。

历史上有志向的年轻人比比皆是，但十之八九只停留在空想阶段，何况是在很看重出身的古代社会。如果祖上没什么高贵的血统，凭什么让人相信你能做大事？而且，刘雄与刘弘离世的时间不算远，当时地方上还有很多人知道他们的底细，这给想做大事的刘备平添了不少困难。大概是为了解决这些困难，刘备才给自己安排了这个很不一般的出身。

当时社会上还有不少刘氏宗室。比如益州牧刘焉和后来的荆州牧刘表，他们都是西汉景帝的第五个儿子、鲁恭王刘余之后；又比如幽州牧刘虞，他是光武皇帝刘秀的儿子东海恭王刘强之后；再比如扬州刺史刘繇，他是刘邦的大儿子、齐王刘肥的后人。刘备没有选择和这些人攀亲戚，而是把自己放在了中山靖王一支，这一点就非常聪明。

汉景帝的儿子、中山靖王刘胜既没过人的能力，也没有过人的野心，更没有过人的成就，活着的时候平平庸庸，碌碌无为。他的特点就是没有特点，唯一能让人记住的就是他对“诸侯王”一职的职责有不同于常人的理解。

当年刘胜曾公开表达自己的看法，认为做诸侯王的不应老想着去治理地方、管理官员，那是朝廷和皇帝的事情；身为诸侯王，其实啥事没有，就应当每天听听音乐，玩赏歌舞和美女。

基于这个认知，刘胜身体力行地实践着自己的观点。一直到元鼎四年（公元前113年），爽了一辈子的刘胜终于死了。他在位的四十二年间，光儿子就生了一百二十多个，但刘胜至死也不会想到，正是他的这个行为，至少在名义上为三百年后的刘家留下了重要的一支。

就因为刘胜的儿子实在太多，间隔时间又太长，人们很难考证刘备到底是他哪个儿子的后代。刘备看中的或许也正是这一点。一开始刘备这样称呼自己的时候，大概十个人里面有七八个是不信的，但架不住他一直说。当一句话被人说了一千遍、一万遍，信的人就会越来越多，即便是谎言也会变成真理，不由得听者不信，有人甚至还帮忙宣传起来。不过，我们看一下黄巾之乱前还在涿郡的年轻的刘备，他不喜欢读书，喜欢狗马、音乐和漂亮的衣服，待人非常好，并且爱结交豪侠——这倒挺像是老刘家人的。

经过长期的宣传与自我宣传，“皇室宗亲”已经成为刘备身上撕不下来的标签。这样一个人能和普通百姓坐在一起聊天，同桌一起吃饭，甚至还共用一个菜碟，怎能不让人心悦诚服，不为百姓所爱戴？我们可以猜测，资助刘备起兵的富商张世平和苏双可能也是因此才肯把身家都压在刘备身上，而最早追随刘备的那些人，甚至包括关羽和张飞，之所以肯死心塌地地跟随这个不名一文的小手工业者，同样受到了其宗室光环的影响。

关羽、张飞都是当世难得的虎将。至少在三国往后的几百年里，世人说到一个将军如何勇猛，通常会把他比作“古之关张也”，从来没听说过比作吕布的。

当然，比作赵子龙的也没有。

关羽是河东解良人，张飞则是涿郡人，两人都是从刘备最初在涿郡起兵时就跟随在他身旁的。只因为刘备当时在人群中多看了一眼，便发现关羽和张飞的身形、气质异于常人，于是对二人青睐有加，直接把他们提拔为自己的副手，并且三人在同一个锅里吃饭，在同一张床上睡觉。很快，刘备就让关、张两人对他死心塌地。虽然现在大家受演义的影响很深，但刘、关、张三人名义上的关系是兄弟，实际上则是君臣，因为一旦在外人面前，刘备都会坐着，关羽和张飞则都是站在他背后的。

然而，有大志向又有得力帮手的刘备并没有老刘家人的运气。他二十三岁起兵，一直都是小打小闹。关东联军对抗董卓那段时间，刘备只是高唐县县令，非但连参与的资格都没有，还因为被黄巾军攻破县城，只能带着关羽、张飞等亲信去投奔自己以前的同学兼“大哥”公孙瓒。

在往后的很多年里，刘备依然会在这种尴尬的颠沛流离中奋斗、挣扎，并将长期处于创业的初期阶段，属于他的时机还远未到来。

乱世之初章

初平元年（公元190年），董卓迁都长安，关东联军无敌自溃，天下陷入军阀割据的乱世。

董卓跑到长安后，先自我提拔为太师，将自己置于三公之上，然后又在长安以西二百六十里的地方建了一座占地面积极大、墙壁如长安城墙那么高、名叫郿坞的新城。其中囤积了足够吃三十年的粮食，更有黄金两三万斤、白银八九万斤，至于珠宝和美女，则不计其数。

董卓这是想干吗呢？

他自己的说法是以郿坞为根据地，进可雄踞天下，退可自保。

这是董卓的真实想法吗？

非也。通过董卓到长安后的所作所为，丝毫看不出他有要雄踞天下的打算，反倒愈发不像话。

当时董卓曾派人去诱降在北地反对他的人，这些造反派显然对董卓这个人了解不深，竟以为董太师是既往不咎的君子，结果几百人刚放下武器就被董卓派去的人抓起来押送到郿坞。

这些造反的人，董卓不就地斩杀，千里迢迢送到郿坞干什么呢？

他们的作用是在董卓的宴会上充当演员，用来满足董卓的变态爱好。

到了董卓在郿坞大宴朝中大臣的时候，待众人坐定，宴会开始，大臣们都感到一丝诡异的气息：今天董太师抽什么风，席间竟没安排歌舞表演助兴，难道老虎转了性，不吃肉改吃斋了？

正当大伙儿纳闷儿的时候，董卓的助兴项目来了：他的手下将这数百降兵分批押到宴会厅中，先是当场把他们的舌头割掉，这样这些人便不能张口辱骂董卓，然后依次上演斩手脚、挖眼、放到锅里大煮活人等节目。看着这些浑身是血的人在席间凭着生存意志奋力爬动，他们的惨叫声、垂死的挣扎声响彻大厅，大臣们都闭目瑟瑟发抖，不少人把刚下肚的酒水、食物全吐了出来，甚至有人裆下已泥泞一团。只有董卓一人看得津津有味，堂下的惨叫声越大，他的食欲和心情越好。

对于那些关东联军，董卓也下了一道命令：只要关东军士兵被抓住，一律用布缠住全身，然后倒挂着淋上猪油，放火烧死。

董卓不仅对敌人如此冷酷，对待朝中的大臣也是看谁不顺眼就杀谁。董卓对前任太尉张温素来心怀怨恨，便污蔑张温和袁术勾结，然后不由分说地把张温活活打死。董卓有一个来自少数民族的宠姬，平日里仗着有董卓给她撑腰，做了不少坏事。司隶校尉赵谦看不过去，就把这个女人给杀了。

事情很快被董卓知道，结果怎么样？董卓勃然大怒："就是我的一条狗，都不允许别人呵斥，何况是我的人！"

于是，赵谦被董卓派人抓起来连续扇耳光，直至扇死。

大臣尚且如此，百姓的遭遇更加不堪。董卓让手下一个叫刘嚣的做司隶校尉后，给他安排了一个差事：把长安地区低级吏员和平民百姓中那些做儿子不孝、做臣子不忠、做小吏手脚不干净、做弟弟不听兄长话的统统揪出来。

揪出来干什么？净化社会风气吗？

显然不是，董卓的打算是揪出来一律杀掉，同时把他们的家产充公。

这下子谁都活不下去了，尤其是朝中那些本来高高在上的大臣，现在也过着朝不保夕的日子，谁都不知道董太师的屠刀下一刻会落到哪个人的头上。

为了自保，大臣们不得已开始反抗。

司徒王允和尚书仆射士孙瑞出于为国家、朝廷，同时也为自己的身家性命着想，密谋用刺杀这一最原始同时也最直接的办法干掉董卓。可王允和士孙瑞一个是老头儿，一个是书生，怎么看都不是年轻时可以左右开弓的董卓的对手，更别提董卓平日出入还带着成群的士兵。他们要刺杀董卓，必须解决两个难题：第一，找一个身手厉害的刺客；第二，还要让这个刺客有机会接近董卓。

经过一番考察，王允把人选定为董卓的干儿子吕布。

吕布杀死丁原后，董卓非常器重他，不仅对他十分信任和喜爱，还把他认作自己的干儿子。吕布当然也是一员很厉害的将军，他弓马娴熟，膂力过人——这一点跟董卓年轻时倒是挺像，当时的人都称他为飞将。董卓见吕布如此了得，便让他贴身保护自己。但董卓没想到的是，既然是"父子"，那么吕布和他的共同点就不仅仅是弓马娴熟而已。吕布趁给董卓做侍卫能自由进出董卓府邸的机会，很快便情不自禁地跟董卓家里娇美的侍婢勾搭在一起。

其实，这件事董卓是不知道的，但吕布做贼心虚，又管不住自己，时间越久纠缠越深，就越害怕事情败露。加之有一次董卓因为一点儿小事对吕布发了脾气，随手抄起一旁的长戟便向他掷去，好在吕布身手敏捷，反应迅速，侧身避过，才没有被长戟戳死。这事让吕布心生芥蒂，总觉得董卓要杀他。

正好这时司徒王允频频向他示好，吕布大为感动，就把董卓差点儿用长戟戳死自己的事情跟王允说了。没想到王允等的就是这个，他低声说："将军何等人才，岂能将生死置于他人掌中！与其坐以待毙，不如先发制人，我等愿意与将军一起刺杀董卓！"

杀人反水嘛，吕布轻车熟路，丝毫没对王允的想法感到惊讶，况且他自己的命不知道什么时候就会不保。他只是还有些心理障碍："奈何董卓是爹，我是儿子啊！"

王允一听，有戏，正色道："将军姓什么？姓吕！怎么跟董卓是父子呢！何况眼下性命都保不住了，就是真父子又怎样！"

这一句让吕布豁然开朗，遂约定共诛董卓。

初平三年（公元192年）四月，小皇帝刘协小病初愈，大概是在王允的安排下，刘协下诏在未央宫宴会群臣以示祝贺。董卓不知道这是一场针对他的阴谋，照常带着自己手下成百上千的亲兵大大咧咧地往未央宫而去。

到了未央宫附近，董卓的马突然停了下来，任凭马术娴熟的董卓如何催促，马始终不肯向前一步。如此情景不禁让董卓心里犯嘀咕，这时候他的干儿子吕布上前跟董卓说别担心，他吕布一定会保护义父大人的安全。

董卓看到吕布后大为放心，况且自己身后还有数以千计的士兵随时候命，有谁能拿他怎么样？于是，董卓在袍服下面又穿了一件软甲。自觉已武装到牙齿、无懈可击的他又恢复了往日舍我其谁的气势，自顾自地换了一辆大车，他的亲信、随从跟在后面，一行人昂首进入未央宫。

其实，这时候未央宫已经成为董卓的鬼门关，在宫门前看门的不是董卓的亲信，而是吕布的同乡李肃和他手下的十几个士兵。

等董卓及其手下的后脚迈入未央宫，士兵们便把宫门关上，准备来个瓮中捉鳖。董卓察觉了异样，赶紧停下来看是怎么回事。这时候，四周的士兵一拥而上，李肃第一个抄起长戟往董卓身上捅。没想到李肃因为紧张这一下没使上力气，董卓内衬的软甲又质量甚佳，李肃的长戟竟不能刺入，只擦伤了董卓的手臂。

董卓过多了享乐的日子，久疏战阵，早已没了当年带兵打仗时的胆气和反应，慌乱之下一失足便从车上掉下来。等他好不容易从地上爬起来，第一句话就是："我儿吕布在哪儿？"

这时候吕布也不装了，从怀里掏出王允给他准备好的诏书，跟董卓摊牌："奉诏杀你！"然后他持矛向前，以势大力沉的一击直接戳死了董卓。

董卓一死，吕布和王允等人便开始大范围地清算依附于董卓的官员，能抓到的一律下狱处死，抓不到的就逼出长安。往日董卓的恐怖统治犹如厚重的铅云，数年来一直笼罩着长安城，而吕布的这一矛有如拨云见日，长安城里不论官员还是百姓，终于见到久违的阳光。于是，人人额手相庆，就差没公开举行大规模的歌舞表演表达喜悦心情了。

其实，杀戮仍在继续。

董卓死了，但他这样的恶贼在大众眼里是不值得同情的，因此当时想给他收尸的只有他从凉州带来的那些旧部。可此时这些人自己的性命也在旦夕之间，哪里顾得上一具尸体？于是，不久前还蛮横得不可一世的董卓不免落得暴尸的下场。

体形肥胖的董卓内脏脂肪含量本就严重超标，当机体死亡，新陈代谢停止之后，肥腻的油脂便从伤口处液化流出，覆于地面。看守尸体的士卒见此情景，非但不心生怜悯，反而想了个将此贼挫骨扬灰以泄愤的办法：把一根特制的粗灯芯放在尸体满是油脂的肚脐上点着，将董卓化作一盏巨型灯烛。这盏董卓牌天灯一直燃烧了数日方熄，而焚烧剩下的骨灰则被袁家门生撒到路上任人踩踏。

自从手刃董卓之后，吕布跟长安城里为数众多的董卓旧部算是彻底翻脸，这让他时时自危。因此，吕布建议王允干脆将董卓的旧部全杀干净。

吕布的这个建议让董卓那些旧部感到惶恐，其中以李傕、郭汜为代表的部将纷纷解散队伍，化整为零逃出长安。这本来是件好事，但李傕和郭汜跑到乡下后碰到了董卓女婿牛辅的手下、同样在逃命的讨虏校尉贾诩。

同是天涯沦落人，这三个人一碰头，并没有结伴继续逃亡路，反而让关中彻底变了样。

不久之前牛辅刚被军中叛兵所杀，贾诩作为一介书生，逃跑当然是必须的。但当他看到身为武将的李傕和郭汜身上的狼狈样比自己有过之而无不及时，反倒心生疑问：“二位将军，你们的军队呢？”

李傕回答：“现在情况这么紧急，大家逃得一个算一个，哪顾得上什么军队啊！”

贾诩眼珠一转：“这就不对了。听说长安城里到处都在杀凉州人，您二位可是将军啊，将军手上没有兵，算什么将军！照我说，如果二位再这样跑下去，只要来一个亭长，带三五个人，分分钟能把二位抓回长安去！”

李傕和郭汜听罢，紧张得话都说不利索了，忙请教贾诩：“计将安出？”

贾诩不慌不忙地告诉他们：“二位将军应该整顿军队杀回长安，去为董太师报仇。若事情成功了，二位可以奉国家以征天下，成就一番大事业；如果不成，再跑不迟。”

李傕和郭汜一听，觉得非常有道理。于是，二人重新集结队伍，又一路收编沿途逃亡的士兵和百姓，浩浩荡荡地杀向长安。

等他们回到长安城下，董卓的另一批旧部樊稠、李蒙等也前来会合，这时李傕他们的总兵力竟然达到了惊人的十几万人。这样的大军，长安城里的吕布是不能抵挡的。在进行一番抵抗之后，吕布于董卓死后的第六十天率领几百骑兵突围，逃出武关。

李傕、郭汜等人占领长安后，等待长安城里众人的是另一场屠杀。不出数日，包括司徒王允、城门校尉崔烈、太仆鲁馗、大鸿胪周奂、司隶校尉黄琬等在内的数万人惨遭杀害。

关中乱作一团，其他地方也好不到哪儿去。

在冀州，贪生怕死的冀州牧韩馥被袁绍欺骗，拱手让出冀州，随后被袁绍逼死；在青州，公孙瓒大破三十万黄巾军，然后把矛头指向袁绍，双方展开对青州、冀州的争夺；在兖州，刺史刘岱不听鲍信的劝告，被黄巾军所杀；并州和凉州刺史都被反贼所杀，刘焉则趁着以敛财扰民著称的益州刺史郄俭被黄巾军所杀之际，自己占了益州；南边的南阳郡，袁术得了块肥地，变得骄奢淫逸，并联合北边的公孙瓒，与袁绍翻脸；在更南边，孙坚的儿子孙策对江东虎视眈眈。

天下一片大乱，三国的大幕徐徐拉开。

第四十七章

曹袁之争

乱世英雄

在这个乱哄哄的大势中，只有曹操在悄咪咪地扩张自己的势力。

离开酸枣后，曹操辗转投奔了袁绍。虽说袁绍和曹操是发小儿，但曹操终不能居人之下，袁绍也不是一个能容曹操这样的人在卧榻之侧的君子。两人一个想走，另一个不愿留，分道扬镳就成了必然的结果。

袁绍逼死韩馥占领冀州之后，曹操带兵消灭了入侵东郡的黑山贼。袁绍于是趁机表奏曹操做东郡太守，让他离开自己身边，而东郡则成了曹操的人生新起点。

东郡太守曹操先是击溃黑山贼大部，然后又打败了南匈奴单于于夫罗。初平三年（公元192年）四月到六月间，当长安处于董卓死后的混乱状态时，曹操取得了他战斗生涯中的第一次重大胜利——消灭了进入兖州的青州黄巾军，并占领了兖州。

虽然曹操战胜了黄巾军并取得一州之地，曹操的好朋友鲍信却在最初的战斗中力战身死，甚至尸骨无存。曹操在伤心之余化悲痛为力量，以少敌多，疯狂追击黄巾军。在连破数阵之后，这股士兵三十万、连带家属共计百万人的黄巾军投降曹操。

这对曹操来说是件非常重要的事情。他把三十万黄巾军中的精锐挑选出来组成一支青州兵军团，增强了自己的军事实力，让剩下的士兵连同随军家属充当兖州百姓，耕作、纺织，又增强了自己的经济实力。曹操从此有了争夺天下的资本。

当然，古人云：“福兮祸所倚。”曹操实力的增强日后也给他制造了想象不到的麻烦。初平四年（公元193年），曹操接连击败袁术，迫使袁术派孙策往江东发展，企图开辟新的地盘。没想到，孙策并没按袁术的安排行事，不仅自己占了江东，日后更成为曹操的劲敌。

这还不是最让人糟心的。更让人糟心的是，不知道从什么时候开始，那个以天下为己任、关心百姓、对腐化官员毫不留情的曹操，那个感叹战争使“白骨露于野，千里无鸡鸣。生民百遗一，念之断人肠”的曹孟德开始黑化，变得视生命如草芥，屠杀百姓逐渐成为曹军的常态。

这一改变大概是从曹操征徐州开始的。初平四年，下邳人阙宣聚众数千人自称天子，与许劭口中“外慕声名，内非真正”的假君子、徐州牧陶谦联合，寇掠了兖州的任城。随后，陶谦黑吃黑，反手杀了阙宣。曹操的父亲曹嵩本来不太赞同曹操的起兵行为，因而自顾自地跑到徐州的琅琊郡避祸。现在看到曹操占据州郡，又和徐州牧陶谦起了冲突，曹嵩便打算带着全家一百多车的金银财宝逃往兖州，结果被陶谦的部将张闿谋财害命。

陶谦的行为自然会引来曹操的报复性打击。这一年秋天，曹操率军连下徐州十几座城。本来洛阳之乱的时候，数以十万计的百姓为了避祸，一直跑到近海的徐州才稍微得以安定。可谁会想到，还没安定几年，他们就碰到了突然黑化的曹操。这个在三国历史上有过十三次屠城记录的绝无仅有的狂魔，在徐州开始了他的第一次屠城。结果，曹军过处一路实行“三光”政策，而始作俑者陶谦则被曹操的杀气震慑，躲到郯城做了缩头乌龟，任凭数十万百姓惨死在曹军的屠刀之下，直到“鸡犬亦尽，墟邑无复行人”的地步。

兴平元年（公元194年）春，曹操再次进攻徐州。这次他遇到了来救援徐州的刘备，双方陷入僵持，曹操粮尽退兵。然而，到了夏天，曹操再次卷土重来，不仅占领了徐州五座城，还击败了刘备，从此成为刘备最大的苦主。

正要一鼓作气占领徐州以报杀父之仇的曹操万万没想到，这个时候自家后院会起火。

原来曹操离开兖州之后，他手下的谋士陈宫便煽动曹操的好友张邈反叛，迎接正到处流浪的吕布。吕布趁机一举占领了除兖州的治所鄄城及东阿、范县两城之外的整个兖州。

这对曹操几乎是致命的打击。

要知道，比起丢失的地盘，陈宫和张邈的背叛更让曹操心痛。陈宫是曹操看重的谋士，张邈是曹操信任的发小儿，平日曹操出征的时候都会把留守东郡的任务交给陈宫，而且他对自己的家人还做出过这样的交代："如果我这次出征回不来，你们就去投靠张孟卓（张邈）。"

因此，曹操不得不从前线退回来，先打败吕布，收复兖州。

吕布占了兖州之后，第一件事便是要拔掉鄄城这根钉子。但鄄城被曹操的第一谋士荀彧死守着，吕布屡攻不克，只得退居西边的濮阳。

然后，曹操到了濮阳。

曹操失了大半个兖州，已近乎丧家之犬，但到濮阳城下时，他仍意气风发："吕布这个人是不行的！只看他现在所为，不说占据要地，反倒屯驻濮阳这个破地方，我就知道他做不成什么大事。"

既然成不了大事，曹军便主动进攻。由于在城中有卧底，曹操率军顺利地由濮阳南门攻入城内。这下曹操更得意了，遂命人在南门放火，以示自己此番有进无退的决心。然而，他在巷战中被吕布军大败。

这一败曹操败得相当彻底，在战斗中他甚至被吕布手下的骑兵拦住。幸好骑兵们并不认识曹操，而吕布有令：抓住曹操的有赏。于是，拦住曹操的骑兵对着曹操鬼使神差地说了这样一句话："说！曹操在哪里？"

曹操当时已经蓬头垢面，也好在是这样，他受惊的表情才没有被发现。曹操随即稳定心态，往北边一指，从容道："前面骑黄马的是曹操。"骑兵们信以为真，撇下曹操往北追去。

曹操死里逃生，惊魂未定，见吕布的队伍已走远，赶紧往濮阳南门方向逃去。这时候南门仍然燃烧着他自己命人点起的大火，但处于死地的曹操已顾不得那么多，直接加速，跃马过火海。结果，落地时马失前蹄，曹操摔了个狗啃泥，衣服被扯破，手掌也被火灼伤。也是曹操运气好，城外有个他的部下，叫司马楼异，见状赶紧把曹操扶起来，把自己的马让给曹操，曹操才得以从濮阳活着逃回军营。

虽然曹操败了一阵，但实话实说，论打仗，吕布的军事水平相比曹操实在差太远。认真打起来，吕布基本上没有赢的可能。不过曹操只剩三城，兵少食乏，故之后与吕布交战虽每每获胜，却难以扩大战果。因此，直到一年多之后，曹操才把吕布赶出兖州投奔刘备。

重新占据兖州的曹操得到了官方认可，被皇帝任命为兖州牧，而他也在认真地总结之前战斗的得失。

很快，曹操便抓住了决胜的重点：粮食。

之前的战斗，不管是打陶谦也好，打吕布也好，曹操的队伍总受困于“食尽”，难以更进一步，常在占优势时不得已草草退出战斗。当然，这不是曹操一个人的窘境。天下大乱的日子里，民不聊生，哪有百姓能安心地种粮食？即便种出来，也难免被山贼、土匪或者军队连人带粮抢去。当时的谷价已经贵到五十万钱一斛，百姓们吃不起粮食，只能靠山吃山，靠水吃水，山水都靠不住的就只能吃人。

不为别的，只为能活下去。

在这样的背景下，曹操的谋士毛玠提出了两条至关重要的建议：第一，奉天子以令不臣；第二，修耕植，畜军姿。

曹操非常同意毛玠的建议，并且没有只停留在口头“同意”上，而是马上着手实施。

这个时候，由于李傕和郭汜等人长时间的乱折腾，长安周边的百姓死的死，跑的跑，没跑的则成了别人口中的食物，而李傕和郭汜仍在忙着排除异己。那些跟他们同是西凉出身的将领，如樊稠之类，则被二人借故杀害。

斗完别人，李傕和郭汜又开始内斗。在妻子的挑拨下，郭汜总觉得李傕想害自己。有一天，李傕请他吃饭，席间两人推杯换盏，不一会儿郭汜便喝得大醉。不过，郭汜人虽醉了，脑子却没醉，不知何故起了疑心，怀疑李傕在酒里下了毒。

这一怀疑不要紧，郭汜越发觉得自己的身体出现了中毒症状。加上酒精上头，郭汜很快就有种若不马上解毒，自己命不久矣的危机感。郭汜也是个狠人，脑子一热便想出个民间偏方，马上跑到茅坑，捞出里面的粪汁服下催吐。

等哇哇几口将和着粪水的酒菜吐出，郭汜的脑子清醒了不少，这下他脸上挂不住了：这算什么事！

于是，他回去便点齐兵马，跟李傕展开厮杀。这一斗就是几个月，数以万计的军民死于战火。

事情到了这个份儿上，皇帝在长安已经待不下去了，因为包括皇帝在内，百官、侍从、宫女、卫兵，这么多人都不事生产，只能等着处于社会最底层的百姓种出粮食给他们吃。当长安的底层民众被屠戮殆尽，张着嘴嗷嗷待哺的上层人士如果不想饿死，唯一的选择只有跑路，再找个有粮食可吃且愿意把粮食给他们吃的地方——这是文雅一点儿的说法，其实说白了就是两个字：逃难。

兴平二年（公元195年）七月，长安城里的最后一批居民——皇帝刘协和百官——在李傕、郭汜两方军队的挟制下从宣平门离开长安。随着这最后一批居民的离开，长安成了一座空城，之后的两三年时间里，整个关中几乎都“无复人迹”。

这一大群内部争斗不断、整体又不断逃难的人，不知道自己的前途和归宿在何方，只得磕磕碰碰地到处寻找落脚点。其实，当时地理位置合适、有眼光又有能力接纳他们的地方军阀并不多，满打满算也就只有曹操和袁绍、袁术兄弟。至于其他军阀，要么距离他们太远，要么力所不及。

这里面实力最强的无疑是袁绍，而且袁绍手下的谋士沮授曾经力劝他将皇帝接到自己的大本营邺城来，“挟天子而令诸侯，畜士马以讨不庭”。如此一来，天下还有谁能抵挡他袁绍？

袁绍本来是心动的，可袁绍的亲信郭图和淳于琼等人虽然不懂天下大势，但显然更懂袁绍的心思。他们极力反对沮授的意见：“我们把这个皇帝弄来邺城干什么？若把他弄来，以后什么事都要请示他，这不是给自己找麻烦吗？更糟糕的是，如果皇帝今天说了什么，我们袁公做还是不做？若执行，显得我们袁公没有分量；若不执行，那我们袁公不是抗旨吗？”

听他们这样一说，袁绍就又不同意了。袁绍想，自己现在有“盟主”的头衔，至少是个山大王，在自己的地盘上说一不二，何必把皇帝接来，让他骑在自己头上指手画脚。万一皇帝来了，真在那里发号施令，他袁绍又将被置之何处？况且袁绍当年就是因为不同意换皇帝才跟董卓闹掰，从洛阳跑出来的，即便他要尊奉一个皇帝，那也不能是现在这个皇帝刘协。

不能是刘协，能是谁呢？

其实，在袁绍当了盟主，董卓又挟持皇帝跑到长安之后，袁绍便打算另外弄一个皇帝出来，这个人就是幽州牧刘虞。

虽说刘虞在幽州很得民心，可我们也说不清楚袁绍看中的是刘虞的哪一点。不过，这事刘虞第一个反对。拖到后来，刘虞被公孙瓒杀害，事情只能不了了之。至于袁术，他更不会接皇帝到他那里去，因为他的想法更直接——他要自己做皇帝。

皇帝出走长安、到处流浪的消息传到袁术那里后，袁术马上召集手下开会，并第一个表态："当今皇室力量微弱，已经不能掌有四方，天下如烧开了锅的水一样沸腾不已，我袁家四世三公，是百姓心之所归，现在我准备顺应天意和民意。你们看怎么样啊？"

虽然他没敢明说顺应天意和民意干什么，但在座的有一个算一个，都清楚袁术是要称帝。

怎么办？

反对？怕是不准备拿自己的命当命了。赞成？众人又没一个愿意赞成。于是，大家最后默契地选择以沉默表达自己的抗争。

没有人赞成？没事，反正袁术早已做好准备：咱换个方向考虑，这不也是没人反对吗？

那就权当通过了。

袁绍的犹豫和袁术的自立最终让曹操捡到了机会。在谋士荀彧和程昱的极力劝说下，曹操在建安元年（公元196年）六月到洛阳面见皇帝，并带兵把洛阳保护起来，让颠沛流离一整年的皇帝刘协第一次睡上了安稳觉。

这时的洛阳同样十分残破，大概也就比长安好那么一点儿，实在不适合做国家的首都。于是，在众人的建议下，曹操把国都定在了许县。九月，皇帝正式迁往许县，曹操也得到了朝廷的肯定和封赏：封大将军、武平侯。

也是在这一年，曹操执行了毛玠的第二项建议，开始大规模屯田。迎奉天子，曹操取得了政治上的优势；大规模屯田，曹操获得了相对充足的粮草。至此，他拥有了平定天下的资格。

皇帝的衣带

建安元年（公元196年）之后，曹操开始大杀四方。

当年十月，曹操击败杨奉。建安二年（公元197年）正月，曹操征讨张绣，张绣不战而降，可惜曹操兴奋之余收了张绣的婶婶，引得张绣反叛，夜里带兵袭击曹操，曹操的长子曹昂、侄子曹安民、爱将典韦战死；九月，曹操击败称帝的袁术，袁术遁走；十一月，曹操击败刘表的部将邓济。建安三年（公元198年）三月，曹操击败张绣与刘表的联军；十月，曹操大破吕布于彭城、下邳，并于次年正月生擒吕布杀之。建安四年（公元199年）十一月，张绣在贾诩的建议下主动投降；几乎同时，袁术被曹操击败，穷困潦倒，欲投奔袁绍，还没成行便发病而死。

短短的三年时间，曹操便基本扫清他在北方的诸多对手，唯一失手的一次便是放走了刘备。

这位命运多舛的中山靖王之后跑到公孙瓒那里后曾短暂地时来运转：建安元年，徐州牧陶谦临死前把徐州托付给刘备，刘备第一次有了像样的地盘和军队。但没过几个月，吕布便趁刘备率军和袁术对峙的时候袭击下邳，陶谦的旧将曹豹投降吕布，守下邳的张飞败走，吕布自称徐州刺史。

腹背受敌的刘备非常狼狈，不仅丢了地盘，还丢了妻子，奔走之间又被吕布和袁术击败，眼看就要活不成了。

可刘玄德毕竟是能屈能伸的英雄，眼下事急从权，为了活命已顾不得夺州之恨，转身便投了吕布。吕布从兖州败走被刘备收留在前，乘人不备袭击刘备在后，因此大概对刘备有愧，不但收留了刘备，让他驻守小沛，并且归还了刘备的妻子。后来袁术派大将纪灵进攻刘备，刘备不能抵挡，吕布还来了一手辕门射戟，救了刘备一命。

不过，吕布的气量也有限。当刘备在小沛的力量逐渐发展起来之后，吕布便容不下他了，又把他赶出了小沛。刘备看自己在徐州实在待不下去，干脆投奔了曹操。

刘备在当时可以说是一个异类。别人若屡经挫折，要么如吕布，总有人反了主子把地盘给他；要么如曹操，蛰伏之后一飞冲天；当然，更多的是兵败身死。没有人能像刘备那样，到处投靠人，还到处被人接纳。

这在旁人看来就是了不起的本事。

为什么呢?

是因为刘备遗传了刘邦那种过人的公关能力吗?

即便有这个原因，大概也不是唯一的。比这个更重要的是，在当时的上层人士中，刘备的名声非常好，大家公认他是个了不起的人。不仅公孙瓒、袁绍、孔融、曹操等人认为刘备是个英雄，就连曹操很欣赏的太尉陈球的孙子、自负才高看不起天下人的广陵太守陈登也曾对人说:“家庭和睦，有德有行，我佩服陈纪父子;冰清玉洁，有德有言，我敬重华歆;博闻强识，独特超群，要数孔融;雄伟、杰出，有王霸之谋略，我首推刘备。当今天底下，名人也就这几个了。”

哪怕是给陈登封官晋爵，并希望把安定东边的事情交给他的曹操，也不在陈登的名单之列。

这才是刘备真正的过人之处。

建安三年(公元198年)九月，曹操带着刘备去攻打吕布，并用郭嘉、荀攸的计策决泗水倒灌下邳，最终在次年正月活捉了吕布。

虽然之前拼死抵抗，但吕布被抓以后马上考虑投降曹操，他自恃不同于常人，与曹操见面先来了一句:“绳子绑得太紧，先松一下。”

曹操平时见的俘虏多了，大义凛然的、一声不吭的、痛哭流涕的、跪地求饶的，什么样的人都见过，单就没见过吕布这样见面就让松绑的。不过，吕布毕竟在他手上挺了五六年，也不是普通角色，于是曹操回答他:“哎呀，绑老虎不能不绑紧一点儿啊。”

这时吕布接着说:“明公，你害怕的不过是我吕布，现在我准备投降你了。我一投降，天下就没什么值得你担心的了。到时候明公你带领步兵，让我呢，带骑兵，这样天下还有解决不了的敌人吗?”

对于这个建议，曹操是心动的。史书上说，曹操用人的原则叫作“唯才是举”。他甚至还说过这样的话:只要是个有用的人才，哪怕不仁、不孝也不要紧。

其实，按我说，这还不是最根本的。曹操没有袁绍那么好的家族背景，为了“多快好省”地聚拢人才，曹操执行的是拿来主义。但凡是个有用的人才，不管身处何处、是何出身、有何过往，只要现在肯跟他，曹操都照收不误。事实也是这样，至少在曹操军事生涯的前半部分，他的很多谋士和武将都来自敌对阵营。

这里忍不住要吐槽一下：对于美女，曹操执行的是同一原则……

当然，曹操这个原则是在乱世特定时期所采取的特殊手段，他迫切需要聚集各色人才为自己所用，去平定乱世。而对于吕布这样一个武将，只要他肯投降，曹操当然也是能容得下的。

可坏就坏在吕布没事偏要跟坐在曹操一旁的刘备打招呼：“玄德，君为座上客，我为阶下囚，你就不能看在往日的情分上帮我说句话吗？”

刘备沉默了一会儿，接着跟曹操说了这么一句：“明公，您没见过吕布是怎么侍奉丁原和董卓的吗？”

这一句让曹操从胜利的喜悦中惊醒：“确实，吕布投靠谁，最后就会把谁杀了。现在他想投靠我，这怎么使得！”即便再爱惜人才，曹操也不能不把自己的命当回事，于是赶紧让人把吕布拉下去勒死。

消灭吕布，曹操解决了一个心腹大患，不由得大大松了一口气。他开始有些扬扬得意，结果一不留神便发生了著名的衣带诏案件。

这个案件现在其实说不太清楚，据说是汉献帝刘协有一天给他的老丈人车骑将军董承送了一条衣带，董承回家后思来想去，觉得事有蹊跷，拆开衣带一看，里面竟是刘协的一封血书，让他找人把曹操干掉。董承看了以后，秘密找来一群人谋划这件事，其中就包括刘备。

刘备一开始并没有参与密谋一事，但他也没有揭发此事，直到后来发生了“煮酒论英雄”的事情。

据说某一天，曹操请刘备喝酒。酒酣耳热后，曹操很淡定地跟刘备说了这么一句话：“当今天下，算得上英雄的，只有你我两个人。”

刘备当时吓得筷子都掉地上了，好在当时天上打了一个响雷，刘备赶紧说：“哎呀，这个雷实在是太可怕了，吓死我了。”回去之后，刘备便和董承、长水校尉种辑、将军吴子兰、王子服等人歃血为盟，准备找机会干掉曹操。

结果，事情还没发动就被曹操察觉，董承、吴子兰、王子服一干人等被杀，刘备因为跑得快幸免于难。

整体看，衣带诏一事有几个疑点。首先，事情发生在建安四年（公元

199年），离汉献帝在许都安定下来不过三年时间，曹操不是李傕、郭汜，更不是董卓，刘协怎么这么快就痛恨他到要不惜翻脸干掉他的地步？

要知道，当年曹操把皇帝和百官从逃难的途中接到相对安定、富庶的许都，不但安顿了皇帝，还给皇帝送去很多当时象征皇家身份、地位的用品。在送这些东西的时候，曹操上疏说这些东西是当年先帝赐给他父亲和爷爷的，他们从来都没敢拿来用，一直供在家里面，现在是把这些东西都还给皇帝的时候了。

当然，曹操这个说法大概率是有水分的。这些东西即使存在，也是在曹操的父亲曹嵩手上，而不是在老早就从洛阳跑出来的曹操手里。问题是，曹嵩当年就是因为跑路的时候携带的财宝太多，所以陶谦的部下张闿才见财起意，谋财害命杀了曹嵩。怎么这会儿又变成“一直供在家里”了呢？

但即便东西不是原装货，这对于当时处于逃难状态的刘协也是雪中送炭，他自然是感激涕零，把曹操看作大大的忠臣。怎么才三年的工夫，看法、观点就变化得如此剧烈？

是不是曹操对皇帝有各种不敬行为，态度非常差，让刘协反感？

应该不是。

按照汉朝旧制，普通臣子见皇帝肯定不能带兵器，只有三公这样的高官见皇帝的时候可以佩剑。而且，为了显示皇帝的尊贵和预防意外事件的发生，如果三公坚持佩剑见皇帝，必须有两个卫兵拿着长戟交叉着横在三公脖子前，与之同向而行。但凡其有可疑异动，卫兵双手一拉，三公的脑袋就得搬家。当年曹操准备去讨伐张绣的时候，曾经去见过皇帝一次，亲身体验了一把“交戟叉颈”的待遇，个人感受极差。从那以后，曹操根本不见皇帝，有什么事都是书信来往，因此也就谈不上对皇帝不敬。

所以，说曹操对皇帝态度恶劣，导致皇帝想干掉他，这是说不通的。

后来汉献帝的皇后伏皇后在给她父亲伏完的密信中表达了很大的不满，谴责曹操处理完董承之后仍然强烈要求处死当时已经身怀六甲的董贵人。注意，伏皇后表示强烈不满的只有这一件事情，并没有涉及其他。也就是说，伏皇后对曹操在这件事情上对其他人的愤怒和处理，其实是可以接受的。

从这里我们又可以举一反三，得出以下结论：第一，曹操坚持处理怀孕的董贵人，是出于斩草除根考虑，可见曹操得知衣带诏事件之后是如何的愤怒，反过来也可以得出推论，就是至少在曹操看来，他对皇帝的所作所为并不足以让皇帝对他下死手；第二，即便曹操对皇帝很不好，惹怒了皇帝，但不要忘了，这个皇帝是在董卓手底下生活了多年的一个傀儡，他对权臣的蛮横、无礼是能忍受的，况且曹操再怎么不像话，也达不到董卓那个程度，因此曹操即便平时对他的态度差一点儿，刘协应该也能忍受。

那为什么还会有衣带诏案件呢？

司马光在编写《资治通鉴》的时候是这样记述的：“车骑将军董承称受帝衣带中密诏。”其中用了一个“称”字，也就是说，是董承自己说自己手上有皇帝密诏的，其实有没有，或者说这个密诏是不是真的，还两说。

联系上面的疑点，如果我们换个角度思考问题，事情可能就说得通了：衣带诏案件有可能是刘协单方面想干掉曹操，并没有明确授意，整件事情是董承等人搞出来的一出政变，刘协只是事后默认。他们这样做的目的是夺取曹操手上的权力。

因为这个时候刘协即将年满二十。不同于之前年少可欺，也不似之后锐气尽失，此时的他正是血气方刚、初生牛犊不怕虎的时候，是有可能为了拯救他们老刘家的基业而奋力一搏的。只可惜事情失败之后，刘协身边那些还真心愿意为汉王朝赴汤蹈火的忠臣死的死，逃的逃，刘协再不愿意也只能接受这个苍天已死的结局。

这里还有一个疑问：刘备为什么要跑？按史书上的说法，刘备参与衣带诏密谋之后，事情还没准备好，便碰到曹操需要有人去拦截因为走投无路要跑去跟袁绍会合的袁术。这时候刘备主动请缨，曹操就派他去了。

这个说法同样存在疑点。问题是，衣带诏案件是刘备离开之后才东窗事发的，而不是说曹操已经隐约察觉，刘备这才见机赶紧跑路。现在刘备这一跑，又算怎么回事呢？

因此，大家认为《三国志》里的很多说法靠不住，事情太巧了。但如果《三国志》靠不住，哪本史书靠得住呢？于是，为了让《三国志》的记载讲得通，我们联系史料中人物的特点，也可以“脑补”个大概。

事情大概是这样的：刘备一开始并不同意参加衣带诏密谋，但被曹操戳穿心思之后，刘备实际上已经失了分寸，为先发制人以求自保，在还没想明白的时候便急急忙忙地加入衣带诏密谋。但当刘备冷静下来之后，他在家以种菜做掩护，私底下反复揣测、推演，始终觉得这件事大概是不能成功的。因为依前事之鉴，比如说何进和董卓，他们之所以会死，都是因为他们要进宫见皇帝，并且落了单。这也是干掉曹操的最好途径，可曹操现在压根儿不见皇帝。而且，朝廷的兵权都在曹操手上，别看大家都有个“将军”的名号，其实都是光杆司令。如果董承等人想直接硬上，事情更是做不成。那他们的机会在哪里呢？

刘备最终肯定地认为：没有机会。

既然这事的成功概率非常渺茫，自己脑子一热掺和了进去，曹操又点明“天下英雄，唯使君与操耳”，日后曹操必然要加害自己，那刘备唯有一条路可走，就是赶紧跑路，而且要在曹操还没对他动杀心的时候跑，越早越好。

正好在这个节骨眼儿上，曹操需要派人去拦截袁术，刘备便抓住机会跟曹操借兵，然后借机跑掉。当郭嘉和程昱听说曹操派刘备出征的消息跑来劝说的时候，曹操才幡然醒悟，再派人去追，已经追不回来了。刘备带着队伍一路往东，脱离了曹操的掌控。跑到徐州后，刘备把徐州刺史车胄杀了，自己占了徐州。至于那个可能要途经徐州、制造混乱的袁术，还没出门就呕血病死了。

放跑刘备是曹操一生中最失策的事情之一，但现实并没有给曹操过多时间后悔，他也来不及后悔，因为眼下他最强大的敌人袁绍已经磨好刀子，准备和他决一生死。

这将是决定曹操和袁绍生死存亡的一战。

决战前夜

在东汉末年的群雄中，最具优势的无疑是袁绍。他背后有袁家四世三公的光环，门生故吏遍布天下，所以当他以盟主的身份振臂高呼时，很快就吸引了很多慕名而来的人才。但袁绍这个人最大的特点是“见事迟”，即总在事情发生以后才拍着脑门感叹：“哎呀，错过了一个机会！”

曹操要迎奉天子的时候，本来袁绍是可以抢先的，可他认为没有好处，不愿意做。等曹操把天子拿捏在手里，开始“挟天子以令诸侯”的时候，袁绍才反应过来：刘协这小子还是蛮有用的。于是，他跟曹操提出他也要迎奉天子，而且天子不能住在许都，应该住到他的大本营邺城。

对于袁绍的这个要求，曹操怎么可能答应？曹操还用皇帝的名义下了一道诏书，斥责袁绍在皇帝落难的时候不积极勤王，很是讽刺了袁绍一番。

袁绍接到诏书后当众勃然大怒：“曹操这个家伙，我跟你们讲，当年要不是我，他早死好几回了。现在他想干吗？难道想挟天子以令我吗？！”

大概从这个时候开始，袁绍就有了干掉曹操，把天子抢到自己地盘上来的打算。到建安四年（公元199年），袁绍已经消灭公孙瓒，彻底占领北方四州之地，实力达到巅峰。这时候，长江以北，在袁绍目力可及之处，只有曹操显得格外碍眼。于是，袁绍准备集结十万精兵，到许都把皇帝抢过来，顺便消灭曹操。

关于如何对付曹操，袁绍的谋士田丰有一个很好的建议：“因为我们的地盘大、实力强，因此我主张对外联合其他人，对内搞好经济，然后从两边不断袭扰、消耗曹操，和曹操打持久战。如果曹操救援左边，我们就攻击他的右边；曹操救援右边，我们就攻击他的左边。这样让他疲于奔命，用不了三年，就能把曹操从肥拖瘦，从瘦拖死。”

袁绍不听：“你这是什么馊主意！还要磨磨蹭蹭地折腾三年！我已经消灭公孙瓒，现在正是气势如虹的时候，天底下哪里还有人是我的对手！”

田丰见嘴上劝不动就动手，死拉住袁绍说：“主公，放着安稳的计策不用，把成功寄于一场战争，万一失败了，后悔都来不及啊！”

袁绍越听越心烦，就把田丰关进了邺城的大狱，准备等凯旋之后再收拾他。

到了建安五年（公元200年）正月，袁绍的十万精兵大部集结，袁绍以衣带诏为借口，率领大军浩浩荡荡地朝许都开进。

在这个关键时候，曹操做了一个惊人的决定：不顾即将到来的袁绍大军，先带领精兵去攻打在徐州的刘备。

当时手下很多人不解曹操的决定：“袁绍的大军马上就要开过来了，我们应当积极备战才是。这个时候去打刘备，万一袁绍从背后攻击我们，我们哪里顶得住？”

曹操耐心地跟他们解释："袁绍这个人出了名地反应慢。我们去打刘备，只要动作快一点儿，打完刘备袁绍可能还没反应过来。而刘备是真正的英雄，如果我们和袁绍陷入僵持，他一定会从背后袭击我们，这才是心腹大患。"

事实再一次证明了曹操的眼光。之前刘备逃出许都后，曹操曾派刘岱和王忠去攻打徐州，结果被刘备轻松击败。刘备得胜之后心情大好，认为现在曹操迫于袁绍的压力肯定自顾不暇，于是便没杀刘岱和王忠，还得意地跟二人说："你们这种角色，来一百个都奈何不了我。如果曹操自己来，那胜负未知。"

结果，建安五年（公元200年）正月，当刘备从侦察兵那里得知他口中这个跟自己"胜负未知"的曹操真的带兵杀过来的时候，起初是不相信的。等远远看到曹操的旗子飘过来，他连较量一下的欲望都没有，吓得再次撇下老婆、孩子，掉头就跑。

刘备这一跑让所有人大跌眼镜。曹操追之不及，便挥师下邳，团团围住守在下邳的关羽。关羽同样不能抵挡，只好向曹操投降。

等曹操拿下徐州，顺手平定反叛的昌豨后回到官渡前线，袁绍依旧在按部就班地部署队伍，对对手的变化完全没有反应。

建安五年二月，袁绍的先锋大将颜良抵达东郡，开始进攻白马城，袁绍的主力则驻扎在黎阳，准备渡黄河。

双方的决战一触即发。

横槊按刀关云长

曹操和袁绍的决战，第一战在白马城打响。

到了四月，刘延已经快顶不住了，曹操于是决定增援白马城。这时候荀攸制止了曹操。他拉住曹操说："我们现在人少，必须先分散敌人的兵力才可能打赢。"

曹操一想，是啊，分散敌人，自己集中兵力形成局部优势，才是克敌制胜的法宝。那怎么才能分散敌人呢？

荀攸低声告诉曹操："我们先去延津，袁绍听说你到了延津，肯定会派重兵围攻延津，然后我们再袭击白马城。"

好一招声东击西！曹操顿悟，随即命令队伍大张旗鼓地向延津进发。袁绍果然上当，抽调白马城的部分队伍去攻击延津。可曹操的队伍到半路突然转向，偃旗息鼓，抄小路突袭白马城，让集结重兵、准备在延津和曹操决战的袁绍扑了个空。

等曹操的队伍离白马城只剩十几里地的时候，颜良的队伍才反应过来。不过，作为袁绍手下一等一的勇将，颜良的本事可不是盖的。曹军的突然出现虽然出乎颜良的预料，但他依旧临危不惧，下令全军摆开阵型，要和曹军战上一场。

可曹操不给他这个机会。没等颜良军的阵型展开，曹军中两支负责"先登"的敢死队就冲了出来。

这两支敢死队的领头人是曹操新得的两个并州降将。其中一支曹军先锋中当先杀出一将，长髯飘逸，速度惊人。颜良远远看去，惊为天人，不由得神驰物外。他正待仔细辨认，不承想，瞬息之间此将已突至其身前。颜良神情恍惚，措手不及，于己方阵中被敌将一招刺死。随后，那人斩颜良首级而还，袁绍军中虽有万人仍不可挡。

这个在万军丛中取上将首级的将军便是关羽。

这是《三国志》中明确记载的一场顶级将领间的公开较量，过程虽简单、粗暴，但可信度非常高，关羽也因此一战封神。

但仔细说来，仍有不少内容可供后人挖掘。

首先让我们好奇的便是关二爷用的是什么武器。答案肯定不可能是青龙偃月刀，因为历史上"偃月刀"第一次出现是在北宋的军事著作《武经总要》中。该书把当时世上的刀分为八种，分别是手刀、掉刀、屈刀、偃月刀、戟刀、眉尖刀、凤嘴刀、笔刀。其中，偃月刀在当时主要作为训练或者仪仗使用，虽劈砍威力巨大，但因为重量太大，并不适用于作战。

当然，关羽为何等人，自然不能按常人来理解。对他来说，提个百八十斤的偃月刀跟玩儿似的，怎么就不能上场呢？于是，我们又得回到史书中来。《三国志》中的记载很明确，关羽在这一战中只有两个动作，分别是"刺"和"斩"。

那么，我们可以代入偃月刀进行想象：只见关羽的马当时异常快，达到平时速度的两倍有余，哧溜一下便窜入敌营。这速度非但让颜良惊呆在现场，二爷自己也没反应过来，本来作战时要高举过头、从上往下劈砍、杀伤力巨大的偃月刀此时只提起来一半，刀头方与地面平行，双方便迎面撞个正着。于是，在惯性的作用下，刀头穿过颜良的身体，将他“刺”于阵前。

这时候二爷就会遇到前所未有的麻烦：偃月刀刀身狭长，刀头有回钩，刺进对方身体后卡死在肉里，一时半会儿竟拔不出来……

这当然是在开玩笑，但如果我们排除偃月刀，代入当时骑兵的两样制式武器再看以上情形，就没有违和感了。

当时骑兵的制式武器是什么？首先便是环首刀。

环首刀是汉代发明的一种直刃长刀，是当时世界上最为先进、杀伤力最强的近战冷兵器。它的特点之一就是刀柄末端有一个金属环，作战时可将布条穿过金属环绑在手臂上。这样除非连手一起砍断，否则便不会出现武器中途脱手的意外。环首刀是一种划时代的武器，它的出现代替了骑兵以往常规使用的不利于劈砍且易折断的剑，极大地增强了骑兵的战斗力，是汉军最终战胜匈奴骑兵的重要因素之一。

西汉中期以后，环首刀便成了正规军的标配武器。它也十分契合《三国志》中颜良死后被“斩”首的场景。不过，二爷身为一名武将，如果只有腰间一把环首刀便上战场，未免显得有些寒酸。而且，环首刀长于劈砍，如果上来就“刺”，又不免落于下乘。因此，我们还得为二爷配备一把在当时的场景中适于“刺”杀，又符合其身份的武器。

这种武器是什么呢？

唯马槊耳。

所谓“槊”，就是矛。东汉服虔所著的《通俗文》中更是点明“矛长丈八谓之槊”。也就是说，《三国演义》里张飞的丈八蛇矛其实就是槊。当然，既然是张飞专属的丈八蛇矛，那为显示它的出类拔萃，我们也可呼之“蛇槊”。而马槊就是在马上用的矛。

槊的出现也是在汉代，并且兴盛于以骑兵为主要战斗力量的战争年代。为什么说马槊是最合适的骑兵武器呢？因为马槊本身就是为重装骑兵而生的武器。

现代人的研究表明，马槊整体分槊锋和槊杆两部分，槊锋长五十厘米至六十厘米，两边开刃，中间有明显的破甲棱，可以轻易穿透大多数皮质及铁质甲胄。根据现在网络上一些不一定靠得住的说法，马槊的槊杆更了不得。制作一把上等马槊的槊杆，常常需要三年以上时间，而且必须用特定的柘木为原材料，还要将柘木制成篾（剖削成一定规格的薄木片），用油反复浸泡，再用麻绳、上等胶漆、葛布等反复包裹，直至用刀砍上去能发出金属的响声而槊杆无损坏，方才可以说合格。制作工艺之复杂超出常人想象，而且即便付出如此多的时间、人力和物力，槊杆的合格率通常也不超过百分之三十。

当然，上面的说法即便不一定准确，但作为将军的武器，其质量肯定也会与普通士兵所用的制式武器有所差别。

以下是马槊在战场上时常可见的情景：武将手持马槊配合高速运动的战马发动冲击，巨大的冲击力使锋利的槊锋带着坚韧的槊杆，在敌人尚未发出惨叫之际便已轻易穿透敌人的铁甲，甚至身体。那场面不仅过于血腥，而且会使敌人的血液连带肚子里的下水一起沾在槊杆上，恶心不说，还容易导致手滑，不利于继续作战。为了解决此难题，遂有人在马槊的槊锋和槊杆连接部位加上铁环，当槊锋穿透肉体抵达铁环处时便会受阻，使槊杆不能直接穿过。世人还给这个铁环起了个文雅的名字，叫“留情环”。

然而，名字起得再好听，战场还是杀人的修罗场，马槊还是杀人的利器，这是不变的事实。随着马匹继续前冲，受留情环所阻碍，马槊的槊杆开始弯曲，这时候经油浸泡数年的槊杆之韧性就会展露无遗：槊杆承受住巨大的冲击力，虽弯不折。当能量蓄积到一定程度之后，将军手上一发力，槊杆由弯曲状态瞬间复原，穿在槊锋上的敌人则随之被向后弹飞，只在空中留下一线血雾。

这或许才是关羽刺杀颜良的场面。

随着颜良被杀，袁绍军败退，白马城之围解除。但曹操敏锐地感觉到，白马城已经守不住了。于是，曹操虽然获胜却主动撤退，并带着白马城的老百姓渡过黄河，迁往延津。同时，曹操自己带一部骑兵，押运着从白马城带出来的辎重殿后。

袁绍的爱将颜良被杀，两军已然势同水火。曹操一退，袁绍必然要进。他派大将文丑和刘备一起为先锋，率军渡河追击曹操，在延津城外追上了曹操的队伍。

当时曹军还在延津城南边的山坡上，手下们看到袁绍的骑兵追过来，建议曹操赶紧把从白马城运出来的辎重送到延津城里，然后再组织抵抗。曹操却问："那边来了多少人？"

侦察兵答："骑兵有五六百。"

"哦。"曹操点了点头。

过了一小会儿，侦察兵又急匆匆地跑来："骑兵比之前多了些，步兵人数数不清。"

曹操这时候已经有了计策，他嘱咐侦察兵："不要再报告了。"然后，他让大家把辎重都留在山下的路上，在山坡上的骑兵则被要求下马休息，还要把马鞍卸下来。

手下们这下紧张了，不知道曹操这是要干吗。他手下也就五六百人，敌人数都数不清，这种情况下他不说上马准备，等袁绍的队伍到了跟前，怕是跑都没地方跑！

众人中只有谋士荀攸看出了点儿端倪。他试探性地问曹操："明公这是诱敌之计，可我们就这么点儿人，即便敌人上钩了，又怎么破敌呢？"

曹操不语。

等到山下袁军先锋的五六千人都到了，曹操仍没让大家上马准备战斗，他还在等。

等什么呢？

等袁军受不住诱惑。

要知道，曹操留在路上的那些辎重可都是好东西，对袁军士兵尤其有诱惑力。因为袁绍是不屯田的，一旦遇到天灾，军队在老百姓那里征不到粮，不少下级士兵就得靠吃桑葚度日。现在看到这么多粮草，还有这么多值钱的东西，他们能忍住吗？肯定会有人忍不住，而只要有一个人先动手，形势就会如同被推倒的多米诺骨牌，想阻止也阻止不了。

果然，不久便有袁军士兵忍不住下马去抢地上的辎重，然后成群的士兵为争夺物品乱作一团。这时，曹操指挥大家上马，早已攒够力气的战马带着骑兵们从山坡上倾泻而下，袁军乱哄哄的骑兵很多还来不及上马迎战就被曹军杀死，就连大将文丑也被斩杀。一直在外围观望的刘备眼看情势不对，早早便转身逃离战场。

接连取胜，还斩杀袁绍两员大将，曹操并没有感到多么喜悦，因为他察觉到立了大功的关羽即将离开自己。

曹操非常喜欢和欣赏关羽，为了挽留这个无双的猛将，他不仅给关羽讨了“寿亭侯”的封赏，还给了关羽很多财宝和美女，但关羽有言在先：“关某很感谢曹公对我的厚待，可我受了刘皇叔厚恩，曾发誓和他同生共死，这个誓言是不可违背的。我不会留下来，但一定会立下大功，报答完曹公才走。”

现在，关羽斩杀了颜良，可能还包括文丑，已经为曹操立下大功，按他自己的说法，现在他可以走了。于是，就在此后不久，关羽给曹操留了一封信，并封存了曹操给他的金银财宝和女人，然后骑上马到袁绍那里找刘备去了。

这就是关羽远超于常人的忠义，也让他在千年之后一步步地走向封神之路。

当然，关羽走的时候，曹操也表现了自己的大度。当时曹操左右的人要去追杀关羽，曹操却说：“大家各为其主，算了吧。唉！”

曹操的叹息中大概也包含他的惆怅和对关羽的不舍。

其实，事情到这一步，还有一个疑问：关羽为什么要走？或者说，关羽为什么非走不可？真只是因为他对汉王朝的忠、对刘备的义吗？

关羽所以去曹公而归刘备之猜想

严正声明，以下观点纯粹是个人的猜测与即兴发挥，甚至可以说是我以小人之心度君子之腹，权当博众人一笑，不可当真。

就我个人觉得，关羽其实是不想离开曹操的。因为在曹操这里，他有更大的舞台和施展空间，而跟着刘备则不免终日奔波逃命，难以一展抱负。事实也确实如此，直到赤壁之战时，刘备手下不过才有两万人，而以关羽后来在襄樊的骁勇看，如果早十几二十年他手上有一块稳定的地盘，再有个三五万人，恐怕天都要被他翻过来。

而且，要说关羽有多看不起或者讨厌曹操，那更谈不上，甚至关羽心中可能还是看得起曹操的。至少在建安五年（公元200年）的时候，他并不把曹操看作必杀之而后快的篡汉奸贼。《蜀记》中说，关羽在许都跟随刘备时曾提议刺杀曹操，结果刘备不同意；后来曹操进攻荆州，刘备东奔西走，几无容身之地，关羽又跟刘备发牢骚："如果当年听我的杀了曹操，今天哪里会落到这个地步！"

这完全是附会的胡说。如果关羽真的那么想对曹操下手，建安五年这段时间无疑是他动手的最佳时机，只要关羽豁出命去，曹操比那颜良如何？

我们回到正题，既然关羽不讨厌曹操，而且跟着曹操比跟着刘备更能成就大事业，那么他为什么还要走呢？

个人猜测是因为关羽根据个人经历得出，曹操对他的爱是普通的爱，是夹杂着功利目的、有一定程度做作嫌疑的虚伪的爱，不像刘备对他那般，"食则同器，寝则同床"，是真真正正、毫无保留的爱。

整个事件的起因可以追溯到一年多前，那时候关羽跟着刘备投奔曹操，曹操带着他们去打吕布。当吕布快顶不住的时候，关羽对曹操说："等过几天打下下邳，消灭吕布，吕布的部下有个叫秦宜禄的，请明公嘱咐手下，谁也别动他的妻子，得留给我，就当对我这次英勇作战的奖赏。"

这种事情在当时大概是大家习以为常的，起初曹操并不以为意，很干脆就同意了。可不知怎么的，关羽自己总是不放心，往后的几天接二连三地跟曹操提这件事，这下曹操便起了疑心："云长怎么就认准了这个人？"

结果，等到破了下邳，曹操派人先一步把秦宜禄的妻子抓到自己面前，一看才发现，能让云长念念不忘的人，果然不是一般的漂亮啊。于是，打到哪儿就搜罗美女到哪儿的曹操毫不含糊，不顾关羽涨红的老脸，自己抢先收了秦宜禄的妻子。

在史书《蜀记》和《魏氏春秋》里，这件事后来一直是关羽的一块心病，或许这让他对曹操有了看法，心中产生隔阂。

在关羽心中，这或许才是曹操及不上刘备之处。再次声明，这纯粹是个人无聊的瞎猜，毕竟倘若真是如此，云长与那曹贼何异……

官渡决战

袁绍折了颜良、文丑两员大将，曹操丢了关羽，战斗不得不进入相持阶段。

这个阶段是曹操最难熬也最不愿意看到的，因为就整体军力而言，他与袁绍的差距不是一般的大，而是相当大。袁绍出动的是十万精锐，而曹操有多少人呢？《三国志》上说是“不足一万”。

大多数史学家，甚至包括给《三国志》做注的裴松之，都认为这个数字是不准确的。裴松之的分析是，曹操在起兵的时候有五千人，而且后来基本上很少打败仗，随后又得了三十万黄巾军，至于吞并其他地方所收的兵还没算，所以他的队伍怎么看都不止一万人。

也许陈寿的意思并不是这样呢？曹操一开始有五千人不假，但因为打董卓失败，又在扬州遇到兵乱，剩下的也就千人，后来他在攻打兖州的黄巾军时，队伍也就一两千人。虽然得了三十万黄巾军，曹操选其精锐编成青州兵，这支队伍怎么也有三五万人，但青州兵的战斗力是注水的。当年曹操在濮阳之所以狼狈，就是因为被吕布先行击破了两翼的青州兵。因此，青州兵在曹操的军队里只是一群充门面的添头，只能打顺风仗，曹操真正能打硬仗的嫡系队伍大概就不到一万人，这可能才是陈寿的本意。

因此，处于劣势的曹操最希望看到的就是速胜。一旦两方进入僵持阶段，考验的便不仅仅是军队的爆发力，更多是后勤补给能力，是经济实力，是谁更能耗、更能熬，这对曹操是不利的。但曹操没有办法，找不到速胜的法子，他再不愿意也得陷入和袁绍拼消耗的境地。

战争从四月拖到八月，曹操从延津退到了官渡。

每日都要面对死亡，以及比死亡更折磨人的消耗，这样的煎熬连曹操也挡不住。他给留守在许都的荀彧写了一封信，讲述自己现在遇到的困难，并跟荀彧说他准备撤军，退回许都去。

这时候是荀彧让曹操坚定了战斗到底的决心。他跟曹操分析了当时的战况：“袁绍这次倾巢而出，绝不会半途而废，你从白马、延津一路退到官渡，袁绍放过你了吗？没有。现在即便你退回许都，他依然会前进。而且，丢了官渡这个要地，我们再想防守也无险可守了。此刻便是决定天下归属的时候，明公如果能战胜袁绍，那天下就是你的；如果打不赢，那我们就全完了。”

曹操这才恍然大悟，于是不再想着妥协、退让，指挥军队死死地在官渡钉了下来。

然而，战争的胜负并不依一方的意志而决定，曹操要赢，还得看对手答不答应。

据说袁绍的谋士许攸曾经这样建议袁绍：“这个时候我们应当发挥人多的优势，分兵正面与曹操僵持，持而不攻，把曹操死死地牵制在这里，然后您率军从其他地方寻路直插许都，把天子抢到手里，那战争不就结束了吗？”

袁绍坚持一定要先干掉曹操，哪里听得进别人的不同意见？而且，在过去的几个月，袁绍不仅挽回了初期战败的损失，还逐渐占据上风。袁军一直推进到官渡，十万人依地势建立营寨，连绵数十里。曹操一看：好呀，你造营寨，我也造营寨。曹军于是针锋相对，也建起营寨。

袁绍见状，除去日常派军挑战外，还让士兵们在营寨里造高塔，在塔上日夜轮值，并让射手居高临下往曹军营寨里射箭，又派工兵在军营里挖地道，准备从自己这边挖到曹军那边。这一手下中上立体进攻非常厉害，搞得曹军手忙脚乱，白天离开帐篷就得举盾过头，防着那边飞来的冷箭，还得忙里抽空在自己军营这边挖壕沟，防止敌人突然从土里面钻出来。

但曹操的麻烦远不止这些：在南方，已经占据整个江东的孙策准备趁曹袁双方在官渡拉锯时率兵袭击许都，也是要去抢皇帝；在汝南郡，已经投降曹操的黄巾军将领刘辟再次反叛，并且和袁绍派来的刘备一起在许都附近骚扰曹军。

曹操心力交瘁。

十月，寒冬已至。曹操看着军营里那些衣衫褴褛的运夫实在忍不住了，上前跟他们说：“你们都辛苦了，请再给我十五天时间，十五天内我一定打败袁绍，不再让你们受这些苦。”

曹操有把握在十五天内战胜袁绍吗？

没有。

曹操准备在十五天内撤退吗？

他无路可退。

那曹操准备干吗呢？

他准备在十五天内与袁绍决战，既分胜负，也决生死。虽机会不大，但曹操不乏向死而生的勇气，而且现在他已别无办法。

就在曹操准备豁出去搏一把的时候，他半年的坚持终于换来了奇迹：首先，准备攻打许都的孙策在成行前被刺客刺杀；其次，在许都附近骚扰的刘备和刘辟被曹仁击败；最后，某日，袁绍的谋士许攸趁夜投奔曹操。

许攸是袁绍重要的谋士之一，他的叛逃对袁绍的影响非常大，因为他知道袁军所有的秘密。曹操非常明了这一点，因此当他听说许攸来投奔的时候，早已焦头烂额的他大喜过望，鞋子都顾不上穿，光着脚跑到军营门口，一把拉住许攸的手说："子远（许攸的字），你来了，我的事情就好办多了。"

当许攸跟着曹操回到军帐后，曹操没有过多客套便问出了他最关心的问题：袁绍势大，有什么办法可以尽快战胜他？

许攸既然来了，当然已想到曹操的困境，而且早给曹操准备好了一份大礼。他告诉曹操，袁绍人马众多，正面对抗基本没什么胜算，要制胜就要出奇，简单地说就是要扼住袁绍的命脉。

那么，袁绍的命脉是什么？

很简单，就是粮草。

对于许攸所谓之命脉，打过仗的人都知道，实在是平平无奇。曹操有些为难，又有些失望，因为前一阵子他曾用荀攸的计策，派徐晃和史涣去断袁绍的粮草，一次性烧毁袁军数千辆运谷车，可袁绍的军队似乎没受到什么影响。现在，曹军自己的军粮反倒快吃光了。不过，曹操转念一想，如果是这样，许攸不可能敢跑到自己这里来，他敢来必然是已经有了能确保战胜袁绍的办法。于是，曹操虚心下问："为之奈何？"

许攸果然早有打算，他告诉曹操："日前袁绍的数千乘粮谷被明公焚毁，军队之所以没有大乱，是因为袁绍在离袁军大营四十里的乌巢还屯有粮谷万乘。守卫乌巢的是淳于琼，他手下约有万人。明公如能突袭乌巢焚其粮草，袁军不出三日必乱！"

曹操得此重要情报，当机立断，准备亲自率军进攻乌巢。可曹操的手下不同意："许攸投降真假未辨，且明公是三军统帅，岂可亲身赴险！"

曹操这时候实际上已经黔驴技穷，他只能赌一把，赌许攸说的是真的。况且许攸叛逃的消息一旦传开，袁绍必然会有所防备，要么转移乌巢粮食，要么派重兵把守，到那个时候曹操就真没什么办法了。

孤军深入敌军腹地，这种事情当然不该由一个军队的主帅去做，但曹操既然决定去，那就意味着对他来说这是他最后的机会，也是唯一的机会。生死存亡之际，他只能亲力亲为，宁死阵前，不死阵后，不能假手于人。因此，曹操力排众议，亲自率五千精兵，连夜抄小路赶往乌巢。

生死成败，只在瞬间！

时至半夜，五千曹兵举着火把一路狂奔。遇到袁军岗哨盘问，曹操便让手下回答："袁将军担心曹贼袭击乌巢，所以派我们去增援。"

在漆黑的夜里，这一句谎话如同通行证，竟让曹操的五千人马畅通无阻地抵达乌巢。

当曹操和士兵们抵达乌巢外围，天已经快亮了，守卫粮仓的袁军见曹军如神兵天降，赶紧把营门关得死死的。本来只要他们在营中固守待援，等大本营那边派军，两方前后夹击曹操的五千孤军，淳于琼想输都很难。

更糟糕的是，在大本营的袁绍此时已经得到曹军袭击乌巢的报告。这个时候，他只要果断地派出精兵和乌巢守军前后夹击，曹操即便不死，日后也难逃败局。可就在需要当机立断之时，袁绍偏偏犹豫了。他听信手下郭图等人的意见，要围魏救赵，派重兵攻打曹操在官渡的大本营，而只派较少的士兵去救援乌巢。末了他还得意扬扬地跟大儿子袁谭剖析局势："儿啊，你看，现在曹操在打乌巢，我呢则出其不意，打他的大本营官渡。等我把官渡拿下来，占了他的老巢，他曹阿瞒就成了丧家之犬，即便拿下乌巢又有什么用！"

袁绍就这么糊里糊涂地做了让他后悔一辈子的决定。

更倒霉的是，袁绍没想到，淳于琼大概前一晚多喝了几杯，此时宿醉刚醒。他从里往外一看，曹军不过数千人，于是便有了一个大胆的计划。

本来淳于琼被授命看守后方粮食，是既有功劳又无风险的美差，可他似乎觉得不上前线厮杀，手中的家伙饥渴难耐。这下让他逮住这么个破军杀敌的好机会，岂可龟缩营中，草草错过？

淳于琼遂点齐兵马开门列阵，要堂堂正正地跟曹军分出胜负。

然后，五千曹军像一只只出笼的猛兽直扑而来，很快就撕碎了袁军的阵型。这下可把淳于琼的酒劲吓醒了，他赶紧带人往营中退去。可两军已经厮杀在一起，哪里分得开？就在淳于琼在亲兵保护下死死支撑，眼看就要顶不住的时候，袁绍派来增援乌巢的骑兵出现在远方。

手下的将领赶紧提醒曹操："明公，敌军的增援就要到了，请分一支军队去阻击！"

曹操正带着士兵们冲击袁营，他头也不回地大声说道："慌什么！等敌人到我背后再说这话，现在给我冲！"

确实，对曹操来说，后退是死，分兵是死，战败也是死，只有向前才是活路。

最终，曹操先援军一步踏入袁营，于是他活了下来。

等曹操攻破袁营，把乌巢的粮草一把火烧干净，又有惊无险地回到官渡之后，攻打官渡无果的袁军将领张郃等人因为郭图的构陷，最后一把火烧了攻城的器具，投降曹操。

一夜之间，胜负逆转。曹操难以承受如此大的惊喜，但他很快便收拾好心情，向全军发布了对袁绍进行最后一战的命令。

建安五年（公元200年）十月，曹军自官渡对袁军进行全面反击。这时候，断了粮的袁军士兵饥寒交迫，哪里还有抵抗的心思，十万人很快便溃不成军，曹操取得最终胜利。

是役，袁绍损失八员大将、七万士兵。临败之际，袁绍只顾得和自己的儿子袁谭带着七百人落荒而逃，就连手下重要的谋士沮授也顾不上了。沮授连同袁绍的大量珍宝、古玩一起成了曹操的战利品。

在官渡，曹操站在黄河边远眺，已看不到先一步渡过黄河逃遁的袁绍。他感到激动，也感到庆幸。经此一战，北方将再无能与之匹敌的对手，而曹操只需要逐渐稳固战果。

一战定乾坤！

平定北方

曹操虽取得了官渡之战的胜利，但这场胜利只是消灭了袁绍的主力。而且，曹操自己的损失也很大，大到他必须停下来休养生息。更甚者，因为袁绍在官渡战败，冀州很多地方纷纷反叛袁绍，投降曹操，可这些白捡来的地方，曹操当时根本没有能力接收。说白了，这就是一场惨胜。此外，曹军士兵攻入袁绍的大帐时，缴获的战利品除了大量珍宝、古玩，还有许多来自自己军营和许都方面人士与袁绍的私信。对于这些通敌铁证，曹操仿效刘秀当年的做法，将其当众付之一炬。这不仅仅是曹操的大度，也是他的无奈——在这场战争中，他的损失太大，如果现在逐一进行清算，损失将是他承受不起的。与其如此，不如表现得宽容一些，至少能挽回部分人心。

在之后的一年时间里，元气大伤的曹操几乎没有什么大动作，倒是给袁绍留下了平定冀州反叛的时间。建安七年（公元202年）正月，休息了一年的曹操再次进军官渡。这一次，袁绍已经没有能力与曹操对抗。到了五月，袁绍自己更是因发病呕血而死。

袁绍一死，袁家其他人就更不是曹操的对手了。到建安八年（公元203年）三月，曹操大败袁绍的大儿子袁谭和小儿子袁尚，并一路追击到袁氏大本营邺城下，还把邺城城外的粮食全数收走。这时候，大家都建议一鼓作气打下邺城，曹操却采纳郭嘉的建议，决定放他们一马。郭嘉说，袁绍在立谁为继承人的问题上一直举棋不定，所以他的几个儿子“急则相保，缓则相争”。果然，曹操一退军，袁绍的几个儿子不说重整旗鼓，并力抵抗曹操，反而开始窝里斗。袁谭和袁尚对冀州展开争夺，袁熙和袁绍的侄子高干则屯兵自保，两不相帮。曹操趁机坐收渔翁之利。建安十年（公元205年）正月，曹操斩杀袁谭，袁绍的二儿子袁熙和小儿子袁尚奔走乌丸；四月，黑山黄巾军将领张燕投降曹操。建安十二年（公元207年），曹操发动了他基本平定北方的最后一战：征乌丸。

乌丸是少数民族部落，他们趁着天下大乱攻破幽州，掠走汉族人口十几万户，一下子成为北方的一个大隐患。后来袁绍为了集中精力对付公孙瓒，对乌丸采取怀柔政策，以重金和爵位收买乌丸的首领。乌丸人得了利益，对袁绍感恩戴德，因此袁熙、袁尚逃到乌丸之后，乌丸不但接纳了他们，还准备帮他们反攻冀州。

夺取袁绍的地盘后，曹操把目光转向了南边，但他恐腹背受敌，于是决定率军亲征，先解决乌丸。

这在策略上是没错的，可几乎所有的将领都反对曹操对乌丸发动战争。原因无他，就是乌丸太远。这么远的路程是很难隐秘出击的，因此想一下子打下乌丸很难。而刘备自官渡之战时在许都附近被曹仁击败后，又辗转跑到了荆州牧刘表那里。如果曹操劳师远征乌丸又一时拿不下来，刘备很可能说动刘表出兵袭击许都。刘备可是曹操亲口承认的天下英雄，不同于刘表那样的废物，他一旦趁机进攻并且打下许都，该怎么办呢？

这时候又是郭嘉替曹操拿定了主意，他告诉众人："袁绍对乌丸有恩，现在袁熙和袁尚跑到乌丸，一旦有机会，乌丸一定会帮他们反攻冀州和青州，所以乌丸是一定要消灭的。而且，就是因为乌丸远，所以它对我们可能发动的进攻才不会有准备。只要我们能突然袭击，必定能在短时间内消灭他们。至于荆州，刘备是英雄没错，可荆州是刘表的，不是刘备的。刘表就是个只会坐在那里夸夸其谈的家伙，他的目标就是守住自己的一亩三分地，不会进攻许都。而且，他知道自己的能力不及刘备，现在正不知道拿刘备怎么办，又怎么会听刘备的。"

最后，郭嘉帮曹操一锤定音："明公只管虚国远征，我保你后方平安。"

郭嘉的话让曹操坚定了先消灭乌丸的决心，他即日点齐大军出征。

郭嘉是一个军事奇才，最早是袁绍的谋士，但他一深入接触便发现袁绍这个人不行，于是很快就离开了袁绍。曹操早期有一个最重要的谋士，叫戏志才。这个人大概是个军事奇才，很得曹操器重，只可惜英年早逝。对此，曹操非常伤心。戏志才死后，曹操经常问荀彧这样一个问题："自从戏志才死后，我身边连一个能讨论作战计划的人都没有。汝南、颍川一带有这么多优秀的人才，难道就没有一个比得上戏志才吗？"

荀彧说："有。"于是他推荐了郭嘉。

自从曹操得了郭嘉以后，再也没问过荀彧类似的问题。

郭嘉来到曹操这里，给曹操提了很多正确的建议。每当曹操犹豫不决的时候，都是郭嘉让他坚定信心的。可以说，郭嘉为曹操平定北方立下了汗马功劳。

郭嘉不仅能洞悉每个对手的特点，而且特别善于根据战场形势做出正确的判断。这次力主曹操征乌丸也不例外。当大队人马出发后，郭嘉立马发现情况不对。于是，当队伍抵达易县的时候，郭嘉跟曹操说，大军千里奔袭，最重要的是能出其不意，现在这样走不是办法，恐怕没到半路乌丸就已经严阵以待了。

那应当怎么办？郭嘉给曹操出了个非常冒险的主意：放弃辎重，轻兵抄小路而出。

这真的是个非常冒险的计策：放弃辎重，意味着必须速战速决，不容失败；轻兵突进，意味着只能打一次突袭，缺乏攻坚能力。也就是说，曹军必须轻装急行军，在遇敌之后靠三板斧快速结束战斗，如果途中哪个环节出了问题，等待曹操的就是一场大败。

面对如此冒险的计策，曹操还是接受了。然而，不巧的是，他们走到无终（地名）的时候遇到了当地每年必遇的雨季，道路都被水淹没了。本来大水也不能阻止曹操进军的决心，因为出发前他已对可能遇到需要用船行军这一情况有所准备，可当地的水位让曹军非常尴尬：骑马太深，行船太浅。

正在进退两难的时候，一个不久前刚投降曹军、名叫田畴的人站出来给曹操指了一条失修长达二百年的小路。曹操再次以身犯险，率大军从小路行军五百里，突袭柳城。

当曹军即将走出小路时，意外再次发生：乌丸的侦察兵先一步发现曹军，袁尚和乌丸的数万骑兵迅速进入战斗状态。当时曹军的攻坚武器和装备还落在后面，曹操手下尽是些甲胄不齐的轻兵。这时候曹操的军事才能起了定海神针的作用。他登高指挥，最终以张辽的轻骑兵一战击破乌丸的数万士兵，斩杀乌丸首领蹋顿，袁熙和袁尚则逃到了辽东。

又过了不久，辽东太守公孙康杀死袁熙和袁尚，把他们的人头献给了曹操。

曹操这一仗胜得非常险。建安十二年（公元207年）九月，曹操从乌丸返回，走到半路的时候粮草已基本告罄。归途中有一段二百里的无人地带，士兵们靠杀数千匹战马为食。

这里我们可以做一道简单的算术题：已知古代步兵在常规状态下日行

两舍（六十里），而寻常的一匹马可供五十人食用一日，请问曹军最多有几人？最少有几人？

等曹操带着手下走出绝地回到邺城，做的第一件事便是让人把当初反对他打乌丸的人统统叫过来。

做什么呢？

厚赏。

曹操的这一举动出乎所有人的意料。他不但赏赐了这些人，还语重心长地跟他们说："我这次胜利完全是靠天幸，这是不可能经常发生的，诸位劝我不要去打乌丸则是万全之策，所以你们应得到赏赐。希望以后遇到这种事情，大家还能够一如既往，直言不讳。"

是的，曹操赢得非常侥幸，而且在回师途中那个力劝他出奇兵的郭嘉也病逝了。曹操再一次失去了他最信任和器重的谋士。但这一次不同于十一年前，这时候曹操的队伍已然是天底下最强的一股军事和政治力量，他坚信以自己的军事能力和军事实力，已经能够荡平天下，他只需要迈出最后一步。

于是，建安十三年（公元208年）正月，曹操在邺城外挖了一个玄武湖，专门用来训练水军。六月，在曹操的主持下，朝廷废弃了东汉以来一直沿用的太尉、司徒、司空的三公格局，恢复西汉时期的丞相、御史大夫制度，曹操自己出任丞相，进一步稳固了自己在朝廷的地位。

建安十三年七月，拥七州之地、百万之众，挟天子以令诸侯的曹操迈出了他认为的统一天下的最后一步：挥师南下。

第四十八章
赤壁风火

乱世中的桃源

曹操挥师南下，第一个目标就是荆州。

曹操早在建安八年（公元203年）就已经萌生攻打荆州的想法，只是苦于当时袁氏家族未灭，北方还没安定，才没有最终成行。由此，荆州又获得四五年的安定。当北方基本稳定之后，荆州就成了曹操第一个要夺取的地方。

荆州是个好地方，荆州牧刘表也是个好人。

荆州是当时天下面积第二、人口第一的大州，包括现在湖北和湖南两省的大部分，河南、广东、贵州、广西的一部分，以及陕西、江西、重庆的一小部分。因为当时天下的政治中心在北方，南方相对不受重视，这样一块肥地才没有成为军阀们争夺的中心。初平元年（公元190年），长沙太守孙坚杀了荆州刺史王叡，但他并没有占领荆州。于是荆州的首长一职空缺，朝廷任命刘表出任荆州刺史。

刘表是当时的社会名流，名气、声望都非常高，高到登上了当时社会上的最高排行榜，位列“八及”之一。

这里有一个小矛盾：在《三国志》中，刘表并不在“八及”中，而在比“八及”更高的“八顾”之中。

这是为什么呢？

因为当时有两张排行榜。第一张排行榜是天下士人所排，在这张总榜之中，刘表位列“八及”。另一张排行榜是张俭一个叫朱并的同乡做的。为了污蔑张俭，他给包括张俭在内的二十四个同乡起了别号，说他们互为朋党，企图危害国家。在这张榜单中，刘表位列“八顾”。

显而易见，第一张榜单是全国性的，权威性及认可度远超第二张区域性榜单，但谁都知道榜上有名在东汉末年并不一定是什么好事。刘表就此被划为党人，被宦官们缉捕，完全靠运气好、跑得快才幸免于难。

因为有这样的经历，宦官集团倒台以后，刘表就翻身了。加之他有明确的宗室背景，于是就接到了荆州刺史的任命。

刘表刚出任荆州刺史的时候非常狼狈。当时荆州有许多“宗贼”，他们以亲戚、宗法关系联合起来到处作乱，袁术又屯兵鲁阳，阻断了道路，刘表只能自己骑着马悄悄地溜进南郡的宜城。

在宜城，刘表遇到了他的两个贵人：蒯越和蔡瑁。刘表使用蒯越的计策，依靠像蔡瑁这样的荆州豪门大族，迅速消灭了大部分作乱的宗贼，平定了荆州。虽然如此，刘表还不能安心，因为他还有一个最大的敌人，就是时刻惦记着荆州这块肥肉的袁术。

论能力，袁术比刘表强不到哪儿去，但这时候袁术手下有一张王牌，那就是孙坚。初平二年（公元191年），袁术遣孙坚进攻荆州。对于连董卓的虎狼之师都畏惧其三分的孙坚，刘表当然不敢亲自上阵与之对垒。当时刘表手下最厉害的大将是黄祖，他便派黄祖去抵挡孙坚。

可即便是黄祖，跟孙坚也还是有差距的。两军初交战，孙坚便在樊城附近击败黄祖，进而兵围襄阳。黄祖战败，刘表就更加紧张了。他连夜给黄祖派去大批援兵，并指挥其对孙坚发动夜袭。

败了一仗的黄祖也不甘心，得了增援之后马上出发，心想：“白天打不过你孙坚，晚上还不能搞一下？”

结果还真不行。黄祖的队伍趁夜“潜出”，从孙坚背后发动进攻，不料孙坚转过身把黄祖打了个落花流水。黄祖这次败得比白天更加狼狈，趁着夜色窜入襄阳旁的岘山中才逃过一劫。这时候孙坚不干了，誓要将黄祖追死，遂亲自提兵进山。

孙坚的队伍明火执仗地穿行于山林之间，不断有荆州士兵被追上，被杀死或成为俘虏。在形势大好的乘胜追击中，旁边冷不防射来一箭，孙坚猝不及防，竟被当场射死。

这件事情教育我们，在取得完全胜利之前，不管赢了多少次，也有一败涂地的危险；而只要没死，不管失败过多少次，只要能挺住，就总有翻身的可能。

孙坚被射死后，他的队伍只好撤退，袁术占领荆州的计划就此失败。在之后的很多年里，再没有能够威胁荆州的人物出现。刘表这下彻底在荆州站稳脚跟，还使之得到一定程度的发展，成为一股南边到达五岭地区，北边连着汉川的“地方数千里，带甲十余万”的强大势力。

建安元年（公元196年）到建安十二年（公元207年）这段时间，几乎所有的军事斗争都发生在北方，导致大量北方士人往南迁移，躲避战乱，而富庶安定的荆州无疑是这些人眼中的世外桃源，就连走投无路的刘备也在建安六年（公元201年）跑到了荆州。

在旁人眼里，或许刘备的到来是刘表崛起、争鼎天下的机会。其实不然，刘表没雄心壮志不假，可他也不是傻子。刘备只是因穷困来投，而刘表根据以往的经验判断，刘备这个人是养不熟的。

刘表不仅不敢赶走刘备，还寄希望于这个仅次于曹操的天下英雄能在危难的时候拉他一把，但他同时也不能信任刘备，因为刘备一旦发展壮大起来，也不是省油的灯。于是，他只能把刘备供起来，然后搁置一旁。

建安十二年，曹操征乌丸的时候，刘备曾建议刘表趁曹军虚国而出的时候袭击许都。

刘表说：“等等吧，再看看。”

刘备虽然很想打许都，但他自己手下并没有多少兵马。刘表不肯行动，他就一点儿办法都没有，只好等在那里。

这一等就等到了曹操从乌丸胜利班师。这时候刘表找到刘备，略带懊悔地说：“哎呀，之前没听兄弟你的话，失去这样一个大好机会，可惜了哈。”

刘备只能宽慰他，其实也是在宽慰自己：“现在是个天下分裂、战事四起的时代，机会多的是，只要下次我们不错过，现在也没什么可惜的。”

然而，刘表压根儿就没有争霸天下的心思。他的想法就是把自己的荆州守住、经营好，只要别人进不来就行。他是不可能出去打天下的，因此他嘴上虽说可惜，其实压根儿不觉得有什么可惜的。

刘备心里却是真的觉得可惜。如果他有一支像样的军队，哪里还用跟刘表商量，自己早杀到许都去了。

刘备在荆州待了五六年，这是自他起兵以来过得最安稳的几年，但他未曾因安稳的生活而放弃雄心壮志，反倒常因自己命运的坎坷而悲伤。有一次，刘表请他赴宴，刘备中途上了个厕所，出来后便独自坐在那里抹眼泪。刘表很奇怪，问他："兄弟，怎么喝得好好的就开始哭了？"

刘备擦了擦眼泪才回答："我是长期骑马打仗的人，腿上一直没有赘肉，可如今我已许久不骑马上战场了。刚才上厕所，我看到自己大腿内侧已长出赘肉。又想到日子再这样继续下去，我刘备老之将至，可自己的功名、事业还看不到影子，不由得悲从心来。"

确实，建安十二年（公元207年）刘备已经四十六岁，距离他起兵已经过去二十三年。他戎马半生，虽名扬天下，得到世人认可，却始终成不了气候，没有稳固的地盘，也没有像样的军队，大多数时间处于流亡、奔波中。

刘备曾经叹息着跟手下人说："要是我有一块地盘，现在那些人哪里是我的对手！"

道理没有错，只可惜他没有自己的地盘。而以刘备即将老去的胳膊和腿看，他还能奔波几年？

他不知道。

刘备怎样才能走出他戎马半生又奔波半生，却始终没有立锥之地的怪圈呢？

他也不知道。

刘备不缺乏坚韧不拔的毅力，不缺乏世人向往的口碑，也不缺乏成就大事的能力，但他缺乏一条属于自己的道路。如果刘备还想在有生之年成就一番事业，就必须找一个明白人帮他解决困扰了他二十几年的路线问题。

于是，建安十二年，刘备来到了隆中。

时来运转

刘备厉不厉害？厉害，至少比绝大多数人想象的要厉害。哪怕是单比武艺，刘备也是一等一的高手，甚至不比关羽逊色多少。

那又有问题了：刘备的绝技是什么？

答案是刘备擅长剑术，而且不是一般意义上的擅长，是开宗立派那种程度的擅长。明代名将胡宗宪编著的《筹海图编》中曾记载，天下的剑术分五种，其中一种剑法就是刘备开创的。阳明先生王守仁的徒弟、明朝军事大家郑若曾在《江南经略》中说“使剑之家凡六”，其中也包括刘备。而明朝武学大师、军事家何良臣的《阵纪》更是给出了详细的介绍：天下的剑法分为五个派别：卞庄之纷绞法、王聚之起落法、刘先主之顾应法、马明王之闪电法、马超之出手法。至于其他的，无非是这五种剑法的传承和演变。

当然，有人可能不相信，认为明代与东汉末年相距一千多年，这保不齐是后人托前人之名杜撰的，做不得准。不过，仔细想一想，在刘备军事生涯的前二十年，他手上大多只有几千人，而且一开战他就得带头冲锋，还基本上没打过什么像样的胜仗。这个太可怕了：一个人打了二十年，败了二十年，却没有被抓，也没有被杀，甚至没有受伤。难道这只是凭反应快，跑得及时？如果手底下没有过硬的武艺，能做到吗？

但刘备手底下的功夫再硬也没有用，因为他手下已经有功夫非常硬的关羽、张飞、赵云等人。刘备和他们在功能上的重叠导致刘备这个小集团一直没有做大。刘备集团就像一个发育不全的畸形人，有强壮的四肢，有坚韧的心脏，但缺乏一个指挥他们的聪明头脑。直到刘备四十六岁时，这个充当头脑的人才终于出现，他就是诸葛亮。

为什么刘备直到荆州才遇到诸葛亮？有一个原因很重要，但可能不被人重视，就是刘备在荆州安安稳稳地过了六年。或许当时其他地方也有类似诸葛亮的人才，但他们不属于刘备。因为刘备在逃到荆州之前一直在东奔西走，今天投奔这个，明天又投靠那个，不是在跑路，就是在跑路的路上，终日为生存奔波劳碌，而每到一个新地方，刘备停留的时间都相对较短，没有一个很长的安定的时间让他在一个地方仔细地寻找合适自己的人才。

在荆州，这个刘备自己长期没办法解决的难题终于有了答案。刘表让刘备屯驻新野，往来无事，刘备就着重建立他仁义道德的口碑，然后到处寻访人才。他先寻访到了隐居的司马徽，后又吸引了徐庶，两个人都向他推荐了号称“卧龙”的诸葛亮。

诸葛亮这个即使放在中国五千年历史中仍名列前茅、备受世人尊崇的人物，此时正在南阳郡一个不起眼的小山旮旯里过着他人生的最后一段平静时光。

诸葛亮是徐州琅琊阳都人。他的父亲诸葛珪曾做过泰山郡丞，膝下有三个儿子：长子诸葛瑾、次子诸葛亮、幼子诸葛均。诸葛珪英年早逝，年幼的诸葛亮和诸葛均跟随叔父诸葛玄一起生活。诸葛玄长期在外为官，于是两个小孩跟随赴任豫章太守的叔父离开了琅琊郡。后来，诸葛玄被朝廷免职，他带着诸葛亮和诸葛均投靠了自己的老朋友刘表。身为长兄的诸葛瑾则留守阳都的祖业。

也亏得诸葛亮走得早，倘若迟上几年，则不免会遇上曹军屠城的利刃。当时，诸葛瑾孤身一人逃到了东吴，投奔孙权手下。倘若小诸葛亮也在阳都，他能不能逃出生天，就是个未知数了。

可以猜测，当诸葛亮后来得知曹军在其家乡屠城的消息，对曹操这个人会有什么样的认知。难怪清代人严可均编辑的《全上古三代秦汉三国六朝文》中记载，曹操曾命人“奉鸡舌香五斤”招聘诸葛亮为尚书郎，结果诸葛亮不予理会，继续在隆中种地。

那是不是可以说，诸葛亮自己其实并无意于仕途?

我们知道，诸葛亮在《出师表》中开篇就说：“臣本布衣，躬耕于南阳，苟全性命于乱世，不求闻达于诸侯。”看起来他就像个隐士，挺超脱。但《出师表》是给皇帝看的，遣词造句不免有艺术性的加工。在诸葛亮给儿子的《诫子书》中，他却是这样描述自己的人生感悟的：“年华随时光而飞驰，意志随岁月逐渐消逝，最终枯败、零落，大多不接触世事、不为社会所用，只能悲哀地困守在自己穷困的破舍里，到时悔恨又怎么来得及！”（年与时驰，意与日去，遂成枯落，多不接世，悲守穷庐，将复何及！）

对于教育后代，一个人通常会总结自己一生的肺腑之言。也就是说，年纪轻轻的诸葛亮在隆中那平静的日子中已然感到时不我待，迫切地想证明自己，让平生所学为社会所用，而不是被光阴掩埋无踪。

这恐怕才更接近那个在草庐中高卧的诸葛亮的真实心境。

因此，在荆州诸葛亮早早就开始努力融入荆州士族的最上层：不仅其叔父诸葛玄跟荆州牧刘表的关系非常好，安排诸葛亮的两个姐姐嫁入荆州的庞、蒯两个大家族，诸葛亮自己还娶了荆州名士黄承彦家里那个“黄头黑色”的女儿，而黄承彦和刘表是连襟。这怎么看都让人怀疑，至少在某个时间段，诸葛亮在为自己在荆州入仕铺路。

那么问题来了：既然有这样的关系，为什么最终我们看到的诸葛亮一直待在隆中种地，没早早出来做事呢？

因为他看不起刘表。

或者说经过一段时间的接触，诸葛亮断定刘表不是个能成大事的人，而他又自视极高，常“自比管仲、乐毅”。虽然除了诸葛亮的几个好友，当时的人大多没把他的话当回事，但他这样一个以管仲、乐毅为目标的人，到刘表这个只想守住自己一亩三分地的家伙手下干吗呢？

诸葛亮在等，等一个有能力、有想法、有资格成就一番大事业，又极其需要他的聪明头脑和战略眼光的人。

当时有这样的人吗？

有，且只有刘备。

其实，这对于刘备和诸葛亮来说都是一次以一生为筹码的赌博，而历史给了他们一次机会。

徐庶向刘备推荐诸葛亮时是这样说的：“荆州有个诸葛孔明，水平非常高，号称‘卧龙’，将军有意见上一见吗？”

刘备之前见司马徽的时候已经从他口中听说了“卧龙”诸葛亮的名号，现在徐庶再次提及此人，不由得他不感兴趣。于是，刘备马上回答道：“听说过，先生可与他同来。”

徐庶这时候正色道：“将军，诸葛亮可不是普通的人才，如果你有意招揽这样的人，只能是你去见他，他是不会主动来见你的。”

这一下引起了刘备足够的注意。想他刘备二十三年来东奔西走，几乎跑遍了大半个中国，别的士人想依附他时，要么经人介绍，要么主动上门，他还是第一次听说有人坐在屋子里等着别人上门找的。如此大牌，怎能不见上一见！

反正刘备最擅长的就是礼贤下士，就是真心实意地把一个杰出人才视作自己的骨肉同胞。实在不行，他还可以换张大一点儿的床嘛！

于是刘备便去了。第一次，他没见着；第二次，他又没见着。

为什么？

可能是诸葛亮真的不在家，更有可能是刘备来得突然，诸葛亮还没准备好。因为他也不能确定刘备这个已经名满天下的英雄是否真的会屈尊到南阳隆中这么一个小地方，求见他这么一个还没什么拿得出手的成绩，“时人莫之许也”的二十七岁的年轻人。

好在刘备毫不气馁，第三次来到隆中。这次诸葛亮已经准备好了，于是就有了著名的《隆中对》。

在《隆中对》中，刘备一上来就以天下大事询问诸葛亮，表明自己想争夺天下的决心，然后甩出了老刘家最擅长的那句话：“计将安出？”

诸葛亮成竹在胸，先以曹操做例子，指明在乱世中曹操之所以能荡平群雄，进而战胜比他强大的袁绍，不仅是天时所致，更有人谋的原因，而刘备之所以一直不成事，缺的就是这个“人谋”。

这一句彻底说到刘备心里去了。他这么多年东奔西走，不就是一直把握不住方向吗？接着，诸葛亮给刘备指明了将来的战略方针：“曹操已然太强，这个是惹不起的；至于其他诸侯，孙权的统治是最稳定的，打他不划算，我们可以与他联盟；除去这两人，剩下的什么荆州的刘表、益州的刘璋，都是不成器的，我们要赶紧把这些人的地方拿下来。一旦我们拿下荆州和益州，有了稳固的地盘，就可以和孙权搞好关系，同时治理好自己的内务。”

可刘备的标签是汉室宗室，他也是打着这个旗号跟诸侯争夺天下的。不管这是否是他内心的真正目标，既然这么说了，刘备就必须致力于恢复汉王朝，而不是在荆州和益州做一方割据势力，他得统一天下。

诸葛亮说：“这个就由不得将军了，因为曹操现在已经太强，你打不过他。到时候只能先管理好自己的地方，要想统一天下，必须等待老天给你机会。一旦老天给机会（天下有变），将军可以派一名大将率军从荆州进军，走宛城进攻洛阳；将军你自己率一支军队从益州出发，出秦川进攻长安。这样两路夹击，天下百姓还能不拿着酒肉夹道欢迎你吗？如果这些都实现了，那将军便可恢复汉室，成就一番霸业。”

刘备听了茅塞顿开，激动得只知道说一声：“好！”

但刘备真有可能仅凭一次见面就断定诸葛亮是自己一直以来需要的那

个人吗？

答案是有可能。当年郭嘉从袁绍那里跑出来，经荀彧推荐去见曹操，只不过和曹操谈了一次，曹操便表态道："助我成就大事的一定就是他了。"郭嘉出来后也跟荀彧说："这个才是我郭嘉的主公。"由此可见，有识人的能力，能够迅速识别一个人是否是优秀的人才、是否适合自己，是顶级君主的必备能力之一。

诸葛亮精心准备的这番话彻底解决了刘备二十多年一直没搞懂的路线问题。接着，刘备请诸葛亮出山辅佐自己。通过不断交流，两人"情好日密"，好到连关羽和张飞都一度心生意见。

不过，不管诸葛亮的能力如何出众，要实现他在《隆中对》中所说的战略意图，肯定是需要时间的。他不可能迅速改变当时的格局，让只有数千人的刘备一夜之间强大起来。刘备和诸葛亮一样，缺的都是时间。

因为没等他们两个想出拿下荆州的办法，曹操已经朝荆州杀了过来。

致命的错误

建安十三年（公元208年）七月，曹操率几十万人马直扑荆州，来势汹汹。偏偏在这个时候，荆州牧刘表病故。

这是个巨大的变故，因为荆州毕竟地大兵多。刘表虽然缺乏进取心，但防守的决心还是有的。或者说，他一直把刘备供着，为的不就是这种危难时候能堪一用吗？对于刘表而言，若曹操大兵压境，刘备这个时候基本已无路可退。他总不能再跑到江东依附孙权吧？因此，刘表这时完全可以信任刘备，给他一支重兵，让刘备去和曹操拼上一场，或许历史会是另一番景象。但有意思的是，仗还没打，刘表就死了。

现在回过头来看，刘表这一死，对曹操和刘备其实都不是好事。

首先，对刘备来说，这当然非常糟糕。

如果刘表活得好好的，至少他是有意愿抵抗一下的。荆州毕竟是天下第二的大州，要战略纵深有战略纵深，要百姓基础有百姓基础。不说刘表一定能抵挡住曹操，但拖个一年半载大概不成问题。说不定拖着拖着，曹操吃不消可能就回去了。

当然，即便刘表死了，只要他儿子跟他类似，也还是能期待一下的。

刘表跟他的前妻有两个儿子。刘表本来喜欢长得像自己的大儿子刘琦，可刘表再婚的妻子蔡氏喜欢刘琮，便使劲说刘琦的坏话。后来枕边风吹多了，刘表转而看好小儿子，还逼得大儿子刘琦不得不向诸葛亮求计，跑到江夏自保。现在刘表一死，他遗留下来的权力便落入以他第二任妻子蔡氏为代表的蔡氏集团所支持的小儿子刘琮手中。

蔡氏集团这些人是要投降曹操的，刘琮一开始还犹豫，毕竟脸上挂不住："不好吧，我爹刚死，我就把父辈辛苦积攒下来的基业拱手送人，这怎么说得过去呢？我就不能守住这份基业，观天下的成败吗？"

"不能"，蔡氏集团的傅巽反问刘琮，"主公想一想，你打得过曹操吗？"

"当然打不过。"刘琮很识趣，但随即又说，"虽然我打不过，可我不是还有叔叔刘备在，刘备或许能打过曹操。"

傅巽接着跟刘琮分析："主公要抵挡曹操，首先要克服三大劣势：其一，曹操手上有皇帝，我们是皇帝封的一个臣子，也就是说曹操是君，我们是臣，以人臣对抗人君，是大逆不道；其二，我们有荆州之地，曹操有整个北方，以一州之地对抗北方之大，是作死之道；其三，以刘备对抗曹操，更是自不量力。有这三大劣势，我们还能打得赢吗？好，我们再退一步。暂且不说刘备与曹操孰强孰弱，如果刘备打不赢，我们荆州肯定完蛋；如果刘备打赢了，主公你还制得住他吗？"

刘琮一想：是啊，不管刘备打不打得赢，他自己肯定会完蛋，那还不如及早投降，免得再受一番战争的苦。

于是，在建安十三年（公元208年）九月，当曹操的队伍抵达新野的时候，刘琮派使者持节前去投降。

刘琮不战而降对刘备来说已经很糟糕了，可更糟糕的是，他还没事先派人去跟刘备知会一声。当时刘备屯驻樊城，对于刘琮投降的事情，他可谓两眼一抹黑，什么都不知道。等到刘备自己觉察出不对劲，派亲信去询问时，刘琮才派一个叫宋忠的将此事告知刘备。当刘备从来给他"送终"的宋忠口中听说曹操已到南阳郡的宛城时，大惊失色，情急之下立即拔出身上的佩剑，一把架在宋忠的脖子上："你们这些家伙做事太不地道，要投降也不早说，等曹操都快到家门口了才告诉我！现在就是杀了你也不足以解恨，给我滚！别脏了我的手！”

事情紧急，刘备也没有别的办法，只能逃。这时他这么多年积攒的逃命经验起了非常关键的作用，他以极快的速度收拾好行囊，带着手下离开樊城。

据说当时有人建议刘备趁大家都没注意到他的时候直奔襄阳把刘琮干掉，这样一来荆州就是刘备的了。

这个主意是谁出的呢？不知道。有的书上说是诸葛亮出的，但刘备没有同意，于是错失了提前崛起的良机。

刘备又不傻，他当然不能同意。如果这个时候曹操还没有出发，或者说曹操在路上，刘琮还没有投降，刘备干掉刘琮，自己占据荆州则是可以的。但现在刘琮已经投降，曹操也到了南阳郡，说白了，荆州现在已是曹操的，不是刘琮的了。这个时候刘备去襄阳杀刘琮有什么用？即便杀了刘琮，刘备也没有时间消化和掌控刘表留下的资源。也就是说，他得的不是荆州，顶多就是一座襄阳城而已，而且马上还要被曹军死死围住。以襄阳一座孤城、死地，刘备如何能抵挡曹操的大军，这样不是自寻死路吗？还不如在外面撒开腿跑快活。实在不行，他还可以跑到老朋友苍梧太守吴巨那里躲上一阵子，总比被困死在襄阳强。

所以说，让刘备这个时候去杀刘琮夺襄阳，并不是一个好主意。这样的主意我都看不上，自然不可能是诸葛亮出的。与之相反，当时刘琮手下有一个叫王威的将军，他出的主意却有一定的可行性。王威跟刘琮说：“我们现在名义上已经投降曹操，曹操也相信了，刘备也跑了，这个时候正是曹操最松懈的时候。如果主公给我几千人，我带着他们埋伏在险要的地方，只要曹操路过襄阳，我们可以一战将他擒获。到时候主公就能威震四海，不是我们现在仅求自保的境遇可比的了。”

这个计策虽然有风险，但在当时的情况下是有一定可行性的。可惜刘琮是个窝囊废，怎么可能去冒险。

不说冒险，就是刘备从樊城出来后路过襄阳，想在城下跟刘琮说两句话，刘琮都吓得躺在床上不肯起来。他这一窝囊表现寒了襄阳人的心，于是他身边的手下和荆州那些不愿意投降曹操的人士纷纷投奔刘备。当刘备从襄阳走到当阳的时候，自发跟随他的人已经达到十几万。

刘备第一次有这么多人跟随，也第一次有这么多负担和累赘，手下劝他说：“主公，现在曹操就跟在我们后面，我们带着这样一群累赘，一天才能走十几里路，这不是办法啊！一旦曹操追上来，我们怎么抵挡呢？为今之计，主公应该抛下这些人，带轻兵迅速赶往江陵。”

刘备不同意。他命令关羽先带着水军前往江陵，自己则坚持和十几万百姓步行。刘备还说了一句很有名的话：“要成大事，老百姓是最根本的，现在百姓主动跟随我，我怎么能舍弃他们！”

刘备舍不得百姓，可曹操更舍不得刘备。曹操知道江陵有大量军需物资和战船，担心刘备先一步到江陵据险而守，于是撇开辎重队伍，自己带着轻兵赶往襄阳。等曹操到了襄阳，却听说刘备早就溜了，而且正是往江陵方向去的。曹操对刘备表示了对敌人最大的敬意，那就是赶尽杀绝。他赶忙点了五千精锐轻骑兵，昼夜不歇地追了上去。

曹操追得非常急切，五千骑兵一日一夜竟跑出三百里，第二天就在当阳长坂坡追上了一天只能走十几里的刘备。

刘备根本来不及准备，而且十几万非战斗人员被曹军一冲，很快就乱作一团。这个之前曾“五易其主，三失妻子”的刘备，当即第四次撇下老婆、孩子，与诸葛亮、张飞、赵云等数十人开溜。

托《三国演义》的福，赵云后来成了完美武将的典型，但赵云为大家敬仰，绝不是因为他占了演义的便宜，他自有他的过人之处。

当时长坂坡已经乱成一团，十几万百姓东奔西走，五千曹军骑兵纵横往来。反观刘备身边却只剩下几十个人，而且很快又少了一个，那就是赵云。

赵云身高八尺，长得非常帅气，最初原本是公孙瓒的部下。他投奔公孙瓒的时候，刘备恰巧也在那里。在当时的群雄中，要论水平、能力、品德等，公孙瓒大概是中等偏下水平，尤其是和身边的刘备比起来，简直就是没有对比就没有伤害。赵云在公孙瓒那里干了一段时间之后就萌生了去意，恰好这个时候他哥哥死了，赵云便以奔丧为借口离开了公孙瓒，并在官渡之战前后赶往邺城追随刘备，为刘备率领骑兵。

官渡之战中后期，刘备提前从袁绍那里开溜，辗转到了荆州。往后的六年里，刘备大腿内侧赘肉横生，赵云满身的武艺才华也没有施展的机会，因此他必然憋着一口气。刘备在当阳大败，不仅丢了队伍和百姓，还丢了甘夫人和当时唯一的子嗣刘禅。虽然对刘备和他身边的其他人来说早已见怪不怪，但赵云哪里见过此等情形，此时自当是他赵子龙一展身手报效主公的大好时机！

于是，赵云来不及和其他人打招呼，甚至没跟刘备请示，自己单人独骑掉头，往曹军追来的方向逆行，也难怪看见的人都说："赵云投曹操去了！"

刘备当时就怒了，拿着短戟便往说话之人脸上抡去："胡说，子龙是不会弃我而去的！"

但从刘备这个多少有些气急败坏的动作可以猜测，他其实也没有百分百的信心。

现在我们已说不清楚当时到底是什么情形，赵云经历过多少危险，是真的七进七出，还是三进三出，或者只有一进一出？但他最终抱着阿斗，护着甘夫人，再次出现在刘备面前。另外，从他一次性救回两人我们可以推断，他这番长坂坡之旅的成就大概率是步行取得的。

这边赵云回身在长坂坡救回甘夫人和阿斗，那边张飞也不遑多让。

张飞让刘备先走，自己带着二十人断后。等来到一座桥边，张飞看四下已没有比这儿更好的地形，便在过桥后命令士兵把桥拆掉，自己站在断桥这端瞪眼横矛，直问断桥那端刚刚赶到的曹军诸将："我是张翼德，谁敢来决一死战？！"

也怪曹操，非要轻兵疾行，骑兵身上连一支箭都没有，不然乱箭过去，张飞即便有三头六臂，怕也只能先下桥躲一阵子。这边曹军的将领又不傻，桥都断了，他们怎么过去？而且张飞抢先占了地利，曹军将领若要策马越过断桥，不免在空中就成了张飞表演蛇矛大戳活人的靶子。至于在张飞眼皮子底下修桥则更不可能。因此，曹军只能暂时撤退。

由于赵云和张飞的英勇表现，刘备不仅暂时脱身，而且虽败犹胜，胜利的曹操则是虽胜尤败。

虽然长坂坡的战斗让张飞和赵云给后人留下了一段段传奇，但不可否认的是，当时刘备确实狼狈至极，而且他不得不面临一个生死攸关的问题：接下来往哪里去？

这是个艰难的抉择，因为此时已不同于十年前群雄割据的时候。那时刘备可去的地方很多，现在北边的诸侯大多已被曹操消灭，南边剩的人也已不多，而且有的地方也不是刘备想去就能去的，也得看别人是否肯接纳他。

刘备当时只有两个选择：一、与关羽会合，一起去江夏，那里有刘琦的一万人，而关羽手下也有一万人；二、投奔苍梧太守吴巨。当然，这两者都不是太好的选择。至于在益州的刘璋、关中的张鲁，或者在更远的西北的马超、韩遂，对于刘备来说则更是遥不可及。

这时候，一个人的到来给了刘备第三个选择。这个人就是鲁肃。

鲁肃是孙权的重要谋士，他在很早的时候曾经就未来的发展为孙权进行过一番谋划：首先在江东站稳脚跟，然后等北方发生乱子；一旦北方发生动乱，孙权就可以先剿灭黄祖，再占有荆州，与北方划江而治；到那个时候，孙权便可以称皇帝，然后图谋中国。

也就是说，在鲁肃的计划里，如果北边的曹操内部没乱，孙权又没有能力占领荆州，荆州便必须在刘表手里，在曹操与孙权之间形成一个缓冲地带。问题是，现在刘表死了，刘琮要投降曹操，而鲁肃是不可能看着荆州落入曹操手里的，因为这会骤然加大江东面临的压力。既然如此，与其让荆州落入曹操手里，不如让它落入其他人手里，比如刘备。这也是鲁肃后来在东吴主政军事时一直坚持的战略方针。

其实，建安十三年（公元208年）的春天，孙权就已发动对荆州的争夺，并且杀死了刘表派去镇守江夏的大将黄祖。只可惜曹操的动作更快，还没等孙权取得进一步的胜利，荆州就落入曹操手里。在这种情况下，孙权集团就需要调整策略。因此，在刘备集团里谁也没想到的时候，鲁肃率先来到当阳找到刘备，表示江东的孙权打算和刘备一起对抗曹操。

对刘备来说，鲁肃这是在雪中送炭。不，他此时简直就是刘备的再生父母。而诸葛亮此时先人一步察觉到了事情的转机，作为以天下为己任的天才，他岂会在功名未就之前便放弃？他当仁不让地站出来，跟刘备表示：“现在情况万分紧急，请允许我奉主公的命令去向孙权将军求救。”

于是，历史的拐点就这样出人意料地出现在当阳，但当时在场的人大概谁都没敢这么想。

如果说刘表的死对刘备是差点儿致命的打击，那对曹操来说也不是件好事。

建安十三年（公元208年）七月，曹操出发的时候目标很明确，拿下荆州，并且消灭他眼中唯一的敌手刘备。结果，队伍刚开拔，刘表就病死了。刘表一死，刘琮马上举州投降，曹操没费吹灰之力便取得了荆州。接下来，他亲率五千骑兵，以极小的代价于当阳击溃刘备。可以说，到这里，曹操最初的战略目的已基本实现。

然后呢？接下来做什么？

曹操迷茫了。

兵者凶器也，不可轻动。反过来说也一样：既然动了，那就不能草草收场。如果刘表或者刘琮在荆州顽强抵抗，曹操经过一番艰苦作战才打下荆州，他很有可能感到心满意足，暂时停下来。但现在曹操的大军仅进行一次武装巡游便拿下了荆州，这就好比一个拳手花很长时间进行封闭式训练，克服身体和心理上的重重困难，准备迎接一场重要的比赛，结果上场后一拳未发对手就认输了。这时候拳手会是什么感觉？至少肯定不尽兴啊。曹操也一样，他在邺城挖玄武湖训练半年的水军都还没派上用场。士兵们枕戈待旦，从北边一路赶到长江，准备了那么久，一仗都还没有打，难道就这样停下来？

不！曹操千里奔袭，冒险袭击乌丸，不就是为了稳定自己的后方，而稳定后方不就是为了能挥师南下！现在弦已绷紧，剑已出鞘，岂有轻易收回的道理？既然剑不能回鞘，马不可解鞍，那就接着打！打谁呢？

还能有谁？就是孙权。

对于孙权的父亲江东猛虎孙坚，曹操应该相识；对于孙权的哥哥小霸王孙策，曹操应该有所耳闻；至于这个时候年仅二十七岁的孙权，大概还入不了五十四岁的曹操的法眼，而孙权治下的江东六郡也不会被曹操看作对手。曹操想必认为他们大概和荆州那伙人差不多，稍微吓唬一下说不定就投降了。于是，曹操毫不客气地给孙权去了一封信："最近老夫奉天子的命令讨伐那些有罪的人，老夫的军旗往南方一指，刘琮就投降了。现在老夫准备了八十万水军，打算和孙将军在你们吴地一起打打猎。"

建安十三年十月，歇了两个月，基本完成对荆州掌控的曹操开始大举进攻江东，朝着他统一天下的最后一个障碍出发。这时候的他不会想到，这将是他一生中犯的最大、最致命的错误。

大火

曹操首先错在他休息了两个月。

他本来可以在当阳大败刘备之后继续追击，若说他手下的五千骑兵一日一夜跑了三百里，实在已是强弩之末，那他完全可以从后面的队伍中另派大将率万把人继续追击刘备，把刘备赶到苍梧太守吴巨那里。但曹操没有。当阳一仗之后，处于逃命状态的刘备在半路追上了走水路的关羽，两人一会合，决定不去江陵了，转而跑去江夏与刘琦会合。曹操则带人占领了军事重镇江陵。

为什么？

因为江陵有大量战船和军需物资，比起只带着几十个人跑掉的刘备，曹操更注重这些。而且，有江陵的战船和物资，曹操就方便继续前进了。也就是说，这个时候曹操大概就已有继续攻打孙权的打算，所以他停下来准备了两个月。

曹操虽眼见刘备带着几十个人走了，但他不知道的是，在他看不见的地方，刘备还有两万人马，而刘备新任的军师诸葛亮只身到东吴之后竟然迅速促成了孙权和刘备的军事联盟。

诸葛亮到柴桑见到孙权后，两人上演了一场堪称经典的表演。

首先，在是否要联合刘备对抗曹操的问题上，孙权表现得摇摆不定，口头上并不做表态。诸葛亮一看这情况，知道自己再不发挥一下事情肯定成不了，于是跟孙权说了下面这番话。

诸葛亮一开口就语出不凡，完全不提自己来求援的事情，而是处处为孙权着想："海内大乱，将军起兵江东，刘玄德在汉南招揽人马，和曹操一起争夺天下。可现在呢，曹操抢先一步平定北方，又夺得荆州，威震四海，刘玄德英雄无用武之地，所以跑到了这里。接下来请孙将军自己掂量掂量自己，如果能以吴、越两地与曹操抗衡，就应该及早与之翻脸；如果不行，那便不如跟刘琮一样束手就擒。像将军这样表面臣服，其实心里犹豫不决，倒霉的日子不远了。"

孙权也不是三言两语就能糊弄的人。他一听，不由得冷笑："那刘玄德为什么不投降呢？"

诸葛亮一脸大义凛然地答道："想当年田横不过是齐国的一个匹夫，尚且守义不辱。何况我主刘玄德，王室之胄，英才盖世，众望所归，天底下的士人向往他就跟河流向往大海一样。如果我们失败了，那也是天命如此。至于投降，想都不要想！"

孙权被他这么一激，勃然而起，马上表态："既然如此，我孙某也不能举全吴之地、十万之众，受制于人！联合刘玄德对抗曹操的事情就这么定了！"

按常规的解读，这场对话对于诸葛亮而言当然是一场表演。现在整个刘备集团已经到了生死存亡的时刻，只有联合孙权才可能活下去，是不可能为了什么"守义不辱"而放弃联合的。另外，诸葛亮还很巧妙地把自己一年前在《隆中对》中给刘备谋划的战略透露给孙权，且与鲁肃给孙权提出的战略不谋而合，这更增添了孙权的信心。

不过，孙权是不是真的被诸葛亮的演技所蒙蔽了？或许未必。这次会面对后来三国的走势产生了重大的影响，因为通过诸葛亮的话，孙权摸透了他的底线：就如同鲁肃坚决主张荆州不能落入曹操手里一样，只要刘备集团没有能力正面对抗曹操，那么诸葛亮必然是坚持连孙抗曹的。虽然当时诸葛亮还是个不知名的人物，但当他后来名重一时，他的主张成为整个刘备集团的策略方针之后，情况就不一样了。这才导致后来孙权敢一再在这个底线之上反复横跳。

而且，孙权的表演比诸葛亮的更出色。看起来孙权是被诸葛亮说动的，其实并非完全如此。当然，我不能否认诸葛亮的政治智慧和外交天赋在其中的作用，虽然这个时候他还没有太大的名气。此外还有曹操给予的军事压力的因素，而最重要的因素还是孙权自己。

唇亡齿寒的道理孙权不会不懂，现在刘琮已经投降曹操，再坐看曹操干掉刘备，占有整个荆州，那接下来江东又岂能苟安？并且，对于孙权及孙权家的人，名誉上的东西可以不在乎，但在保持江东独立这件事上，他们一贯持强硬态度。建安七年（公元202年），曹操曾用皇帝的名义给孙权下诏，让孙权派一个儿子到许都做人质。当时孙权的母亲吴夫人曾拍板支持周瑜的观点："如果质子，就会受制于曹操，以后不得不跟在曹操屁股后面做事，到时候孙将军你顶天不过得一个侯爵，出门不过跟十几个仆从、几辆车、几匹马，怎么能和如今在江东南面称孤相提并论？”

另外，孙权还是三国三巨头中最善于搞平衡的。自从鲁肃给他提出统一天下的“三步走”方案，在没有把握独自对战强敌之前，孙权的战略方针就是联合相对势弱的一方，对抗相对强势的一方，从而维持三家的平衡。这也是为什么后来孙权敢在关羽威震华夏的时候出人意料地进行偷袭。现在曹操的水军已经开到长江边上，不管曹操是不是真要打江东，孙权都必须将其视为宣战，从而进行反击。不然，他和刘琮又有什么区别？

但孙权有自己的障碍：谁能替自己去对抗曹操？诸葛亮是很厉害，但他是刘备的人；鲁肃是很有头脑，但他是个谋士，偶尔用他在路上打个埋伏可以，要担起以弱胜强对抗曹操的重任怕是不能；至于自己手下包括张昭在内的其他人，听说曹操带了八十万水军来，其反应跟刘琮手下那些人没什么差别——吓都吓死了，唯一的愿望就是赶紧投降，免得误遭曹丞相的屠刀。

好在江东还有一人，不但不惧曹操，并且有能力替孙权担起对抗曹操的重担，这个人就是周瑜。

周瑜和孙策同龄，自小便是孙策的铁哥们儿，也是孙家最为得力的助手和死硬派。他的军事能力非同一般，是得到孙策认可的。于是，孙权召回正前往鄱阳湖训练水军的周瑜，向他请教最终意见。

周瑜的态度一如六年前那般强硬：“曹操虽托名汉相，其实是汉贼！现在他自己来送死，我们哪里有投降的道理！”

孙权就奇怪了：“曹操率几十万人杀过来，还没开打，我们这边的大臣便已吓死好几个，现在怎么就变成他来送死了呢？”

周瑜分析道：“曹操这时候有四个弊端：第一，西北的马超和韩遂还在，曹操的后方还没有彻底稳定；第二，北方人擅长马战，现在却跑来和我们比水军，这是以短击长；第三，现在是冬天，曹操擅长的骑兵因为草料不足，优势发挥不出来；第四，北方的军队到了南方，水土不服，必生疾病。

“这四点是兵家的大忌，曹操竟然一条不落全犯了，这不是送死是什么？！请将军给我五万人马，我保证打败曹操！”

孙权这时才真的把心放下来。他当众拔出佩剑，一剑砍断了桌子的一角：“老贼（曹操）想废汉自立很久了，只因忌惮袁绍、袁术、吕布、刘表和我。现在其他人都死了，只有我还在。我和老贼势不两立，有谁还敢说投降的，跟这个桌角一个下场！”

随后他跟周瑜交底：“公瑾，五万人马一下子凑不出来，但我已经给你准备好三万精兵，并已备好战船和粮草，你先带去看看。打得赢最好，如果打不赢，我亲自带大军和老贼决一死战！”——这是什么？这就是孙权自己早就准备好对付曹操的铁证！

在荆州的曹操并不知道孙权已经准备好和他决战，但情报的缺失并不能成为阻止曹操的数十万大军踏平江东的决定性因素。因此，建安十三年（公元208年）十月，曹操打先锋的水军从江陵顺江而下，和逆流而上的东吴水军在长江上进行了第一次接触。

然后，曹操的水军被击败。

这个结果很正常，要是曹操的水军能打败江东的水军，那才奇了怪了。

于是，曹军被迫停了下来，驻扎在江北的乌林。周瑜的队伍驻扎在赤壁，两军隔江对峙，一直从十月相持到十二月。

然后，曹操又犯了一个重大错误：太自信。既然两军相持，一时拿对方没办法，曹操就应该分兵夏口，从刘备身上找突破口，或者至少把刘备赶过江去，让他和周瑜待在一起。但曹操没有这样做，他大概认为自己只要拿下周瑜就能踏平江东，那时候龟缩在夏口的刘备将无路可逃，不战自败。

虽然曹军没有袭击刘备，但曹、周两军一对峙，刘备便已紧张得不得了。他在夏口日夜等待孙权的队伍来救自己，结果先等来的却是曹操大军集结的消息。等他好不容易第一次见到自己望穿秋水才盼来的周瑜时，却听到周瑜亲口说带来三万人，刘备皱起眉头，第一反应就是“恨少”！

也是，随着时间一天天过去，现在不仅曹军的水军已集结起来，曹军的步兵和骑兵也陆续抵达乌林，乌泱泱有几十万人。这下刘备的眉头皱得更紧了。

周瑜也很无奈，自己分析得再到位，计划再完美，终究不能靠嘴挡住十倍于己的敌人，而时间拖得越久，形势对他越不利。别的不说，单说曹军有这么多人，随时可以抽一支或几支队伍从其他地方渡江包抄自己。到时候腹背受敌，如何抵挡？

愁啊！

好在十二月的某一天，周瑜的部将黄盖巡江后突然发现了新的情况。他大喜过望，立即回来跟周瑜商量："都督，现在敌众我寡，情况于我们不利，我们难以持久。但今天我发现曹军把战船用铁链连了起来，这下我们就有办法了。我们可以放一把火逼退他们（可烧而走也）。"于是，周瑜让黄盖写了一封诈降书，然后派人送到曹营。

这里出现了一个史学界争论许久的问题：是谁让曹军把船连起来的？《三国演义》里面说这是庞统的主意，但这肯定是胡说，因为当时庞统根本没机会出现在赤壁之战的战场上。

那曹操为什么把船都用铁链连接起来？到底是谁的主意？

其实，事情或许并没有那么复杂，根本不用人帮忙出主意，因为如果你是当时的曹操，你也会用铁链把船连接起来。

因为曹操的日子也不好过。

正如周瑜所预料的，来自北方的曹军到南方后水土不服，很快便有大量士兵生病，而荆州新投降的士兵，曹操又不敢信任。此外，虽然年初的时候曹军在邺城外的玄武湖里操练过一阵子，但平静的人工湖和波涛汹涌的长江能是一回事吗？把在游泳池里练游泳的丢到海里面，他就会扑腾吗？所以，说白了，那就是赶旱鸭子上架。曹操所谓的水军实际上并没有真正形成战斗力，但这个严重的问题因为荆州的不战而降被掩盖了。而且，随着时间的推移，几十万曹军过长的补给线给后勤造成的压力也是巨大的。因此，战争拖得久，对曹军同样不利。

既然对其不利，那就得尽早决战。

可士兵们根本不适应长江上颠簸的战船，何况里面很多人还生了病，而这时候已经不可能停下来等疫情控制住再慢慢训练水军。

怎么办？

最好的办法是退回去，先把新得来的荆州守住，然后过个一两年，等训练好水军，粮草也准备充足，再来。

但这时候的曹操可不想等。他征战多年，以寡敌众的次数多了，什么危险情况没遇到过？当年的黄巾军、袁绍，甚至吕布，哪一个不曾势大，不一样被他消灭？更何况曹操如今兵多将广，又携轻取荆州之势，正是气势如虹、势不可挡之时。眼下只不过遇到些许困难，又不是无解，根本算不得什么。只要突破长江，曹军的铁骑便可以以雷霆万钧之势横扫江东，到时候“飞龙骑脸”，怎么输！

决心和信心，曹操是有的，但困难也是可见的。要渡江就要击败周瑜的水军，这一点怎么才能做到？让队伍在长江上日夜操练？

曹操等不了那么长的时间。

那就换一种思维。北方的军队之所以不善水战，一是受船只的大小限制，施展不开；二是大江之上风浪颠簸，士兵适应不了。

怎么才能迅速解决这两个问题？很简单，根据常识便可得知：船的吨位越大，受风浪影响越小，也就越稳。

那么修大船、造航母？

那不仅花时间，而且船太大的话技术上也不允许。

还有没有能更快见效的办法？

有，就是把现有的船用铁链连接起来，几条甚至几十条连在一起，再在上面铺上木板，把小船变成大船，把大船变成巨船。这样一来，巨轮不仅不再颠簸，战马在上面也如履平地，即使在江面上作战，也能发挥曹军陆军的长处。这样的话，曹军的劣势在局部又成了优势。

这是最省时省力且见效快的办法。不管这是曹操自己想到的，还是他手下的谋士建议的，都不重要。重要的是，它其实真是一个不错的办法。

虽然说逆风也能开船是常识，但逆风放火，还得让火迅速烧起来，难度却颇大。

也就是说，曹操对局势的应对做得没错，周瑜应对曹操的办法也没错，错就错在大家都没想到，某一天，一向刮西北风的冬天偏会刮起东南风来。

曹操没有想到，所以他没有准备；周瑜没有想到，但他是有准备的。黄盖早已为这次行动准备好数十艘以速度见长的蒙冲斗舰，这些船外面蒙着用于遮挡的大块布料，里面装满了柴火和油膏，船两旁插着牙旗，后面各绑一艘用于逃跑的小艇。

眼下趁着东南风起，数十艘船驶离赤壁，往曹操的水军大营疾驰而去。

等船离曹营近了，江上的曹军哨兵很快就发现了动静，于是出言询问并警戒起来。黄盖原本的打算是到曹营跟前直接放火，不料中途就被发现了。不过，没有关系，他有B计划。他马上指挥手下齐声大喊："投降了！投降了！黄盖投降来了！"

江东士兵的喊声惊动了曹营。如果黄盖真的投降，那是周瑜战败的预兆，更进一步说，就是曹操夺取江东的先机。于是，军营里的士兵纷纷拥到岸边，准备见证这一历史时刻。

然后，他们看到了火光。

难道曹操完全没料到黄盖会来这手吗？恐怕也不是。黄盖的诈降书被送到曹操手上时，曹操曾这样跟送信的人说："黄盖怕不是诈降吧？如果是真投降，我当然是要给他封爵的，而且爵位要比其他人的都高。"

可见曹操心里还是存疑的，但架不住这些年来在北方接连的胜利已经让这个时候的曹操自信到自负的地步，他对自己即将获得胜利坚信不疑。况且曹操也想不出周瑜这区区几万人马如何能正面抵挡他的数十万大军。所以，在曹操看来，黄盖主动来投降是人之常情。如果拼死抵抗，那才是脑子坏掉了。

因此，等曹操亲眼看到黄盖的船时，时间已然不足以让他仔细思考"如果黄盖是假投降，他现在来的目的是什么"之类的问题。当黄盖的几十艘蒙冲斗舰燃起火，才反应过来的曹操已完全没有时间去下达应对的指令，更何况现在船上已站满踮着脚尖、准备见证历史时刻的士兵。

在强劲东南风的加持下，火船如离弦之箭般冲破曹军的水寨，燃烧的油膏让整个水寨在很短的时间内变成一座巨大的柴火山，然后又迅速蔓延到岸上的营寨，整个乌林岸边瞬间成为一片火海。看到火船的第一时间，曹军那些挤在一起看热闹的士兵便已乱作一团。大家相互推搡，想迅速离开最危险的地方，却因为平时没有进行过这方面的应急演练造成效率低下，谁都想抢先走，结果谁也走不了。

火烧、溺水、踩踏，曹军士兵在未遇敌人之时便遭受重创，但比大火更不可挽回的，是崩溃的人心和意志。曹操的美梦这时候被漫天的火光惊醒，更糟糕的是长江之上江东的战船遥遥在望；而在曹营东边，刘备隐藏的两万人马也正杀将过来。

清醒过来的曹操很快便意识到问题的严重性：战不能战，守不能守，怎么办？

走为上。

作为一个优秀的军事家，曹操当真果决，一旦败局不可挽回，就不再纠缠于懊悔和留恋，要走就要走得干脆。于是，曹操下令让士兵们在军营里放火，将辎重和其他没烧着的东西也给烧了。反正要跑了，东西不能留给周瑜或刘备。

曹操为什么走得这么急？为何他不能先退个几十里，然后收拢残兵再与刘备或者周瑜的队伍一决雌雄？

不能。因为曹操知道，他撤退的道路上有一条必经的险路，那就是华容道。一旦刘备抢先在华容道堵截他，任他有百万雄兵，也必将成为瓮中之鳖。曹操必须先退出华容道，然后再做打算。

当满身泥土、烟灰的曹操好不容易到了华容道，又有难题摆在他面前：天刚下过雨，道路泥泞不堪，在前面探路的骑兵一个没注意，马就陷到了泥坑里。曹操这时候急得团团转，谁知道下一刻刘备的队伍会不会出现？

怎么办？难道等太阳出来，或者等斥候先去探路，然后再缓慢通过华容道？

不，曹操一刻也等不下去。他想了个更高效的办法：让那些生病、负伤的士兵背上树枝、木柴和茅草，硬生生地填出一条路来。即便如此，对滞留在华容道口的曹操而言，每一分每一秒都是煎熬。结果没等路填好，曹操就带着他的精锐骑兵冲了过去。那些还在背柴草填路的士兵被战马无情地踏在了泥泞里，成为铺好最后一段路的材料。

依靠许多士兵用生命填出来的道路，曹操终于抢先冲出华容道，一口气跑到南郡，让随后亲自赶来拦截他的刘备扑了个空。

等出了华容道，曹操才真的松了一口气。他笑着对周围的将士说：“刘备确实是我的对手，但他总是慢半拍。如果他能够快一点儿赶来，堵在华容道上，再放一把火，我们这些人必死无疑。”

尽管成功逃脱的曹操仍然笑得出来，但他输掉了人生中最重要的一战。同时，历史的车轮也偏离了天下一统的路线，往三分的岔路口驶去。

天下三分

跑到南郡的曹操仍不得安生，因为比周瑜和刘备来得更快的，是一直以来如影随形的传染病。看着染病的士兵不断有人死亡，且周瑜的队伍这时候也出现在南郡，曹操坐不住了，生怕南郡会成为第二个乌林。于是，他只留下曹仁、徐晃守南郡，乐进守南阳郡，自己一溜烟跑回了许都。

曹操回到许都，大军新败之际不敢言勇，对外开始采取防守战略。刘备和周瑜则乘赤壁大胜之势继续追击。首先是周瑜攻击南郡，结果与南郡守将曹仁战了个旗鼓相当，双方一时僵持不下。这个时候的僵持与半年前在长江上的僵持可完全不一样，刘备趁机夺去荆州南边的四个郡：长沙、桂阳、零陵、武陵。

等周瑜费了九牛二虎之力，还被曹军一箭射中肋下，命都差点儿没了，才堪堪赶跑曹仁，夺下南郡。这时候，刘备去信跟孙权说："现在荆州刘表原来那些手下很多人投奔我，我的地方不够养活他们，能不能暂借一下南郡？"

对于这个要求，孙权那边自然是不能同意的。这时鲁肃在其中起了关键作用，劝孙权接受了它。他反复劝说孙权这个时候应当联合刘备对抗曹操，而不是跟刘备窝里斗，让曹操占便宜。最后经孙权同意，周瑜不得不把自己几乎用命换来的南郡隔江分成两半，将南边的一半给刘备，东吴则占有南郡北部的江陵。

这个时候我们可以对曹操自建安十三年（公元208年）七月开始征刘表，进而与孙权爆发赤壁之战，以及其后大约一年的这一整段战斗结果进行清算：

曹操只占有荆州的南阳郡和南郡的襄阳，不仅丢掉了毫不费力得来的大部分荆州，而且损失了大量队伍，可谓巨亏；孙权出力最多，最终却只得了荆州的江夏郡和南郡的江陵，只能说不赚不亏；而一开始亡命奔逃，连老婆、孩子都顾不上的刘备，最后反而占据了包括南方四郡以及南郡的公安在内的大半个荆州，赚了个盆满钵盈。

据说曹操得到孙权把公安借给刘备的消息后，当时正在写字的他一下愣神，笔都掉到地上了。

当然，这大概率是后人牵强附会的，不排除有意呼应当年青梅煮酒时刘备掉筷子的举动，说明了“出来混，始终都是要还的”。即便如此，曹操的惊讶和后悔却是必然的，因为刘备这个他唯一看得上眼却一直没有用武之地的英雄终于有了自己的地盘，此后必将如龙入大海、虎归山林，再难控制。

正常来说，曹操这时候依然有两个选择。其一，继续进攻刘备。虽然刘备这个英雄有了用武之地，但应该趁他的地盘还比较小、羽翼未丰之际把他掐死。其二，摆平其他诸侯，变相压迫刘备的生存空间，等自己完全占有其他地方，再去收拾这个只有四郡半的刘备。

从后来人的角度看，很明显，前者受益更大。然而，曹操居然很神奇地选择了后者。

因为后者更稳。

曹操在赤壁输了一阵，可能被打出了心理阴影。如果这个时候他再去攻打刘备，那么连地盘都肯借给刘备的孙权这时候难道不会和刘备再次联合吗？再来一次赤壁之战，哪怕是曹操，小心脏也受不了，不如去打其他诸侯，风险小，把握大。

而且，曹操要面临的麻烦远不止这些。

从迎奉天子到建安十三年（公元208年）之前，曹操利用皇帝的旗号在朝廷中聚拢了很多人才。这些人有些是冲着曹操来的，有些是冲着皇帝的旗号来的，而冲着皇帝来的这些人心里其实多少对曹操是不满的。但彼时曹操基本上一直处于胜利状态，正所谓“战必胜、攻必取”，尤其是消灭了看似不可战胜的袁绍。这让所有人都产生了曹操已经强大到无敌的错觉。除了一直公开和曹操唱反调，时不时挖苦、讽刺曹操，结果被曹操借故杀掉的孔融，其他心里看不起曹操的人，大多迫于曹操的威慑力而不太敢把不满表露在脸上。但在赤壁的战败让曹操跌落神坛，众人这才恍然大悟：哦，原来他曹某人也不是不可战胜的。

有了这样一个认知，朝廷中那些隐藏的曹操反对派开始跳出来，在明面上和曹操作对。

至于曹操，在赤壁的惨败让他感到屈辱，此时大臣们公开与他唱反调更使他恼羞成怒。在愤怒心理的驱使下，曹操决定在朝中树立自己更大的权威，逼迫那些反对他的人住嘴。

建安十六年（公元211年）正月，曹操借皇帝之手下诏，任命自己的儿子曹丕为五官中郎将，并且有自己的属官，职责是作为丞相的副手；一年之后，曹操获得了等同西汉初年相国萧何“赞拜不名、入朝不趋、剑履上殿”的待遇；建安十八年（公元213年）五月，曹操被封为魏公，可以建立自己魏国的社稷宗庙；建安十九年（公元214年）三月，皇帝下诏将魏公的地位置于诸侯王之上；建安二十一年（公元216年）五月，曹操由魏公正式升格为魏王。

但曹操很快发现，他拔高自己政治地位的行为并没有达到预期效果，反倒使反对他的人越来越多。甚至连曹操的第一谋士、曾一度被他认为是“吾之子房也”的荀彧，也因为在建安十七年（公元212年）公开反对大臣们给曹操“封魏公、加九锡”的提议，最终被曹操逼死。

曹操郁闷了，自己已经是朝中最像皇帝的那个人了，为什么这些天杀的反对派还敢无视自己的权威？！

思来想去，曹操终于找到了症结所在：是自己在军事上的沉寂让反对派忘记了被支配的恐惧。看来要想说话有用，还是必须拳头硬！

于是，在不断提高自己政治地位的同时，曹操再次开启了他的征程。建安十六年，曹操出兵讨伐西北的马超、韩遂。

或许曹操在赤壁逃跑时丢了一些“技能包”，现在他不仅干不过刘备、孙权，甚至连马超、韩遂之流也无法轻易击败。

曹操要消灭西北的马超和韩遂，可马超、韩遂的西凉骑兵战斗力之强超过了曹操的预判。战争初期，局势一度不利于曹操，后来曹操利用马超和韩遂联军的矛盾，用计谋离间马超和韩遂的关系才将其击败。但随后发生了荀彧反对曹操的事件，曹操被迫停止了对马超的追击，回到邺城。建安十八年，曹操趁刘备入蜀，率军十万进军濡须口，征讨孙权，想报赤壁之仇，结果无功而返。建安二十年（公元215年），曹操出兵汉中，汉中的张鲁经过短暂的象征性抵抗后投降。

这时候曹操在朝廷的地位已经非常高，但他遇到的阻力也大到前所未有。因此，当张鲁投降，曹操取得作为蜀地门户的汉中后，他没有顺势拿下蜀郡，而是留下亲信夏侯渊屯守汉中，自己则班师回朝。

在拒绝司马懿劝自己趁刘备和孙权因荆州归属问题剑拔弩张之机进攻蜀郡的建议时，曹操说了这样一句话："人哪，有时候就是不知道满足，既然得了陇（关中），就不要再奢望得蜀了。"——除非这是史学家故意捏造的，否则不管是官渡之战时曹操当众焚毁手下通敌信件，既往不咎的做法，还是他"得陇不望蜀"的感叹，似乎都在学习和致敬一个人：消灭王郎时将手下与王郎私底下来往的信件焚毁，颍川民变时由陇地撤军、感叹"人苦无足，既平陇，复望蜀"的光武皇帝刘秀。

这时候曹操或许已经把自己看作天下中兴的唯一希望，但他没想到自己终究不是刘秀，此时也不是彼时。

建安二十二年（公元217年），曹操再次与孙权在濡须口对峙，最终也没有获得太大的战果，仅仅是逼退了孙权的队伍。但是，从建安十六年（公元211年）到二十二年，曹操在其他人身上花费了太多时间，也浪费了太多时间，这让刘备钻了个巨大的空子。

虽然刘备在赤壁之战中占了大便宜，但诸葛亮在《隆中对》中给他谋划的是拿下整个荆州，现在才只拿下大半个。就实力而言，刘备依然是当时军阀中最弱的一个，不说比不过刚刚大败的曹操，比不过稳中有进的孙权，就连刘璋、张鲁、马超、韩遂等人也比他强不少。如果想不重蹈当年得徐州又丢徐州的覆辙，刘备急需提升自己的实力。

于是，刘备瞄准了诸葛亮早就给他谋划好的益州。

益州是个好地方，四面环山，中间是盆地，沃野千里，易守难攻，但刘备拿不下来。因为对比益州，刘备自己的力量没有丝毫优势，而且孙权也在觊觎益州。

周瑜作为时刻为孙家谋划的忠臣，在赤壁大败曹操之后，就已经把刘备看作下一个危险对象，把解决刘备的问题提上了议事日程。建安十五年（公元210年），孙权为紧密联合刘备对抗曹操，不惜把自己的妹妹嫁给刘备。刘备到江东接亲的时候，周瑜给孙权出主意：趁机把刘备软禁在江东，拆散关羽和张飞，让他们各自为政，这样就可以把刘备这个隐患消弭于无形。

这个时候，孙权认为曹操仍然是自己最大、最危险的敌人，联合刘备对付曹操是第一要务，因此没有同意周瑜的计策。于是，周瑜又生一计，提出要与刘备共同取蜀。

这个计策孙权是同意的。刘备手下大多数将领则认为孙权不可能跨过荆州而占领益州，因此对这个计划也持赞同态度，只有荆州主簿殷观不同意：“如果联合进攻蜀郡，肯定是我们的队伍在前面，孙权的队伍在后面。打得下蜀郡还好，如果打不下来，我们前受阻于蜀军，后被孙权堵住，大事去矣。”

刘备这才恍然大悟，问道：“为之奈何？”

殷观说：“我们现在有求于人，不好公开和孙权唱反调。不如这样，主公假装同意孙权的说法，但告诉他荆州这个地方我们刚拿到手，根基还不稳，这个时候兵马不可轻动，任他自去取蜀，这样我们就可以坐收渔利。”

刘备心领神会：“善！”

这下周瑜的计策又没成功。于是，公瑾兄不服气了，干脆跟孙权表示，自己可以和孙权的堂弟孙瑜一起去进攻蜀郡。等拿下蜀郡后再拿下汉中，让孙瑜在那里留守，自己回军占领襄阳，这样就可以和曹操掰腕子了。周瑜完全不提刘备，言下之意很明显，如果他们拿下整个益州，再占据襄阳，刘备就是个死人了。

孙权赞同周瑜的计划，也相信以周瑜的实力，完全有可能实现这个计划。可惜的是，周瑜领命回江陵做战前准备时却病死在途中的巴陵。

周瑜虽死，孙权却不肯死心。他给刘备去信，再次建议一起夺取蜀郡。刘备原是准备自己拿下益州的，怎么肯让孙权插一脚？于是他回信表示，现在大家的目标是对抗曹操，要对抗曹操就要联合刘璋、张鲁这些人，组成联盟，怎么能先内斗起来呢？这种事万万不能做。

孙权不听他的，命令孙瑜率水军进驻夏口，准备沿江而上，自去攻蜀。刘备则命令关羽、张飞各自占领要道，不放孙瑜的水军过去。刘备还信誓旦旦地说：“我和刘璋都是宗室，现在要是让你去攻打益州，我以后怎么有脸再见世人！今天我把话撂这儿，如果你一意孤行，非要进攻益州，我刘备只能披头散发，跑到山里做野人了！”

孙权一看刘备的架势，就知道进攻益州是没指望了，周瑜那夺取益州的计划便被无限期搁置。

孙权放弃夺取蜀郡后，刘备却准备自己把蜀郡拿下。此前，孙权根据周瑜临终前的建议，让鲁肃接替了周瑜的职务。鲁肃是个亲刘派，这下正好替刘备解决了夺取蜀郡的后顾之忧。但刘备还有一个难题：自己如何进军益州呢？

其实，这个问题不用刘备自己发愁，有人替他解决：建安十六年（公元211年）年底，刘备被益州牧刘璋请进了益州。

赤壁之战前，曹操轻取荆州，蜀郡震动，益州牧刘璋派别驾张松去见曹操，表示益州愿意听从曹操的调遣。但拿下荆州又赶跑刘备之后，曹操得意扬扬，并没把和自己一样身材矮小、其貌不扬的张松放在眼里，也没有在意杨修对张松的举荐，就连用朝廷的名义开张空头支票给张松封官许愿这种事也懒得去做，直接打发他回去了。

这下张松对曹操由期望转为不满，又由不满变成怨恨，回去就一个劲儿地跟刘璋说曹操的坏话。建安十六年，蜀郡开始流传一则消息：曹操即将讨伐张鲁。听到这个消息，刘璋紧张了：因为谁都知道，张鲁不可能是曹操的对手。如果曹操拿下汉中，下一步是不是就要与他刘璋会猎于蜀？

这时候，张松瞅准时机怂恿刘璋道："曹操无敌于天下，张鲁哪里是他的对手！如果曹操拿下张鲁，从关中威胁我们蜀郡，敢问主公，蜀郡之中何人可以抵抗曹操？"

刘璋回答："你看，我这儿也正愁呢，这不是没有办法吗？"

张松说："主公难道忘了一人？现在的荆州牧刘备跟主公同是宗室，跟曹操是仇敌，而且善于用兵。如果主公让刘备经益州抢先去讨伐张鲁，刘备一定能占领汉中。到时候有刘备在汉中帮我们挡住曹操，主公还有什么好忧虑的？"

刘璋这时候只能病急乱投医，说："那麻烦先生代我走一趟吧？"

张松心想："我怎么能去？我还得留在蜀郡做内应呢！"他嘴上却说："主意是我出的，我去不太合适，容易让其他人怀疑我别有用心。这样吧，我向主公保举法正，他去必能成事。"

其实，法正是张松的好友，早被他拉下水，准备投靠刘备。当刘璋找来法正，法正假装不愿意去，三番五次地推脱，差点儿把刘璋逼急："曹操就差没骑到我头上拉屎了，这个时候先生怎忍心置我于不顾？！"

再三推辞不过，法正"不得已"同意了，然后"勉为其难"地带着四千兵马去迎接刘备入蜀，之后连人带马都留在刘备身边不走了。

其实，对于迎刘备入蜀，刘璋身边的人大多持反对意见，其中不乏不要命死谏的狠人，刘璋却不为所动。低层次的原因是，张松在刘璋那里地位非常高，他一个人就可以抵一半益州官员的分量；高层次的原因是，这些反对者都无法解决一个最关键的问题——不让刘备来，可以，但谁去对付曹操？

这才是关键的问题，并不是说刘璋不看重手下那些人的性命，也不是说他不知道引狼入室的可能，但他更珍惜自己的性命。刘备的危害到底只是一种可能，曹操的威胁却是实实在在的。以可能到来的危害驱逐必然到来的威胁，在没有办法的情况下还是可行的，关键是要把刘备这个可能的危害压制在可控的范围内。

刘璋要如何压制刘备？这个他倒是想得很清楚：第一，不能让刘备到达自己的大本营成都；第二，应使刘备的力量保持在足以应对汉中的张鲁却不敌蜀中诸将的程度。因此，刘备入蜀以后，刘璋亲自到涪城迎接刘备，双方联谊百日。刘璋不仅给了刘备很多钱粮军需，还给了军队——让刘备统率白水关的军队——但就是不邀请刘备到成都做客，而是催促刘备继续上路，去攻打汉中。

这时候，刘备的军师庞统劝刘备道："若我们趁这个机会拿下刘璋，那益州不就不战而降了吗？！"

刘备说："不行！我们刚刚到这里，还没有取得百姓的支持，贸然拿了刘璋，益州其他地方一起起来反对我们，到时候怎么收拾？"

这其实就是刘璋敢于去见刘备的原因。虽然历史上刘璋以暗弱形象示人，但作为天下第一大州的一把手，再怎么不济也不至于一点儿政治头脑和眼光都没有。不过，他算准了刘备此时不敢把他怎么样，但没想到刘备不听他的，连对张鲁发动试探性进攻的兴趣都欠奉，队伍刚出白水关没多远，到葭萌（今四川广元县附近）就停下来不挪窝了，只在当地做一件事情：博取民心。

到了建安十七年（公元212年）十二月，庞统提醒刘备："葭萌这个地方我们不能继续待了，必须及早行动，不然倒霉的事情就要来了。"

刘备向他求教怎么行动。

庞统给出了三条计策：其一，趁刘璋还没有准备，选精兵日夜兼程，抄小路袭击成都，一战定益州，此为上策；其二，假称荆州出现危机，刘备他们要先回去救荆州，引诱驻扎在葭萌关附近的益州名将杨怀、高沛前来，伏兵擒杀，然后夺取他们的队伍进军成都，此为中策；其三，退回白帝城，再找机会徐图益州，此为下策。

我们经常在古装电视剧或者某些书中看到君主向手下谋士求计，谋士总会给出“上、中、下三策”，这种时候上策常常不被采用。何解？

其实，这是因为人们对“上、中、下三策”的理解不同。大多数人总以为既然是上策，那就是最好的计策，中策次之，下策最差。其实不然，就好比说，根据你现在的情况，我这里有三条计策，在前提条件相同的情况下，第一条能让你挣十个亿，第二条可以让你挣五个亿，第三条只能让你实现一个小目标，挣上一个亿。请问你选哪一条？

这不是废话吗，有谁会选后面两个？如果“上、中、下”真的是指计策的好坏程度的话，谋士只需要给出最好、最优化的那个方案就可以了，何必选择？既然有选择，那“上、中、下”便不单纯指计策本身的好坏。事实是，这里的“上、中、下”可以理解为计策的激进程度或者主动程度：上策最为激进，下策相对保守，中策则介于两者之间。我们知道，激进的计策见效快，但是风险大；保守的策略风险小，但见效慢；只有中策是效果和风险都可以接受的，正符合中国人不偏不倚的中庸之道。

对于此时的刘备而言，情况也一样：奇袭成都，风险太大，一旦不能得手，葭萌也回不去了；退回白帝城，想再入蜀便只能等天诛刘璋；占领葭萌，顺序推进，利益可见，风险可控，相对稳妥。

这才是所谓的“上、中、下三策”的真相。

于是，刘备选择了中策（然其中计）。

正好建安十八年（公元213年）年初，曹操发大军十万，号称四十万，进军濡须口，要报赤壁之仇。孙权赶紧向盟友刘备求救，刘备趁机写了一封信，并附上孙权的“鸡毛信”，一起寄给刘璋。刘备在信中说：“我和孙权唇齿相依，现在曹操打他，我不能不救。但留守荆州的关羽兵力不足，请你再给我一万人马和相应的辎重，让我先回去救孙权。”

刘璋也不是真傻，刘备滞留葭萌这么久没动静，他已经有些不满，现在还想要兵要钱，自然不能给。但毕竟两家还没翻脸，刘璋不好拒绝，就给了刘备四千老弱残兵，刘备要求的军备物资也只给了一半。

这时候不知内情的张松以为刘备真要回荆州，急了，给刘备写了一封密信："我们的大事就要干成了，这时候你回荆州干什么？"

或许是因为事发突然，张松真的慌了神，这份信件竟不小心被张松的哥哥张肃看到。由于害怕受到牵连，张肃向刘璋举报了自己的弟弟，结果刘璋把张松杀了，还给益州所有关卡下令，不允许放刘备通过。

这下刘备不仅失了内应，阴谋也被戳破，不得不发。他立即找借口将还蒙在鼓里的杨怀、高沛二人骗出白水关杀死，并占据葭萌，然后开始掉转枪头，向成都进军，很快便占领涪城。

占领涪城是一大胜利，刘备大宴三军。席间他多喝了几杯，醉醺醺地问庞统："今天这个宴会，很开心吧？"

你猜庞统是怎么回答的？他不咸不淡地说："攻占别人的地方还开宴会庆祝，这不是仁者所为。"

刘备这时候酒精上头，脾气也上来了，怒道："武王伐纣，前歌后舞，难道也是不仁吗？！你说话不中听，出去！"

庞统也不辩驳，告辞后就退了出去。

过了一会儿，刘备酒醒，顿感失言，就把庞统又请了回来。结果，庞统既不赔礼也不道歉，自顾自地坐在自己的座位上继续吃喝。

刘备脸上有点儿挂不住，只好主动问庞统："先生，刚才我们那番对话，谁不对啊？"

庞统笑了笑，说："我们都不对。"

刘备哈哈大笑，大家继续喝酒作乐，仿佛什么事都没发生过一样。

但刘备笑早了。他以为拿下涪城，成都便指日可待，没承想最后却在雒县栽了个跟头。

防守雒县（今四川广汉）的是刘璋的儿子刘循，此地得失关系到他全家的性命，刘循爆发出百分之二百的战斗力，不仅挡住了刘备军队的进攻，竟然还在防守中以乱箭反杀了刘备的军师庞统。

这下子刘备急了，不仅加紧围攻雒县，而且送信到荆州，将荆州托付给关羽一人，把张飞、赵云、诸葛亮都调入蜀中作战。就这样，雒县仍守了整整一年才被攻破。

接下来就是兵围成都，一围又是几十天。

这个时候，刘璋在成都城里还有三万士兵，钱粮足可支撑一年。刘璋的手下都主张死守，刘璋却说："算了吧，我父子二人在益州二十多年，对百姓而言没有什么恩德，现在反倒让他们受了三年战争的苦，这都是我的错，我怎么能心安呢！"

刘璋虽然能力不足，性格偏软弱，但到底有一颗爱民之心。只可惜他生逢乱世，在动荡的时局中终究不能独善其身。随着刘备占领成都，刘璋并没有被秋后算账，反而得了个振威将军的名号，被迁移安置到荆州的公安。这样的结局对他而言虽不是最好的，但也绝非最差的。

建安十九年（公元214年）六月，刘璋出城投降，刘备取得蜀郡，实力大为增强。至此，他第一次有了和顶尖军阀一较高下、逐鹿中原的资格。

第四十九章

刹那辉煌

汉中——刘备人生的大胜

刘备得了益州，就占据了整个长江上游，这让处于长江下游的孙权很不是滋味。这个很好理解：如果刘备在上游洗碗，孙权就得喝刘备的洗碗水；如果刘备在上游洗脚，孙权就得喝刘备的洗脚水；如果刘备在上游撒尿，孙权……

于是，孙权强忍着恶心，跟刘备提出这么一个说法："既然你得了益州，那你借我的荆州总该还给我了吧？"

这其实是孙权的混账逻辑。

荆州是谁的？是荆州牧刘表的。根据当时的社会情况和习惯，地方治权可父子相传，所以刘表死后，刘备让刘表的儿子刘琦做了荆州刺史。后来刘琦病死，刘备作为刘琦的族叔才代理荆州牧。而且，这件事情孙权当时是同意的。如果按这个关系来说，荆州就是刘备的。如果根据既成事实来说，赤壁之战后，孙权占据了江夏郡和南郡，刘备说自己的地盘不够养活手下，向孙权借南郡，孙权才把南郡的一部分借给刘备。所以，要说借也不是借荆州，而是借南郡。因此，即便要还也只是还南郡，怎么能说还荆州呢？

但这个时候已容不得刘备说什么道理，他懒得跟孙权纠缠荆州问题，就敷衍说："我现在正盘算着打凉州，等我拿下凉州，就把荆州还给你。"

孙权一听这个，气便不打一处来。刘备这个小人曾要"披头散发进山做野人"（被发入山）的誓言言犹在耳，孙权怎么还肯与之多言语？遂命令吕蒙率军两万攻取长沙、桂阳、零陵三郡，并派鲁肃率万人屯益阳抵御关羽，孙权自己则率军进驻陆口。刘备见状，亲率五万人马到公安，又命关羽率军对抗吕蒙。两家准备为争夺荆州而战。

就在双方剑拔弩张之际，曹操前来帮忙了。建安二十年（公元215年），曹操西征张鲁。刘备为保益州不失，被迫与孙权讲和，双方约定以湘水为界，东边的长沙、桂阳、江夏归孙权，西边的南郡、零陵、武陵归刘备。

这下孙权初步达成了自己的目的，双方重归于好，决定协同作战：刘备回去应对汉中的变故，孙权则率军十万进攻合肥。

在长江一线，曹操要进攻孙权，最好入手的地方其实就是走徐州出合肥，从下游一带突破。赤壁之战后，曹操曾四次进攻孙权，走的都是这个路线。同理，孙权要减轻曹军带给自己的军事压力，夺取徐州就很重要，而要夺取徐州必先取合肥。

这个时候曹操在汉中，防守合肥的是曹操手下的第一大将张辽，他手下有七千人。

七千人对十万，怎么打？

换作别人，无非坚壁清野，然后死守待援。但张辽不仅是曹军第一名将，而且是当年关羽阵斩颜良的亲历者，哪怕已过去十多年，这事仍仿佛发生在昨天，对他的影响和震撼更是经久不绝。于是张辽决定仿效关云长，不走寻常路。

在孙权的大军抵达合肥当天夜晚，张辽从士兵中选拔出最精锐的八百人，让他们个个饱食一顿牛肉。第二天，天刚蒙蒙亮，这吃饱喝足的八百壮士便从城中冲出，朝孙权的中军杀去。为首的张辽不愧为关羽的同乡兼好友，深受云长的影响，率先冲入敌阵，一人斩杀孙权两员大将，外带数十士兵，然后高呼："张辽在此！"紧接着，他径直朝孙权的车驾冲去，吓得孙权在一众亲兵的簇拥下爬到最近的山坡上避难。

山坡下的张辽见状大声叫嚷起来，提醒孙权像个男人一样下来跟自己单挑。山坡上的孙权哪里敢答应？虽然知道张辽应该冲不上来，但孙权还是不放心，手里拿着一杆长戟时刻准备着，一旦周围的亲兵被张辽冲散，自己就得做垂死挣扎。

好在张辽的手下实在太少，等孙权的其他队伍反应过来纷纷向中军聚拢时，张辽再勇猛也不得不带着手下撤退。

经此一战，自孙权往下，吴军将士的胆气被夺，不复敢挑战曹军。十余天后，孙权眼见再难取胜，只好退兵。没想到孙权退兵后也不得安生，在逍遥津的断桥边被张辽的队伍衔尾追上。孙权又一次面临要和张辽单挑的窘境，最后全靠吕蒙和甘宁死死挡住张辽，孙权身边一个叫谷利的太监舍身猛鞭孙权坐骑的后臀，马一跃丈余，飞过断桥，他才得以逃生。

由此，仓皇逃窜的孙权在千年之后的网络上有了“孙十万”的别称。

孙权这边失利，刘备那边却连续取得了胜利。

建安二十年（公元215年），曹操取得汉中，但他没有进一步攻击蜀郡，而是留下亲信夏侯渊和张郃镇守汉中。这时，张郃不知是得了曹操的密令，还是对形势有他自己独特的见解，驻守汉中的他不仅率军攻略益州的巴西、巴东两郡，还准备把当地百姓迁到汉中。这让刚上任的巴西太守张飞怎么能忍！三爷点齐精兵万人与张郃交战，双方在巴西郡的宕渠、荡石一带对峙起来。

在僵持五十余天之后，在历史演义中素来以勇猛有余而智谋不足著称的张飞主动求变，亲自率军走小路，直插张郃军的腹部。巴西郡山脉众多，山路崎岖难行，中军受袭的张郃军头尾不能相顾，被张飞拦腰截断的队伍迅速溃不成军。无力回天的张郃最后被迫弃马步行，只带着十几个亲随翻山而走。

曹操的不战而退和张郃的拉跨表现让刘备新得的谋士法正看到了机会。建安二十二年（公元217年），法正劝说刘备：“曹操占有汉中却没有趁势进攻蜀郡，这说明他后院出了问题。夏侯渊和张郃都算不上一等一的统帅，这是难得的机会，我们现在要做的就是立即进攻汉中。只要我们拿下汉中，再广积粮食，并以此为出发点备战，做到最好，我们就可以消灭曹操；差一点儿，我们可以逐步蚕食敌人，拓展自己的土地；最次，我们也能保住自己现在的地盘。”

“所以，”法正最后总结道，“这是老天给我们的机会，机不可失。”

刘备是非常信任法正的，有他这番话，又有张飞之前的胜利，刘备便有了信心。建安二十二年初，刘备挥师北上，同时遣张飞、马超、吴兰等进军下辨。结果出师不利，吴兰的军队被曹洪击破，张飞、马超退走。五月，刘备率兵进屯阳平关，亲自与夏侯渊等争夺汉中。

夏侯渊不仅是曹操的爱将，也是他的亲戚，能力非同一般，尤其擅长长途奔袭，曹操称其为“虎步关右”。也就是说，在其所驻守的潼关往右的陇西一带，无人能敌夏侯渊。

当然，夏侯渊并非没有缺点。曹操派他驻守汉中的时候曾告诫他道：“做一方大将，应该知道要有退缩和害怕的时候，不能仗着自己勇武就一味乱来。为将之道，勇武当然是根本，但计谋是行动的指南，只有勇敢而不懂计谋的，不过是一介匹夫而已。”

曹操的话，夏侯渊一开始听进去了。所以，即便刘备自己来战，过程也不顺利：他所派的部将陈式在马鸣阁被徐晃截击；刘备亲自攻张郃，也未能成功；驻守阳平关的夏侯渊更是闭门不出，让蜀军一点儿办法都没有。但打惯了败仗的刘备并没气馁，在接到诸葛亮从蜀郡调来的增援后，法正主张放手一搏，全军不退反进，竟强渡沔水，来到定军山前。

尽管定军山是汉中的战略要地，素有“得定军山者得汉中”的说法，但实话实说，当时夏侯渊最合理的做法应该是继续死守阳平关，等待曹操的增援。但夏侯渊与刘备相持一年，屡战屡胜，多少有些得意忘形，没想到蜀军会如此行动，一不留神被刘备抢先上了定军山，占了先机。夏侯渊自然不肯罢休，亲率精锐队伍与刘备争夺定军山。

由于山顶已被刘备占领，夏侯渊只能在山下筑鹿角寨与之相持。当时曹军的阵势如下：营寨分东、南两端，东端由张郃护卫，南端由夏侯渊自守，两端相隔十余里，互为犄角，中间放置大量拒马（又称鹿角），以阻碍蜀军骑兵的行动。

看到这阵势，刘备已然有了主意。于是，他先在夜里率兵火烧两军中间的鹿角，然后围攻张郃所在的东寨。张郃拼死抵抗，队伍损失惨重。夏侯渊见状分兵一半与张郃，才堪堪挡住蜀军的进攻。刘备再派兵火烧鹿角，这时候夏侯渊已经杀红眼，大概已经把曹操的告诫忘得一干二净，竟做出谜之操作——亲率四百精兵去修鹿角。

这就叫自寻死路。看到夏侯渊居然轻兵出阵，蜀军奋勇出击，老将黄忠一骑当先，在震天的战鼓声中带头冲出，将夏侯渊斩于马下。夏侯渊一死，曹军大败，曹操任命的益州刺史赵颙死于阵前，张郃只好收拢残兵退守阳平关。

然而，刘备前进的脚步并没有停止。第二天天亮，蜀军便出现在阳平关外汉水的对岸。

看到蜀军有渡河进攻的意思，曹军决定在远离汉水的地方摆开阵型，引诱蜀军渡河来战，等蜀军开始渡河，便“半渡而击之”。但大胜之后，刘备眼见取得全面胜利，反倒谨慎起来，没有轻易率军渡河，使得张郃等人的部署落空。

这时候已经是建安二十四年（公元219年）正月。

两个月后，曹操率军由斜谷抵达前线，但此时刘备已然在汉中站稳了脚跟。这一次，刘备终于摆脱了二十多年来笼罩在他心头的阴霾，理直气壮地说：“曹操虽然来了，却无能为力，汉中始终是我刘备的。”

雄起的刘备这次终于没有被啪啪打脸。又过了两个月，曹操不仅没能挽回战局，手下士兵反倒逃亡得越来越多。最后，曹操不得不发出“鸡肋”的感叹，率军退出汉中。

这是刘备第一次从曹操手底下抢得一块地盘，对他而言是一次历史性的胜利。这时候曹操已经称魏王，于是占有整个益州和荆州三个郡的刘备也毫不客气，在汉中称王，自称汉中王，而整个刘备集团的军事实力即将在两个月后达到巅峰。

襄樊——关羽的顶点与谷底

建安二十四年六月，刘备称汉中王，封四大将军：前将军关羽、右将军张飞、左将军马超、后将军黄忠。七月，关羽便出兵进攻襄阳和樊城，并迅速围困驻守襄阳的吕常和樊城的曹仁，但关羽的攻击重点在樊城。

关羽的出击迅猛且诡异，但问题是，究竟是谁让他在这个时候攻打襄樊的?

除了《三国演义》，无论是在事前、事中，还是在事后，我们都没有看到刘备命令关羽发动进攻，或者诸葛亮或法正或其他人建议刘备命令关羽发动进攻的正式记载，而演义是靠不住的。那么，结论只有一个：关羽自作主张发动了襄樊战役。

这是有可能的，因为在刘备集团中，关羽一直是个特殊的存在。

虽然刘备在很长时间里都没有太像样的军队，但如果遇到必须分兵的情况，那一定是刘备自己带一支军队，关羽带一支军队。而且，刘备征益州的时候因为兵力不足，曾把最初留在荆州的张飞、赵云、诸葛亮都抽调走，唯一留下的就是关羽。这显示了刘备对关羽能力的认可。此外，刘备称王之后不仅封关羽为前将军，还给了他“假节”。这些都可以证明关羽在刘备集团中有一定的独立决策权。

而且，在整个刘备集团中，甚至包括刘备本人在内，大家都是让着关羽的。

马超来投奔刘备的时候，关羽因为和马超不熟，又听说他很厉害，就写了封信问诸葛亮：“马超这个人怎么样，可以和谁相比？”

诸葛亮马上领会了关羽的意思，立即回信安抚。要说夸奖人，也有夸奖人的方法。在这方面，诸葛亮的水平就是高。关羽下巴处有数百根二尺来长的胡子，他对这一撮毛发十分用心，平日里总是梳得整整齐齐的，还专门做了个布袋子把它们兜住，以防意外掉落及无端损耗，于是人们谓之“美髯公”。诸葛亮从这上面做文章，回信时跟关羽说道：“马超这个人啊，不得了，文武全才，勇烈过人，可以说是一世之杰，就像汉朝初年的英布、彭越那样。这样的人可以和张飞一争长短，但是呢，还是比不上美髯公的绝伦逸群啊。”

拿到诸葛亮的回信之后，关羽大悦，并且把它视作一件很光荣的事情。一旦有客人来，关羽就把信拿出来给客人看：“你看看，看看军师是怎么说的，哈哈哈。”

刘备称汉中王后，将关羽封为前将军，将黄忠封为后将军。诸葛亮知道后跟刘备说：“主公，黄忠不像马超这么有名望，现在你将黄忠和关羽并列，马超、张飞他们曾亲眼见到黄忠在定军山立功，不会说什么，但关羽就不一样了，他可能会不高兴，这样做不好吧？”

刘备说：“没事，你放心，我自有办法。”于是，刘备派了一个叫费诗的人去给关羽送委任状。

费诗到荆州后，关羽果然不干：“关某堂堂大丈夫，怎么能和一个老兵同列！”

早有准备的费诗淡淡地回答：“一个人要成就王业，就要什么人都用。昔日萧何和曹参都与高祖是故交，但后来高祖给韩信封王，使其地位在萧何与曹参之上，也没听说他们二人有什么意见。现在汉中王虽因黄忠立了大功而褒奖他，但要论及在汉中王心中的地位，黄忠又怎么能和君侯你相比呢！汉中王和君侯说是两个人，其实是一个人，休戚与共，祸福相依。不才窃以为君侯不应该和汉中王计较什么官位高低、俸禄多寡。当然了，在下就是一个送信的，君侯如果不接受，在下回去就是，但请君侯日后不要后悔。”

经这样一通暗捧，关羽才接受刘备的委任状。

可问题是，关羽到底值不值得所有人都惯着他、让着他呢？

他显然是值得的。

毕竟对刘备而言，关羽不仅忠心不容置疑，能力更是一流。除了个人武力非常强外，关羽作为一名统帅，综合指挥能力也极优秀。别的不说，单说他作为一个北方人，到荆州后很快便能带水军，这就非常了不起。如果当年关羽能在曹操手下一直干下去，说不定赤壁之战时曹军就打过长江了。而且，关羽镇守荆州之后，虽只有三个郡，他的实力却是日渐变强的，已经强大到在邺城的魏王曹操不得不单独加以关注（时关羽强盛，而王在邺，留必典兵督许中事）的程度。其实，对于关羽实力的变强，曹操一直是有所防范的。建安二十四年（公元219年）年初，曹操命曹仁率先进攻关羽。由于史书记载的缺失，我们并不知道曹仁这位曹魏阵营中最重要也最厉害的将领是怎么打的这一仗。他年初时强势进攻，数月之后便开始反向前进；到了七八月份，曹仁便只能带着数千残兵死守樊城。

勇武如斯，能力出众，又有独立决策的权力，关羽当然有可能根据自己的判断自作主张，发动襄樊战役。

但，仅仅是如此吗？

或许不全是。

要知道，建安二十四年的时候关羽已经六十岁。这位几乎与刘备同龄，跟随刘备东征西讨三十余年，曾于万军中取其上将首级的无双猛将已经垂垂老矣，属于他的日子可以说过一天少一天，他必须趁自己心有余且力也足的时候，尽量替刘备建立功业。而且，这件事情宜早不宜迟。

这时候刘备夺得汉中称王，整个刘备集团的气势正值顶峰。而在年初，南阳郡守将侯音反叛虽然被曹仁平定，但从中可以看出曹操在荆州的统治并不稳固。因此，现在就是出征的最好时候，机不可失，时不再来——这大概也可以成为关羽发兵的理由。

还有一个因素可能也在一定程度上刺激了关羽，那就是费诗的那番话。既然老兵黄忠能为大哥立下大功，他关羽作为与刘备一体同心的兄弟，怎能落后于人！黄忠能斩杀夏侯渊，为夺取汉中立下头功，他关羽杀个曹仁再夺下樊城乃至整个荆州，又有何不可！不如此，如何能显示关某人之绝伦逸群？

这一点放在别人身上或许不可能，但放在关羽身上则是万万有可能的。正如刘备集团内所有人都惯着、让着关羽一样，关羽也习惯了别人惯着、让着他，把他捧得高高的。他怎会允许有人在功劳上超过他？

于是，在以上种种因素的共同作用下，关羽开始进攻樊城。

战役的开始也印证了关羽的想象：什么曹仁，也就能与周瑜比拼一下，遇到他关某人，用胡子就能将其勒死！

七月，关羽进攻樊城，曹仁向曹操告急，曹操命令于禁统率七军前去增援；八月，襄樊地区天降暴雨，一连十几天的大暴雨形成洪水，把樊城围了起来，并且淹没了驻扎在樊城西北平鲁城里的于禁的七军。平鲁城年久失修，破旧的城墙不足以抵御洪水的冲击，于禁只能带着部下登高避水。此即“水淹七军”。关羽趁着大水亲自驾船攻击于禁，于禁抵挡不住，成了关羽的俘虏。在樊城北面十里处驻防的马超的原部下庞德所部同样被洪水波及，但庞德此时反倒勇猛作战，力战半天无人能近，结果因为不识水性，在试图退回樊城的途中被波浪掀翻坐船，随后遭到擒杀。此即“降于禁，斩庞德”。

这是一次非常大的胜利。“水淹七军”之后，当时自樊城到许都附近，沿途大大小小的山贼、土匪听闻关羽的大名都纷纷表示要接受他的指挥。在曹操的大本营邺城，人心浮动，魏国西曹掾魏讽联合长乐卫尉陈祎准备发动政变，干掉留在邺城的魏王世子曹丕。要不是陈祎临事而惧，事情可能就成了。在事后的大清洗中，数千人遭牵连被诛杀。当然，如果这样还有人不能理解这次胜利究竟大到什么程度，我还可以多说两句。

我们知道，陈寿在作《三国志》时有个大毛病，就是行文非常简略，可以说惜字如金。很多当时的人以及后世人认为重要的历史事件，他都一笔略过。但即便是陈寿，写到此时的关羽也忍不住为他多费笔墨，发出五个字的感叹："羽威震华夏。"

甚至有传闻说曹操一度召集手下开会讨论迁都的问题，要把皇帝从许都移走，避开关羽的锋芒，因为关羽一旦拿下樊城，进而进攻南阳郡，就可以打通直击许都的道路。

当然，以曹操的见多识广，这就让他迁都不太可能。但曹操这个时候确实需要开会，需要集思广益，寻找应对关羽的办法。在会议上，根据司马懿和蒋济的建议，曹操做出了两项决定：抽调曹军所有的机动队伍增援樊城；同时联系孙权，让他偷袭关羽。孙权也及时给予了回应，私信曹操，表示要"讨伐关羽，表达自己的忠心"。

这下在樊城前线的关羽情况就非常不妙了。

在内部，由于"水淹七军"的战果过于巨大，关羽一下子俘虏了曹军很多士兵，一时间来不及把他们转化为己方的战斗力，又不能把他们放回去，只能暂时关起来养着，导致队伍的给养压力陡然增加，后勤补给很快便捉襟见肘。在外部，曹操新派来的十二营士兵虽然是新兵，但毕竟是生力军。关羽手下的士兵经过连月作战，不仅在数量上处于劣势，而且已现疲态，而镇守上庸的刘封则找借口不愿出兵协助关羽。这意味着如果没有增援的话，关羽无法以原有的士兵完成对樊城的占领。

遇到这种情况，一般将领的第一反应应该是退回自己的地盘防守，等待益州的增援，之后再做打算。关羽显然不一般，他在战场上从来都是一往无前的。

撤退？对不起，关某不才，认不得这两个字！

既然不撤退，那就要解决问题。士兵不够，就从自己的大本营江陵和公安抽调；粮食不够，关羽便派兵抢夺孙权存放在湘关的粮食，充作军粮。

对孙权来说，这大概是压垮孙刘联盟的最后一件事情，以及他伸手在背地向关羽捅刀的借口。

平心而论，自赤壁之战后，有一段时间里孙权对刘备真心不错，不仅借了地盘给他，还把自己二十出头的妹妹许配给了五十多岁的刘备。史书上的说法是“进妹固好”，从这短短的四个字里面，我们可以读出作为江东实际统治者的孙权当时已卑微到略带耻辱的心态。我们甚至可以怀疑，在某一段时间里，孙权可能真的想联合刘备消灭曹操。

可孙权的低姿态换来的是什么呢？孙权要“联合取蜀”，刘备说“你要打刘璋，我就披头散发进山做野人”，结果刘备没进山，倒是进了蜀地；曹操前来进攻，在孙权看来，自己是在替刘备抵挡曹操复仇的怒火，于是向刘备求援，可刘备非但没伸出援手，还趁机把刘璋干掉了。

直到这个时候，孙权才第一次和刘备翻脸，要和他争夺荆州的归属权。但孙权这个脸也没翻彻底，在刘备的退让下，孙权很快便与之议和，转过头来出重兵和曹操干了一架。结果，这一架孙权差点儿没把命搭上，而刘备则拿下了汉中，地盘、势力已经有隐隐超过孙权的架势。忙活多年的孙权哪里咽得下这口气？

况且在孙权看来，不仅刘备不是个东西，他手下的关羽也不把自己放在眼里。之前负责与关羽接触的鲁肃是个坚定的联刘派，为保持两家的良好关系，不惜在关羽面前放下身段。可越是这样，关羽似乎越看不起江东人。

刘备看不起人，刘备的狗腿子也看不起人，孙权生气了，他要给刘备一点儿颜色看看。

但这个颜色是现在马上给，还是等等再给？孙权还拿不定主意，他问吕蒙：“要是没有关羽替我们挡住曹操，我们自己能挡住吗？”

接替鲁肃的吕蒙跟当年的周瑜一样，主张干掉刘备，独立对抗曹操。他马上回答：“如果荆州在我们手上，主公只需要让孙皎将军守南郡，潘璋进驻白帝城，我吕蒙守襄阳，再让蒋钦带一万人在长江沿岸巡航，完全可以抵御曹操，要关羽做什么！”

“好，那我们是不是先拿下徐州，再打荆州？”

吕蒙接着说：“徐州好打，因为现在曹操自顾不暇。打徐州我们打得下来，但徐州那个地方一马平川，我们即便有个七八万人也不一定守得住。不如先打荆州，荆州我们既能打下来，也能守得住。”

这下孙权心里有了底。但关羽发动襄樊战役前，孙权又做了一次维持联盟的尝试：派使者跟关羽商量，让关羽的女儿嫁给自己的儿子。

以关羽的高傲，大概看不上孙权的儿子，况且女儿嫁过去就成了人质，可不是谁都像孙夫人那般容易接回来的，于是关羽没有同意。不同意就不同意吧，但关羽不是诸葛亮，会在众人之间打圆场，他直接以一串“国骂”将孙权的使者羞辱了一番。具体说的什么，我们不知道，权且当《三国演义》里那句大家耳熟能详的“吾虎女焉能嫁犬子”是真的吧！

孙权这下真的怒了，他决定干掉关羽。

这时吕蒙早就等得不耐烦了，他上疏孙权：“关羽现在在打樊城，但还留了很多兵在后方，这些人都是用来防备我的。现在请主公允许我因病退休，这样关羽就会放松警惕，把兵力抽调到前线去，那时候我们便可以趁机偷袭荆州。”

孙权完全按照吕蒙的建议做了，宣布吕蒙因为病重无法继续担当重任，让当时还不怎么有名的小伙子陆逊接替吕蒙的职位。陆逊到任之后，第一件事情就是给关羽去了一封言辞谦卑且态度诚恳的信。

在信中，陆逊首先大大地夸赞关羽“水淹七军”的战绩，称关羽“小举大克”，这等功劳至少能和晋文公、韩信齐名，然后表示自己能力不足，怕担当不起保家卫国的重任，请关将军多多提携。接下来，陆逊提醒关羽，于禁虽然败了，但徐晃还在，而曹操是很狡猾的。

“当然了，”陆逊在信中最后写道，“我陆逊就是一介书生，考虑问题不够周全，还需要关将军您自己定夺。”

这一通马屁拍得极好，每一下都正中关羽的痒处。关羽自生年以来不知有陆逊这人，这下便更不把他放在眼里，遂放心地将自己留在后方防备吕蒙的队伍如数抽调到前线，准备和曹仁进行决战。

等关羽夺了湘关的存粮，孙权就有了发动进攻的借口。在进攻之前，孙权给曹操去信，请曹军方面对江东即将采取的行动保密。曹操拿着孙权的信问群臣：“我们该不该保密？”

大家都说应该保密，只有董昭建议曹操不仅不要保密，还要主动把消息泄露给关羽。为什么这样呢？因为曹军的目的是解除樊城的危机。关羽一旦得到孙权即将袭击他的消息，结果无非两个：其一，关羽撤退，樊城之围立解；其二，关羽不退。若关羽不退，他们则更要让樊城的将士们得到消息，燃起希望。而且，以关羽的性格，大概是不会马上就退的，把消息泄出去对曹军有利。

果然，接到孙权袭击自己后方的消息，关羽当真犹豫了。因为在他看来，樊城唾手可得，现在回去将前功尽弃，而且他相信江陵和公安两地不是孙权说拿下就能拿下的。

结果大家都知道，关羽太过自信了。

樊城陷于死地，曹仁等将士本就有必死的决心，后来不仅有徐晃的增援，曹军十二营新招募的机动队伍也陆续到达——这说明曹老板并不准备放弃樊城——现在又得到孙权袭击关羽后方的消息，曹军瞬间士气大涨。这下关羽反倒逐渐处于劣势。

原本关羽在樊城包围圈四周建有五个据点，圈中有鹿角十重，形成一个完美的困兽之阵。然而，徐晃的到来改变了局势。在他的攻击下，五个据点摇摇欲坠。关羽见状，亲率五千士兵与徐晃交战。

但岁月不饶人，关羽这个曾经的无双猛将此时真的老了。前几年在作战中他曾不慎被毒箭射中左臂，箭头涂抹的毒素渗入其骨髓，每到阴雨天气伤口处就疼痛不止。关羽不得已，找来不知名的军医来了次在别人看起来巨牛无比的“刮骨疗毒”。之前与庞德交战时，他又被庞德一箭射中额头，要不是因为距离远且有头盔护着，脑浆都能给射出来，也就不会有后来的“水淹七军”了。现在，在正面对抗中，关羽已不敌与其年纪相仿的徐晃，想退回阵内，徐晃却化身当年在白马城的关云长，率骑兵突入重重鹿角阵中，竟再败关羽。

然而，对关羽来说，比战败更不能接受的，是南郡陷落的消息。

关羽十分清楚南郡尤其是江陵的重要性，也了解孙权这一方是不能完全相信的。所以，主政荆州之后，关羽在军事基础建设上对于江东至少做了两手准备：一是沿江修筑大量预警用的烽火台；二是加强江陵的城防。江陵本就是坚城，之前赤壁之战后周瑜曾携大胜的吴军去啃江陵，硬是啃了一年多。而当关羽得了江陵，又在原有坚固城防的基础上添砖加瓦，使江陵看起来更牢不可破。在关羽丢失荆州后的第四年（公元223年），曹魏大将曹真、夏侯尚、张郃率数万众围困江陵，孙权派驻的江陵守将朱然仅依靠五千得了浮肿病的士兵，硬是让曹军在六个月的时间里寸步未进，凭借的就是关羽所构筑的坚固城防。因此，关羽虽然抽走了防备江东的机动队伍，但他的防御布置仍然有效。陆逊和吕蒙既然要偷袭，就不能堂而皇之地进攻。于是，二人想了个法子：让部分士兵穿白衣伪装成商贩，精兵则隐藏在船舱之中，“白衣渡江”，将沿江的烽火台和警戒哨拿下，然后队伍突然出现在南郡的江陵和公安。

令所有人都感到意外的是，守江陵和公安的糜芳和傅士仁，在江东的军队出现在城下的时候，没做什么抵抗就投降了。

关羽在樊城外被徐晃所挡，现在又接到南郡被破的消息，在这种情况下，关羽再怎么不情愿也不得不撤退。

对于建安二十四年（公元219年）这场发生在荆州土地上、决定其后历史走向的襄樊之战，我们甚至可以这样总结双方的阵容——

对阵的一方不仅包括北边的曹魏，他们派出了几乎所有的主力，有名的将领就有曹仁、于禁、徐晃、满宠、庞德等，以及已经在路上没来得及投入战场的张辽；还包括南边的东吴，他们派出了其史上最有名的“四都督”中活着的唯二两位——吕蒙和陆逊；还有西边的刘备集团出了不放一枪就投降的国舅爷糜芳和不肯出兵的汉中王的养子刘封。而这群人的对手只有一个：关羽。

如此形势，即便是武圣，又怎能取胜？！

等等，迄今为止，关羽丢掉的仅仅是南郡，零陵、武陵两郡还没有陷落，他何苦要走那麦城的绝路呢？

麦城——英雄无尽的遗憾

建安二十四年十月，关羽开始从襄樊前线撤退，在南郡辗转一个多月，最后无奈之下败走麦城，随即被俘，然后被杀。

或许不少人会有疑问：关羽为什么要走麦城？他就不能退守零陵、武陵等地等待益州的增援，然后伺机反攻吗？

答案是当时已不可能。

在刘备占有的零陵、武陵、南郡三郡中，南郡的位置最为重要，把持着进出益州的要道。关羽从樊城前线撤退的时候，曹操担心孙权会趁曹仁和关羽疲兵相斗之际发动突然袭击，坐收渔利，于是严令禁止曹军追击。因此，关羽撤退后第一选择并不是直接退到益州，而是夺回江陵和公安。

夺回南郡，荆州的西部就还在刘备手里；若退回益州就意味着丢了荆州，而丢了荆州，刘备或许不会说什么，但关羽自己肯定是过不了自己这一关的。所以，夺回南郡是首当其冲的要务，逃回益州只是关羽最后的选择。

在准备夺回江陵和公安之前，关羽曾派人到城中打探消息。按照正常情况，城市被对手占领，必然会遭到抢劫和破坏，这可以点燃将士们复仇的怒火，但吕蒙和陆逊实在太鸡贼，兵不血刃地夺取江陵和公安之后，对城中百姓秋毫无犯，对从军者的家属更是予以安抚和优待。有一个吕蒙自己的亲信部下，下雨时因为拿了百姓的一个斗笠盖在官家的铠甲上，以免铠甲被淋湿，就被吕蒙以违反军令之罪“垂涕斩之”。

这太狠了，一下震慑军中，无人再敢骚扰百姓，南郡一度出现路不拾遗的景象。吕蒙还一天两次派人去慰问城中军属，缺钱的给钱，缺粮的给粮，生病的包治疗。结果，关羽派去打探情况的人回到军中把看到的如实告知众人，士兵们的斗志一下子低落到谷底。

虽然关羽平时对士兵们很好，但再好也比不上家人重要，于是士兵们不但不愿意跟随关羽攻打江陵和公安，还开始逃亡，而且逃的人一天比一天多。等关羽在江陵和公安之间辗转一个多月，不得已承认自己已然失去夺回南郡的机会时，他反击和逃生的时间窗也已经关闭。

当然，零陵和武陵不是不可守，但是要早。以事后诸葛亮的角度看，从樊城撤回来后，关羽还有一个选择，那就是第一时间派信使回益州求援，同时军队立即撤退至零陵、武陵，死守两地，等待益州的增援，再伺机反攻南郡。这样一来，零陵、武陵未必会陷落，关羽也不一定会身死，但以关羽高傲的性格看，他注定不会选择这条路。

表面上看，荆州的失败是关羽的性格问题造成的，正是他“善待卒伍而骄于士大夫”的性格，让他很难和同僚相处。糜芳和傅士仁为什么没抵抗就投降？况且糜芳还是刘备的小舅子，跟刘备也算荣辱与共，怎么就投降了呢？就是因为关羽平时对他们并不好。关羽在襄樊前线作战的时候，糜芳和傅士仁因为督运军粮不力被关羽放狠话：“回去就按军法治你们的罪。”

二人一想：“既然让你关羽回来我们就得死，那干脆让你回不来。”

是不是对士大夫好的人，下场就会比关羽的强呢？也不尽然。张飞在待人上就和关羽完全不同，“爱敬君子而不恤小人”，他的结局又如何呢？被手下两个士兵杀死。

那在荆州的问题上，刘备集团当时有没有可能避免关羽的悲剧？

理论上是有的，那就是在关羽身边留一个做政治思想工作的政委。当然，这个人首先必须能得到关羽的认可。

刘备集团里有这样的人吗？

好消息是有，那就是诸葛亮；坏消息是，只有诸葛亮。

其实，一开始刘备是让诸葛亮留守荆州的。问题是，刘备在争夺益州的时候兵力不足，把张飞、赵云、诸葛亮都从荆州调走了。刘备夺得蜀郡之后，诸葛亮就一直留在成都负责后勤工作，这工作同样没人能够替代他去做。而诸葛亮被调入蜀郡的直接原因是庞统的阵亡，如果庞统不死，他和诸葛亮之间可能有一个会被留在荆州，那南郡的悲剧或许就可以避免。就如同当年刚得兖州的曹操，张邈和陈宫叛变之后，吕布几乎占领了整个兖州，全赖谋士荀彧为曹操守住最重要的鄄城，曹操日后才有翻盘的资本。从这一点看，庞统的意外阵亡才是这其中的关键。

说到这里，不禁又得重提曹操和刘备这对对手在招揽人才方面的不同做法。

对于如何吸引人才，曹操和刘备的方法各有优劣。曹操有一面大旗，那就是皇帝。他用皇帝的名义招揽人才，好处是见效快、招到的人数多，毕竟是为天子做事，说出来面子上有光；坏处是有的人才真的是冲着皇帝来的，于是朝廷中支持曹操的人很多，反对曹操的人也不少。

刘备招揽人才靠的是意气相投。真正让刘备看上的人，刘备是一定要跟他生活在一起的，甚至睡觉都睡在一起。这样做的好处是，这些人才对刘备都忠心耿耿，在忠诚方面没有问题。可以刘备的精力和资源，其所能寻找到的人才中，真正能和他同榻抵足而眠的精英少之又少。这一点在《三国演义》中体现得尤其明显：从头到尾，刘备手下一直没几个说得出名字的人才，武将不过关、张、马、黄、赵，顶多再加个魏延，谋士则只有诸葛亮、庞统和法正。而且，庞统和法正虽惊才艳艳，却英年早逝，没有获得太多的表现机会。长期以来，唯一能称得上刘备军师的，只有诸葛亮。

整个刘备集团中称得上号的，翻来覆去就这几个人，太少了。当然，这样说显得我情商不足，高情商的说法应当是刘备集团的核心成员异常稳定。

所以，顶尖人才不足才是导致荆州丢失的根本原因，但这是刘备集团解不开的死结。

建安二十四年（公元219年）十一月到十二月，关羽一直在南郡盘桓，除了他自己的亲兵，其他大部分士兵几乎逃亡殆尽。而在这段时间里，吕蒙和陆逊不仅夺去了零陵、武陵两郡，还占领了夷陵，扼住出入益州的水路。

这时候关羽的目标不再是夺回南郡，而是保住自己的性命。要保命，关羽只能走麦城，然后通过山间小道辗转回益州。

但现在主动权已经不在关羽手上。

孙权也知道麦城是关羽最后的退路。等关羽进了麦城，吴军士兵立即把麦城围了个严实，孙权还派了个人去城中和关羽接触，希望他能够投降。

此时的关羽已非当年在下邳的关羽，穷途末路之际他只能做最后一搏。他让士兵在城头立起假人，宣称要投降，试图迷惑吴军，然后瞅准时机率士兵四散突围。

冲出麦城后，关羽身边除了儿子关平，只剩下十几个人。但孙权预料到关羽会来这招，早就派朱然和潘璋率队伍在麦城外的道路旁埋伏。关羽冲出麦城后，走到章乡就被潘璋手下一个叫马忠的擒住。

之后的结局已没什么好赘述的，关羽和儿子关平被斩于临沮。

关羽的失败不仅让自己丢了性命，还让刘备失去了最好的兄弟、最忠诚的手下和最勇猛的将军，以及极其重要的荆州，失去了日后争夺天下的资本。然而，在无数机缘巧合之下，关羽的忠义让他的身份、地位在死后得到飞升，最终在清代光绪年间到达顶峰，获得前无古人、后无来者的二十六个字封号“忠义神武灵佑仁勇威显护国保民精诚绥靖翊赞宣德关圣大帝”，达到和孔子平起平坐的圣人级别——这个说法从某种角度说有失偏颇，据不完全统计，世界上现存关帝庙三万多座，而孔庙在鼎盛时期数量也不过是现存关帝庙的十分之一。

但不管怎么样，荆州的失败是关羽的不幸，更是刘备的大不幸。

我承认自己有英雄情结，而关羽正是历史上最受人追捧的英雄之一。按这个节奏，如果在几年前，我还能继续再吹一章，但自从打开手机就是满屏的“魔关羽是最好的开局武将”之后，我觉得还是算了，真正的英雄人物是要放在心里尊重的，不应该被过度消费。

那这里只剩最后一个问题：从襄樊战役正式打响到关羽败亡，前后差不多有半年时间，为什么刘备没有给关羽增援？

因为刘备想不到。

“水淹七军”之后，关羽军队的气势达到顶峰。樊城在关羽的攻击下岌岌可危，破城指日可待。如果关羽真拿下襄阳和樊城，之后他大概率会先稳固地盘，未必会马上有大的动作，比如直扑许都之类。在这种情况下，增援的意义并不大。即便后来曹军的增援来了，关羽兵力不足，不能抵抗，他也能退回南郡，维持开战前的状态。可谁能想到，这个时候孙权会在关羽后方插上一刀？等关羽从樊城退回来，想夺回南郡而不得的时候，孙权的队伍已经占领连通益州的要道，关羽方面恐怕连信都送不出去。刘备根本没法儿知道关羽的危机，而当关羽被俘的消息姗姗传到成都时，做什么都已来不及。

而整个东汉王朝就在这时走到了终点。

第五十章

时代的终焉

奸雄的结局

关羽被杀之后，谁都知道，接下来必须有人迎接刘备的怒火。

建安二十五年（公元220年）正月，孙权把关羽的头颅送到了曹操跟前，想把袭杀关羽的主谋罪名交到曹操手上。曹操哪里会接这个锅，他以超高规格厚葬关羽，并不承认袭杀关羽是己方的意愿。

但曹操的寿命这时候也走到了终点。

据说曹操从汉中撤退后回到洛阳，命人在那里建造了一座新的宫殿，并亲自监工。

要建宫殿，就要用到好的木头。一天，一个叫苏越的工人正在挖掘一株品质上等的梨木，发现被挖断的树根中竟流出似血的红色液体。见此情景，工人们一片哗然，监工曹操循声而至，看到树根流出的“血液”后十分厌恶，认为这是不祥之兆。回去之后他就得了急病，没过几天，魏王曹操薨。

这个故事大概是靠不住的。

较为靠谱的说法是，曹操常年患有头风病。当时人所谓的“头风”有可能是以头痛为主要症状的一类脑血管疾病。曹操此病迁延日久，某一日突然加重，引发脑血管意外，导致他猝死。其实，这也怪曹操自己寻死。

东汉末年有一个精通经学的士人，在仕途不顺的情况下自学成才，成为当时医学界首屈一指的人物，不仅能药到病除，断人生死，更有一手以麻沸散镇静止痛兼外科手术切除病灶的绝技。此人便是华佗。

这样的人才，曹操自然不会放过，况且他自己就是头风难治的久病之躯。于是，他给华佗安排了个专给自己看病的差事。

华佗既为大医，自然对患者一视同仁。他给曹操诊治后，曹操的症状立即缓解，但华佗仍然直言不讳：“丞相这个病是顽疾，短时间内难以治愈，需要长期调理才能延年益寿。”

曹操想：“没事啊，反正你就在我身边当差，不管多长时间，只要能根治，怎么搞都行。”

可这个工作干得时间一长，华佗自己不乐意了。他堂堂一个读书人，本是“天子、诸侯、大夫、士”贵族阶级中最末一等的，再不济也是百姓“士农工商”中最高一级的“士”，结果现在混成倒数第二，成了仅比最不受人待见的商人高一点儿的“工”，他怎么会不懊恼？况且以前他游历民间悬壶济世，处处救人于病痛，何等受人尊敬，现在却成了笼中的金丝雀，整天只能对着一个喜怒无常、杀人无数的头风病患者，如何能高兴？

加之华佗在曹操身边待久了，可能对他在朝廷上的所作所为也有所不满，因此便萌生了去意。于是，华佗托词说：“我接到家里来的家书，想回去一段时间。”

曹操这时候已不犯病，就答应给华佗放个长假。

结果，华佗回到家后便再也不想回去，修书一封告诉曹操：“我老婆病了，需等她病好再回去上班。”

曹操不疑有他，心想华佗医术那么高，总不能连自己的老婆都医不好。可他没想到，华佗的假期一延再延，时长都超了好几倍，他却仍以“老婆病没好”为借口不回朝廷。时间一长，曹操的头风病又犯了，别的医生看不好，曹操只好三番几次写信叫华佗马上回来，还多次让地方官员上门催促。可华佗硬是不动，就差没给曹操写一封信，说：“我动作很慢，你忍耐一下。”

病人曹操头风发作，脾气就不好了。他派了个亲信去华佗家查看，并且交代道：“如果华佗的妻子确实病了，赐小豆四十斛，并准许华佗继续请假；如果她没病，马上把华佗抓起来。”

华佗的妻子当然没病，所以华佗进了许都的大狱，还被定了死罪。

当时荀彧劝曹操：“华佗是有真才实学的神医，况且丞相有病在身，还是留他一命为好。”

这时候曹操的倔脾气上来了：“若我有病就要留他一命，那我岂不是要受制于他？这哪里使得！”

于是曹操没听荀彧的建议：“没事，天下之大，还愁没有医生比得上这个鼠辈（天下当无此鼠辈耶）？”遂杀华佗。

时值建安十三年（公元208年）。

没想到，天底下还真没比得上华佗这个“鼠辈”的医生。从此，曹操屡受头风病折磨，不过他还挺嘴硬，就是不肯认错：“华佗那厮其实能治好我的病，但他故意不根治，就是想以此要挟我。”

十二年之后的建安二十五年（公元220年）正月，曹操突发疾病，太医救治无效，庚子日曹操病逝。

时代的落幕

曹操病逝后，他的世子曹丕继承了魏王的王位，汉王朝随之走到尽头。

至于曹操自己是否想篡汉，其实一直没有定论。可以肯定的是，建安元年（公元196年）曹操迎奉天子到许都的时候，他还是个忠臣，顶多有点儿挟天子自重的心思。所以，在带有自传性质的《让县自明本志令》中，曹操说当年自己消灭袁绍后成为丞相，位极人臣，已经超过自己的理想。但后来随着曹操的年纪越来越大，他的权力也越来越大，他在朝廷内外的敌人一个个被消灭，他身边的亲信纷纷开始劝他代汉自立，曹操的想法可能也在变。可是他做了这么多年朝廷的“忠臣”，不管是真心还是假意，恐怕都已经做出感情，想不做其实也很难。于是，他说：“如果天命在我们曹家，那我就做个周文王吧。”

因此，尽管曹操到晚年封了魏公，又晋魏王，还加了九锡，已经是不是皇帝的皇帝，可他仍不愿意捅破这层窗户纸，这是曹操内心矛盾的地方。然而，曹丕没有这种心理障碍，并且他对做皇帝一事早有准备。

即魏王王位后，曹丕很快就授意尚书陈群在朝廷推广九品中正制。所谓九品中正制，又叫九品官人法，是一种依据身世背景、才能和品行将人分为九等，然后根据评定结果为朝廷选官的制度。

曹丕这一手看起来是为了解决东汉末年崩坏的察举制度，以及他爹随心所欲地“唯才是举”所推出的新型选拔制度，其本质却是在维护世家大族在朝中的地位和权力。因为决定一个人等级高低的首先是其出身门第，这就造成了上品中没有寒门、下品中没有士族的景象。因此，这实际上是曹丕与当时的世家大族达成的一项政治协议。

既然是协议，那这个协议的核心内容是什么？

支持曹丕称帝。

现在，曹丕已经拿出自己的诚意，世家大族自然也不能毫无表示，只不过谁也不好意思站出来打第一枪。到这一年的九月，左中郎将李伏、太史丞许芝终于忍不住了，首先站出来建议：“魏应当代替汉，这是见于符谶箴言中的，而且符谶中提到的种种迹象已经显现。”

有人站出来之后，群臣紧张的心情立即放松，忙不迭地附和。魏王曹丕赶紧表示自己“不敢当、不敢当”。

这时候名义上还是皇帝的刘协还没表态呢！

但刘协的意见没人听，也不重要，况且大臣们也不允许他有其他意见。到了十月，刘协在群臣的胁迫下告祠高庙，表示要把皇位禅让给更有德行、更配得天下的曹丕。曹丕当即拿出三份事先准备好的表示推辞不受的上书，逐一送到刘协面前，走完过场形式。

与此同时，曹丕命人在繁阳筑坛，并于十月辛未日上坛受玺，正式即皇帝位，并改元黄初。

可怜的刘协连口头表示抗议的权利都没有，眼睁睁地看着大汉朝就这么在他手上走向终结。

末代汉皇帝

刘协其实是个悲剧角色。如果碰上好年代，他或许能成为一个守成的明君。只可惜他错生于一个无力回天的乱世。

衣带诏案件事发之后，刘协大概一直处于被曹操半软禁的状态，成了一个赤手空拳的傀儡。虽然曹操于赤壁战败打破了他不可战胜的神话，让不少本来心向汉朝的大臣起了一丝可将曹操除去的幻想，并且不时有大臣暴起，以生身性命相搏，将幻想付诸行动，但遗憾的是，其间没一人成功，反倒让曹操得了大开杀戒清除异己的借口。

建安十九年（公元214年），曹操借口伏皇后写信要求其父亲伏完诛杀曹操的密谋败露，要挟刘协废黜伏皇后。这事情估计是捏造的，刘协本想替皇后辩驳几句，曹操却不给他机会，直接拿出早就替皇帝写好的废黜皇后的诏书，强行要刘协在上面盖戳。

刘协虽然名义上还是皇帝，但连玉玺的使用权都已经没有。曹操让他行玺，他就得行玺，不管他同不同意。

等拿到盖了玉玺的诏书，御史大夫郗虑便同尚书令华歆一起带兵包围皇宫，搜捕皇后。先一步得到消息的伏皇后既出不了宫，又无处可逃，只好躲起来以求苟活，但最后还是被华歆从宫墙的夹层中拖了出来。当伏皇后被士兵押着，披头散发、双足赤裸地从刘协面前走过时，她挣扎着向自己的丈夫求救。刘协却只能无奈地说："朕自己的性命也不知会在何时终结呢！"

然后，刘协回过头来对郗虑说："郗公，天下有这道理吗？"

郗虑一言不发，带人押着皇后继续走。最后，伏皇后被幽闭而死，刘协与她所生的两位皇子被人以毒酒鸩杀，伏氏宗族百余人被处死。

伏皇后的案子大概率是个冤案，因为她的父亲伏完早就在五年前死了。谋杀曹操一说死无对证，全凭曹操说了算。但曹操为何要拿五年前的死人做文章呢？因为曹操有自己的安排：废黜皇后一年之后，建安二十年（公元215年），曹操威逼刘协立其女曹节为皇后。

曹操把自己的三个女儿都送入了后宫，大概是想监视刘协平日的一举一动。其中，以二女儿曹节性格最为刚烈，却偏偏被曹操选为皇后。曹操选择曹节，可能也是看中了她的刚烈性格，想以此震慑相对懦弱的刘协。

没想到曹操这次搬起石头砸了自己的脚。曹节被立为皇后之后却站在刘协一边，成为刘协的护身符。曹丕要称帝，刘协没有办法，只能"禅让"，曹节却拿着皇帝的玉玺绶带不肯交出来。

曹节是曹操的女儿、曹丕的妹妹，不是伏皇后，大臣谁也不敢上去抢，只好一个劲儿地瞎劝。最后被逼急了，曹节哭着将玉玺扔到地板上，还诅咒曹丕："老天会收了你的！"

也不知是不是曹节的诅咒生效，曹丕虽然当了皇帝，但仅仅过了六年，四十不到他就驾崩了。而刘协被废之后，曹丕改封他为"山阳公"，地位在诸侯王之上，名义上还受优待。由于刘协在封地内不仅轻徭薄赋，还用他多年无聊时所学的医术为百姓治病，深受当地百姓的爱戴。刘协后来又做了十四年的山阳公，五十四岁才去世；而由皇后变成山阳公夫人的曹节更是活到了四十年之后的景元元年（公元260年），不仅见证了老天爷收走曹丕，还差点儿见证其收走魏国。

梦碎猇亭

刘备曾经说过一句很有名的话，代表了他人生的行动纲领："当今之世，和我势同水火的只有曹操。所以，曹操急切，我就要宽和；曹操残暴，我就要仁义；曹操狡诈，我就要忠厚。什么都和曹操反着来，我的事情便可以成功。"

刘备虽这样说，却未必一定会这样做。

曹丕逼汉献帝禅位之后，当时益州风传曹丕已将刘协杀害，于是刘备第二年便"不得已"在成都即皇帝位，改元章武，延续汉室血统。

这明摆着不是臣子该做的事情。如果是汉室忠臣，这个时候刘备应该先给献帝发丧，然后高举义旗讨伐曹魏，为献帝报仇，而不是发丧之后就自己称帝。所以，当时前部司马费诗强烈反对刘备这样做，认为这个时候应"纠合士众，将以讨贼"，不是自立为帝的时候。刘备听了这话当然不高兴，便把费诗贬到地方上做从事。

这就是刘备精明的地方，平时做事与曹操相反，就能最大程度地赢得那些对曹操不满之人的信任和喜爱，而实际上刘备做的事情跟曹操没什么区别——曹操称魏王的时候，刘备也没有站出来声讨，反倒马上跟进，称汉中王。

在那个年代，曹操敢为天下先，自然会成为天下瞩目和讨伐的对象。刘备躲在曹操身后跟进，不但没招致天下人的仇恨，反倒被认为是合理的。

现在曹丕称帝，刘备当然也要称帝。

然后，在章武元年（公元221年）七月，刘备举国亲征东吴。

这不对啊，篡汉的是曹丕，刘备既然是汉帝传承，要打也是打国贼曹丕，现在跑去打孙权干什么？

刘备的说法是为关羽报仇。

这显然是托词。如果是报仇的话，除非力不能及才会选择“十年不晚”，否则就当立即出击。也就是说，要报仇早报啊，眼下关羽已经死了一年多，真能让刘备发狂和不理智的时间早过了，为什么拖到现在？而且，在这一年多里，刘备集团的力量非但没有增强，反倒减弱了一些，因为刘备最信任的谋士法正病死了，张飞也在出征之前被部下刺杀。

刘备做了汉中王之后，《三国志》记载他“以诸葛亮为股肱、法正为谋主，关羽张飞为爪牙”。也就是说，在刘备集团里，诸葛亮的地位和作用当然最大，但真正给刘备拿主意的则是法正。

平定汉中之后，法正做了蜀郡太守，大权在握的他把蜀中那些有恩于他的人都报答了一遍，而那些曾经得罪过他的人，他也都报复了一遍，甚至擅自杀害数个诋毁他的人，正所谓“一饭之德、睚眦之怨，无不报复”（这里的“报复”是中性词）。十分真性情！这也是为什么他更得刘备喜爱——因为刘备也是一个真性情的汉子。后来刘备在猇亭战败后，诸葛亮不无感慨地说：“如果法正还在，就能够阻止主上东征孙权，即便出征，也不至于落到这种地步。”

那诸葛亮呢？刘备最信任的不是诸葛亮吗？

是，当然是，但诸葛亮这个人太正派了。虽然刘备敬重他、信任他、依靠他，但心里未必有多喜欢他，至少不像对法正甚至庞统那般喜欢。

诸葛亮必须留守成都，出计谋的法正病死，张飞被杀，黄忠在此之前也已病逝，马超和魏延要防备曹魏来自北方的威胁，而赵云因为认为应该打曹魏，不同意刘备攻打东吴，刘备也不打算带他出征。刘备集团所有重要的文臣武将都非常离奇地以各种原因被排除在集团最为重要的一次战役外，让刘备的这次出征近乎裸奔，结果自然可以想到。

但刘备还是有获胜机会的。

刘备伐吴前期的攻击非常顺利。他派出吴班、冯习率四万人做一路，先在巫县击破孙权的队伍，并且进军秭归，还跟武陵郡的蛮夷联合，准备发动更大规模的进攻。这时候孙权感到了巨大的压力，在派人与刘备求和不成的情况下转而向曹丕纳贡称臣，希望曹丕能拉他一把。

曹丕便问手下谋士："是不是应该帮孙权一把？"

谋士刘晔建议道："这时候我们不该帮孙权，而应该趁火打劫，兴大军与蜀军左右夹击，一举干掉孙权。"

"为什么呢？"

"因为刘备现在打的旗号是为关羽报仇，有这个旗号，他是不可能半途而废的，我们不用担心他会在这时候坑我们。况且，蜀和吴都是小国，他们要联合在一起，再仗着地利才能与中原抗衡。现在他们好不容易自己打了起来，我们哪怕到时候分一半东吴的地盘给蜀，又有什么关系呢？只要消灭了东吴，蜀国必不久长。"

曹丕到底见识短，得了孙权的好处便不忍下手："我们接受孙权的投降，然后袭击刘备的后方，不也一样吗？"

"不一样，"刘晔说，"东吴离我们近，蜀国离我们远，而且从我们这里入蜀的道路非常难走，刘备又派兵防备着。如果我们进攻蜀地，刘备必然会和孙权讲和，然后回师，那我们什么便宜都赚不到；如果我们进攻东吴，刘备就知道孙权这回完了，以刘备现在的架势，他只可能和我们抢夺江东的地盘，不可能冷静下来去救孙权。"

可惜，刘晔的计谋最后没有被曹丕采纳，曹丕也没有真的去偷袭益州，否则三国时代可能没开始就结束了。

章武二年（曹魏黄初三年，公元222年），刘备率军水陆并进，抵达秭归。刘备手下有个叫黄权的建议道："吴军士兵的战斗力很强，我们现在沿江而下，前进容易，要想退回去是很困难的。臣请为陛下做先锋，在前面开路，陛下率大军在后面跟着就好。"

刘备没同意黄权做先锋的要求，但觉得他说的似乎也有道理，于是决定放弃水军，队伍分列长江两岸，打发黄权都督江北队伍，防御东吴偷袭，他自己则总领江南的大队伍，走陆路夹江而下。沿途，刘备并没有遭到东吴像样的抵抗，一直到夷陵的猇亭附近才和陆逊的队伍相遇。

这时候蜀国的队伍已经沿着山路深入东吴五六百里，刘备大概是出征前恶补了一阵兵书，得了“步步为营”的战法，遂做了一个奇怪的部署：从巫峡的建平县到夷陵，队伍分扎营寨数十，准备就这么稳步推进。

东吴方面，孙权的其他将军主张迅速和刘备决战。他们认为刘备的水平一般，应当趁蜀军立足未稳攻其不备，迅速把刘备赶回益州。陆逊则不同意，他的策略很简单，与历史上大多数防御战一样：先以稳固的防御拖垮敌人，再伺机反击。

按理说蜀军之前连续获胜，气势正旺，而且为“报仇”而来，正应当集中兵力趁势出击，或夜袭、或突袭、或强攻、或包抄、或用计，总之应该以速战为上。然而，刘备大半生都没有像样的队伍，指挥的都是一些较小规模的战斗，对于几百上千人的局部争斗可能驾轻就熟，却从来没有打过什么有名的大仗，到底缺乏指挥大兵团的经验。哪怕是在汉中对阵曹操，他也只是稳固防守。现在要主动进攻，刘备能拿出来的法子终究有限。于是，双方从章武二年（公元222年）正月一直拖到了六月。

终于，刘备忍不住了，他憋出这么个法子：让将军吴班带数千人在平地上扎营，企图引诱陆逊前来进攻。

可刘备自己的数十座营寨都扎在山上，这么突兀的一座平地营寨，我看了都可疑，更别说陆逊了。

于是，陆逊不为所动。

过了半天，见东吴那边没有动静，刘备便把藏在山谷里准备伏击陆逊的八千精兵撤了回来。

双方就这么又僵持了一个多月，这次轮到陆逊出招了。

陆逊打算让士兵去进攻刘备的一座营寨，其他将军却表示不同意：“要打刘备就得趁他立足未稳的时候打，如今双方已在这儿待了七八个月，刘备什么防守准备都做好了，现在打有什么用？不如再顶一下，等蜀军那边粮草接济不上，自然会回去。”

陆逊的见解和众人的不同：“刘备打了半辈子仗，还是很狡猾的。他刚来的时候头脑发热，想法多、反应快，我们打他不一定能赢。而今在此僵持半年，我看他的士兵疲乏，反应变慢，估计他也想不出什么计谋了。要打，现在正是时候。”

陆逊遂命一支队伍进攻蜀军的一座营寨，结果出师不利。

将军们一看，哗然：“说了不能打，白死了这么多士兵。”

陆逊又说：“不然，我已经看出刘备的破绽了。”然后，他命令士兵每人背负一把茅草，再次进攻一座营寨，等到营寨跟前时一起放火。

这一招火攻果然奏效，蜀军的士兵抵御东吴的进攻是没有问题的，但架不住火。等火点着帐篷、围栏以及营寨中可燃的一切，再英勇的士兵也只能逃命，东吴军队于是攻下刘备的一座营寨。

有了第一次的经验，陆逊要对付蜀军的其他营寨就好办多了。东吴的军队多线出击，还没等刘备反应过来，他的四十多座营寨已经全数被破。

败局已定的刘备还不肯认输，率领剩下的将士退守马鞍山。陆逊得势不饶人，命令东吴全军出击，将马鞍山团团围住，然后从四面同时进攻，以活捉刘备为第一要务。在这种危急情况下，刘备只好趁着夜色逃跑，最后全赖将士们舍命保护，他才逃入白帝城。至于他所带去的数万士兵，许多忠心耿耿、宁死不退的将军，以及舰船、军械、粮草什么的，都永远地留在了东吴的土地上。

猇亭的失败彻底断送了刘备那本就不多的统一天下的可能。如果没有夷陵猇亭的失败，他把实力保存下来，哪怕留给诸葛亮，或许我们还可以在前后汉之后再看到一个“后后汉”——虽然可能性不大，但人有时候就是这样，有个念想总比面对现实的感觉要好一些。

那刘备为什么一定要打这一仗?

归根结底，是因为刘备称了帝。如果刘备没有称帝，或者暂缓称帝，把这件事情再拖上几年，等新一批将领成长起来，军队、器械、战略、战术什么的都准备好之后再打，效果也许会好一些。

然而，正所谓“欲戴皇冠，必承其重”。称帝之后，刘备虽得了许多权利，却也遇到了不可逃避的义务——不管是报仇也好，让自己名正言顺也罢，他既然是汉代的皇帝，就不能继续在益州窝着，必须出去争夺天下。

正是因为这种带有“被迫”性质的出击，刘备才在曹丕和孙权之间选择了一个他认为相对较弱的对手。

结果，连这个刘备自认为的弱者，他也没打过。

第五十一章

最后的使徒

退到白帝城之后，为了堵住成都那些不同意伐吴之人的嘴，也为了给自己开脱，刘备没有回成都，而是摆出一副“天子守国门”的态度，留在了被他改名为“永安”的鱼复县。但现实的惨败不是嘴硬就能无视的，年逾六十的刘备面对如此重大的打击，整个人很快就病倒了，并且再也没能活着回到成都。

章武三年（曹魏黄初四年，公元223年）二月，心力交瘁且被痢疾反复折磨的刘备感到自己命不久矣，遂命人将诸葛亮请到白帝城来。三月份，刘备病笃。临终前，刘备任命丞相诸葛亮辅政，又任命尚书令李严做辅政的副手，并且留下了那段著名的遗诏：“你（诸葛亮）的才能是曹丕的十倍，必定能安定国家，成就大事。若太子是可以辅佐的，请你辅佐他；如果他不成器，你可自取。”

诸葛亮顿时痛哭流涕，表明心迹：“臣一定尽心竭力，效忠贞之节，直到死为止。”

刘备又给太子刘禅留话：“你们兄弟几人，要像对待父亲一样对待丞相。”

这本是将死的老皇帝和辅政大臣之间的一段常规对话，却因为刘备口中的“自取”二字引发后人无尽的猜想。一般来说，史学界对于“自取”有两种解释。如果把“自取”解释为“取而代之”，那刘备的思想可以说太过超前，可能性不大，因此又有人将“取而代之”引申为刘备对诸葛亮的一种逼迫，逼他对刘备以及刘禅表忠心。以诸葛亮的为人，一旦他赌咒发誓，日后必然不会反悔。这就相当于在精神层面困死了诸葛亮。而如果把“自取”解释为“自己选取”，那刘备给诸葛亮留下的就是选择皇帝的权力，让他可以从刘备的其他儿子中选择更为合适的皇帝人选。

那么，哪一个解释合适呢？

当然，更为合适的解释还是后者：刘备给了诸葛亮选择皇帝的权力。这类似于后世的君主立宪制。对于一千八百年前的刘备来说，这已经是很先进的思想了。与此同时，他希望诸葛亮更尽心地为自己的儿子服务也是事实。其实，刘备和诸葛亮本质上不过是古代一对寻常君主和臣子，思想远没有现代人那么复杂。不管刘备临终前和诸葛亮有没有这一番对话，刘备的家天下思想是不变的，诸葛亮的忠君观念也是不变的。

早先刘备半生戎马，很长一段时间一直没有子嗣。以他当时的情况、境遇，估计后半生难有出头之日，孩子便更不敢想。于是，到荆州之后他收了一个姓寇的小孩儿做养子，改名刘封。没想到刘备后来时来运转，不仅出了头，还接连有了三个儿子——刘禅、刘永、刘理。从刘封和刘禅的名“封”“禅”来看，一直以来，刘备内心的想法可谓昭然若揭。

这下刘封就尴尬了。他不仅名义上是长子，有武艺，气力过人，而且还带兵打过仗。这样一对比，不禁让刘备的嫡子刘禅看起来更为“阿斗”。等养父刘备的大业蒸蒸日上之后，刘封越来越不把其他人放在眼里，不仅处理不好与同僚孟达的关系，最后逼得孟达投降曹丕，甚至对关羽围攻襄樊时让他出兵相助的请求置之不理，间接致使关羽后来因兵力不足而失败。

逼走孟达、不助关羽，这两件事已经让刘备对刘封很不满了。这时候诸葛亮又对刘备说：“刘封性格刚猛，一旦陛下百年之后，太子怕是制不住他。”

于是，刘备赐死了刘封。

从这件事来看，刘备为使自己的基业能传承下去，连自己的养子都可以杀，又怎么可能有把位置让给诸葛亮的想法呢？所以，除非刘备临死前脑子出了问题，不然绝不会冒出让诸葛亮取代自己的儿子当皇帝的念头。

事实上，刘备对诸葛亮的态度一直很微妙。在刘备心里，诸葛亮的军事才能怕还不到让他惊为天人的地步：刘备入蜀带的是庞统，征汉中带的是法正，诸葛亮则一直被委以镇守后方的重任。甚至直至刘备去世之前，诸葛亮在军事上的主要功绩还是在赤壁之战时促成孙、刘两家的军事联盟，而他的实际表现也远不像历史演义里那般机变百出。

但毫无疑问，相比于诸葛亮模糊不清的军事能力，他对刘备的忠心、对汉室的忠诚则是无疑的，在政治上更是难得的治国之才。刘备很清楚地看到了这两点，而且他也没有其他选择。甚至对于诸葛亮，刘备有可能一开始就是将其作为辅佐自己继承人的大臣来培养的，就像曹操对郭嘉那样（可惜郭嘉死在了曹操前面）。于是，在生命的最后时刻，刘备让诸葛亮辅政，并赋予他牵制皇帝的权力，以保证他日后在处理蜀国的军政时可以放心地施为。这是确保未来诸葛亮在世的较长一段时间内蜀国政治稳定的基础。

这是刘备的幸运。当然，这也是诸葛亮的幸运。他遇到了一个还算不错的学生，刘禅不仅忠实地执行了老皇帝交代的事情，甚至有过之而无不及，并且没像明朝万历皇帝对待死后的张居正那样对待诸葛亮。

刘备驾崩后，刘禅即皇帝位，改元建兴，封丞相诸葛亮为武乡侯，开府治事，又领益州牧，将蜀汉所有的事情都交给诸葛亮去做（咸决于亮）。

诸葛亮终于获得了一展抱负的舞台。在之后的十一年时间里，在这个有点儿小、时机也不太对的舞台上，他上演了一支精彩至极又令人扼腕的独舞。

诸葛亮治国理政的整体策略早在建安十二年（公元207年）的时候就已经明确，就是他在《隆中对》中说的“西和诸戎，南抚夷越，外结好孙权，内修政理”，然后一旦有机会再图中原。现在，诸葛亮终于有机会实施自己的策略了。

但诸葛亮完全高兴不起来，因为他手上是一个烂摊子：关羽丢了荆州，不仅让蜀汉失去了一条进攻的道路，还让本就弱小的蜀汉更加羸弱；刘备亡命一搏，让大量有经验的士兵和许多忠心耿耿的将军命丧夷陵，导致前一刻还处于巅峰的蜀汉帝国被刘备带着跑步进入“重症监护”的状态。

如果仔细计算，从公元219年到公元222年，这三年刘备集团的损失可谓惊人：在人才上，三年间集团损失了关羽、张飞、马超、黄忠、法正、黄权、马良、简雍、糜竺、孙乾、冯习、刘巴、傅彤等人才；在军事上，襄樊之战让集团损失了至少三万人，夷陵之战不仅损失四五万士兵，军队的基层军官更是损失殆尽，几乎将多年积攒的老底赔光；在经济上，穷了大半辈子的刘备进了蜀郡后一朝发家，便开始报复性地赏赐那些常年跟随自己的兄弟，没几天就把原本富庶的蜀郡搞到财政赤字状态，然后刘备发挥他老刘家的传统技能，发行以一抵百的虚值货币“直百钱”应对财政危机。

人才、军事、经济纷纷遭遇重大挫折，蜀汉人心浮动。章武三年（公元223年）三月，就在诸葛亮离开成都去永安的时候，蜀郡汉嘉太守黄元更是举兵反叛，一度打到成都外围的临邛县。虽然黄元最后被留守成都的太子刘禅派出的禁军俘虏，但这无疑显示了当时蜀国政权的动荡。现在又面临创始人刘备的死亡，可以说蜀汉已到达崩溃的边缘。简而言之，在这样一个烂摊子上当政，不仅要挽救蜀汉的危机，还要以平定中原为己任，诸葛亮心里真实的想法大概只有四个字：我太难了。

但任何困难都改变不了诸葛亮的决心，阻挡不住诸葛亮前进的脚步。为了恢复实力，诸葛亮首先要做的是稳定蜀汉的外部环境、整理蜀国内政。

建兴元年（公元223年），刚刚辅政的诸葛亮派邓芝出使吴国，修复两国的关系。孙权迅速回应，不仅断绝了和魏国的邦交，还恢复了和蜀国的经贸往来，这在迅速恢复蜀国的经济方面起到不小的作用。紧接着，为了进一步拉动经济，诸葛亮甩出了蜀国金融的原子弹——蜀锦。

蜀锦作为当时丝织品的最高成就和工艺代表，深受全国各地追求奢侈生活的上流人士的追捧和喜爱，并且有着不可撼动的地位。诸葛亮敏锐地觉察到了这一点，他将蜀锦视为“决敌之资”，将蜀锦的生产拔到国家战略层面的高度。虽然后来曹魏的统治者也认识到了蜀锦的可怕，下令禁止魏国各级官员购买蜀锦，以断绝这种资敌行为，但蜀国和魏国贵族背地里的交易一直没有停止。当然，由于具体史料的欠缺，我们无法详细得知诸葛亮是如何利用蜀锦作为武器的。

诸葛亮以他的聪明才智和治国手腕扭转了蜀国的不利局面，同时发展经济，积蓄力量。建兴三年（公元225年），他决定南征南中。

益州南部的南中地区当时包括益州、永昌、牂牁、越巂四郡。建兴元年，这里发生叛乱，当时诸葛亮因为国主新丧，没有立即兴兵，而是选择了安抚。到了建兴三年，诸葛亮决定出兵南征。

这个时候南征南中，诸葛亮的考虑大概有这么两点：其一，经过两年的准备，现在出征比两年前更有把握；其二，实践和考验自己指挥作战的能力，熟悉战场上可能会出现的各种情况，演练各式阵法，锻炼手下的将士——显然，他在为以后面对更大的战争做准备。

这么说有什么根据吗？

有，诸葛亮七擒孟获就是证据。

孟获在南中地区的汉人和少数民族中都有很高的威望，是当地的精神领袖。于是，诸葛亮便拿他开刀，一战生擒孟获。

等孟获被士兵们捆绑着押解到诸葛亮面前，诸葛亮不仅让人给他松绑，并且带他游览军营，参观士兵们训练和排兵布阵的情景，然后问道："这支军队怎么样？"

孟获老实不服气："只因我不知虚实，所以才败在你手上。现在看来，你的水平也不过如此。如果有机会，我一定能赢你！"

诸葛亮大笑，让人把孟获送了回去，并约定择日再战。

第二次，诸葛亮战而胜之，生擒孟获。不服，再战，又生擒之。前后一共七次，这就是大家耳熟能详的"七擒孟获"。

然而，这件事并不见于《三国志》，而是记载在裴松之注引的《汉晋春秋》中。《汉晋春秋》的作者叫习凿齿，是东晋的史学家。此公虽研习史学，但此文疑点甚多，当时就有很多人对他所记之事的真实性表示怀疑。裴松之给《三国志》做注的时候曾公开评价过《汉晋春秋》，说这本书里记载的很多东西都是在以前的史书里看不到的，而且用词、语法也跟前世的不同，因此怀疑这本书是习凿齿自己编造的。

但我们不能因为《汉晋春秋》一书有问题，就认为里面的记载全是胡诌。比如"七擒孟获"，不仅在《华阳国志》中有记载（七虏七赦），当地少数民族彝族流传下来的民间传说中同样有"诸葛亮五擒孟获"的故事。所以，在平定南中的时候，诸葛亮反复拿住孟获大概率是可能的，区别只是到底几擒而已。如果七擒孟获的事情属实，或者说有那么点儿事实根据的话，诸葛亮的所作所为也是可以解释的：在带兵打仗这方面，他虽然理论丰富，但缺乏实际经验。现在逮到孟获这么个陪练，正是难得的机会，岂能放过？

不管原因如何，结果都是诸葛亮平定南中四郡，并且实行了相对宽和的民族政策，初步缓和了益州南部少数民族与汉族的关系，使蜀汉内部达到前所未有的统一。

然而，诸葛亮之意并不止于此，他之所以安内者，意在于攘外。

建兴四年（曹魏黄初七年，公元226年）五月，曹丕病逝，太子曹睿继位。趁这个机会，诸葛亮开始在汉中集结重兵，准备征讨曹魏。建兴五年（公元227年）临行之前，诸葛亮给刘禅上了著名的《出师表》。在《出师表》中，诸葛亮提出了他出征的口号："北定中原，庶竭驽钝，攘除奸凶，兴复汉室，还于旧都。"

这也是他一生的心愿和奋斗目标。

建兴六年（曹魏太和二年，公元228年）春，诸葛亮放出风声，说自己要从斜谷道进攻长安，并且派赵云、邓芝占据箕谷，吸引曹军的注意。曹魏方面果然上当，大将军曹真率大量士兵进驻郿县，准备抵御蜀军的进攻。曹军在关中的主力被成功吸引后，诸葛亮亲自率大军进攻祁山，开始他的第一次北伐。

诸葛亮的出征出乎所有人的预料。

一直以来，曹魏君臣对蜀汉内部的看法大体上都是一致的。他们认为蜀是一个小国，称得上名将的只有关羽一个人，但关羽已经死了。当然，刘备也是打过仗的，可他同样不在了。因此，黄初四年（公元223年）之后的蜀汉不足为虑。

谁也没想到诸葛亮会在这个时候主动进攻，而且蜀军军容整齐、号令明肃，一时间关中震惊。诸葛亮的军队一到，天水、南安、安定三郡立即投降。在三郡投降的人中，有一天水郡参军名曰姜维，日后成为蜀国的顶梁柱。

诸葛亮为了这次出征足足准备了五六年，准备不可谓不充分，计划不可谓不周密，行动不可谓不谨慎。前期取得这样的战果，可以说在预料之中。

诸葛亮的胜利让曹魏内部君臣震恐，朝野上下不知所措。无奈之下，曹睿紧急集结五万士兵，由张郃统领去抵挡蜀军，曹睿自己则到长安督军。

之前由于投降的郡县太多，诸葛亮把魏延、吴懿这样的猛将都派出去接收地盘了。现在，整个凉州只剩祁山堡、陇西郡、广魏郡还在负隅顽抗，但也岌岌可危。甚至说，只要能顺利夺取祁山堡，蜀军的粮道便会畅通无阻，陇西、广魏两郡根本不是个事儿。诸葛亮现在缺的就是足够他拿下祁山堡的时间，而要赢得时间，就要守住陇西与关中连通的咽喉要地——街亭。于是，面对曹军的增援，诸葛亮紧急提拔自己看好的马谡为先锋，让其率五千人紧急前行，在街亭阻击曹魏的援军。

但凡大军出征，打先锋的通常是作战最勇猛、意志最坚定、经验最丰富的武将，这样才能保证军队勇往直前。然而，诸葛亮面对这次重要的狙击任务，在先锋人选上千挑百选，最后不仅没有选择以往很受刘备器重且能征惯战的魏延，也没有选择经验丰富的国舅爷吴懿，而是不顾许多人的反对选择了从未独立率军的马谡。

本来不拘一格选人才没有错，尤其是在蜀汉这种小国，能够发现一个优秀的人才并且善加使用，说不定就会成为扭转乾坤的关键。不过，这样的人才实在难求，可以说百不得一，而马谡用事实证明，他只是其他九十九人中的一个而已。

能够入诸葛亮的法眼，马谡应该确有其才，甚至说有点儿像诸葛亮。马谡的优点就是才能出众、军事理论水平非常高，做参军的时候甚至能和诸葛亮就军事问题交流到通宵达旦的地步，但他的缺点也和之前的诸葛亮一样：缺乏实战经验。

其实，刘备早看出马谡的问题了。刘备临死前曾经交代诸葛亮说："马谡这个人言过其实，不可以担当大任，你要注意。"

或许是智者千虑必有一失，也不知道诸葛亮是出于什么考虑，既没有考验马谡的实战能力，也没把刘备的话放在心里，竟将马谡放在了最重要的先锋位置。

当然，诸葛亮也做了一些预防工作。出兵前，他反复叮嘱马谡，行军打仗要注意地形、地势，到了街亭一定要据城防御，千万不能在远离水源的地方驻守。可是正如诸葛亮没听刘备的话一样，马谡也没把诸葛亮的话记在心里。他可能多读了两本书，心中便自生"将在外君命有所不受"的感觉。又或许，他认为打仗最重要的是能随机应变，反对本本主义和死板的条条框框。在街亭，马谡看了一眼地形之后，决定放弃城镇而将军队安扎在远离水源的南山。

“大人，这样不行！”副将王平极力劝阻，“临行前丞相曾反复交代，营寨不能远离水源，不能上山！”

马谡大概以为自己已经触摸到取胜的关键，因此一意孤行：“丞相没有实地考察，所说的话不一定就符合现实情况。街亭城池简陋，易攻难守，而我现在占据南山制高点，魏军不来则已，如果来，我军居高临下，必定势如破竹。”

诸葛亮怎么也不会想到，他准备许久的北伐最后竟毁在自己最为看好的人手上。

张郃是一员猛将，多年来随曹家东征西讨，立下无数功劳，只在巴中被张飞打败过。这样一个有勇有谋又经验丰富的将军，带着军队来到街亭，一眼就发现了马谡的重大失误，于是第一时间断了南山上蜀军的水源，然后命令士兵进攻。

军队要是断粮，忍忍还能撑三两天，可一旦断水，则连想办法的时间都没有。这时候什么居高临下、势如破竹都成了泡影，平日里计谋百出的马谡只能眼睁睁地看着蜀军大败。

马谡的失败不仅使蜀军失去了街亭，更使蜀军失去了进退的依据，甚至有被魏军包围、消灭的危险。诸葛亮虽然痛心疾首，但审时度势，谨慎起见，为避免更大损失，他立即命令军队撤回汉中。和队伍一起撤回的，还有蜀军刚占领的西县的一千多户百姓。鉴于蜀军撤退后，曹真很快便平定了反叛的天水、南安、安定三郡，因此这一千多户百姓成为这次出征唯一的收获。

撤回成都之后，诸葛亮必须做的一件事就是对此次出征进行总结。说白了，就是要进行奖惩。首先，作为北伐中原的策划者和指挥者，诸葛亮对战争的失败负有领导责任，于是他自降三等，从丞相降为右将军，但代理丞相的职责。街亭失利之后，赵云、邓芝寡不敌众，亦败于箕谷。赵云虽败不乱，收敛败兵稳步后撤，以较小的代价撤到安全区，可仍被诸葛亮从镇东将军降为镇军将军；将军李盛、黄袭、张休在街亭非但不能矫正马谡的错误，还与之共犯，因此张休、李盛被杀，黄袭被剥夺军权；丞相长史向朗因包庇马谡被免职。

在众将领中，唯一得到表彰和升迁的，是极力劝阻马谡不要远离水源扎寨，兵败后率众抵挡住张郃的进攻，使大部分军队安全退回汉中的王平。

当然，诸葛亮还要处理战败的主要责任人——马谡。于是，诸葛亮挥泪斩马谡。

马谡真的该死吗？一方面，他违背诸葛亮的命令，致使街亭战败，从而导致诸葛亮谋划数年、在此之前形势一片大好的北伐草草结束，确实应该以军法处置；但另一方面，我们知道，在战争时期，军事将领是宝贵的资源，如果一个将军因为打了一次败仗就被处死，那将军恐怕就成了史上最高危的职业，没人愿意干了。

那么，诸葛亮为什么非要马谡死？

原因怕是诸葛亮要严明纪律，让蜀国上下令行禁止。要做到这一点，首先就要一视同仁，而蜀国人谁都知道马谡是诸葛亮的人。马谡的哥哥叫马良，马良跟诸葛亮的私交非常好，甚至达到称兄道弟的程度，因此诸葛亮对马谡也很好。加上马谡确有才能，这才让诸葛亮把街亭这么重要的地方交给马谡防守。现在马谡犯了这么大的错，如果留下来戴罪立功以观后效，那将来别人就会有说法。

因此，“斩马谡”势在必行，由不得诸葛亮不挥泪。

等等，马谡最后真的被诸葛亮杀了吗？

这个也说不清楚。在《三国志》中，《诸葛亮传》说诸葛亮“戮（马）谡以谢众”；《马谡传》却说马谡“下狱物故，（诸葛）亮为之流涕”；《向朗传》中又说“（马）谡逃亡，（向）朗知情不举”，为此向朗后来还遭了免职处分。

事情到底是怎么样的呢？

其实，这几个说法并不矛盾，我们把它们综合起来就可以描绘出一幅完整的景象。

街亭大败之后，由于王平率部拼死抵抗，保住了马谡在内一众将领的性命，使得战败的将士大多安全撤回汉中。但面对如此惨败，作为先锋官，尤其是初次领兵的马谡，他的反应是什么呢？大概只会是害怕。

在害怕、恐惧的支配下，马谡第一时间便跑了。但跑了几天之后，马谡逐渐恢复冷静，他比谁都清楚街亭的战败意味着什么，更知道自己逃亡会对诸葛亮造成多大困扰。最后，出于愧疚和负责任的态度，马谡又回到了成都。至于自己回去后会不会死，这大概已经不在他的考虑范围之内了。

回来之后，诸葛亮公开判处马谡死刑，并将其关进大牢，等候问斩。但没等到行刑，马谡就在狱中病死了。听到消息后，诸葛亮忍不住流下泪来。

这或许才是完整的“斩马谡”。

在当时和后世，有许多人批评诸葛亮处理不当，观点不外乎这样：蜀国人才本来就不多，还杀，也难怪诸葛亮打不赢曹魏。

但事情往往是利弊相生的，一件事值不值得做，必须全面地判断到底是利大于弊，还是弊大于利。而诸葛亮显然有自己的打算，在回答蒋琬关于马谡量刑过重的提问时，他说：“孙武为什么能百战百胜？就是因为他法纪严明；春秋时期的晋悼公之弟杨干扰乱仪仗军列，掌管军法的司马魏绛杀了杨干的仆人以严明军纪；如今天下三分，战争处于初始阶段，这个时候如果我们废除法纪，那还拿什么去对付敌人？！”

很显然，诸葛亮为了实现自己的理想，需要建立纪律严明、人人令行禁止的军队秩序和社会秩序，而要做到这一点，最重要的是真正做到法律面前人人平等，全国上下一视同仁。因此，犯了军法的马谡或许不该死，但又非死不可。

也正是因为如此，蜀国在诸葛亮的治理下几近“吏不容奸，人怀自厉，道不拾遗，强不侵弱，风化肃然”，接近古人心中的理想社会。

这应该才是斩马谡的本质意义。

第一次北伐虽然失败，但蜀军只是在街亭和箕谷有部分损失，其主力并未受到影响，只是退到关中休整，诸葛亮随时可以再次出征。

建兴六年（公元228年）八月，魏国的大司马、扬州都督曹休被吴国大将陆逊大败于石亭，魏明帝曹睿急忙从关中抽调兵力向东应急。

这给诸葛亮提供了机会。同年十二月，为了响应东吴的行动，诸葛亮率军第二次北伐。

这一次，诸葛亮走的是当年韩信的旧路：由陈仓古道出散关，进攻陈仓。

但年初曹真击退赵云的疑兵之时已经预料到诸葛亮如果再次出击，有可能会走陈仓，于是早早就派郝昭率千余精锐士兵把守陈仓。诸葛亮的突然袭击并未起到出其不意的效果，早有准备的郝昭把陈仓弄得跟铜墙铁壁一般，蜀军连攻二十余日未有寸进。

随着蜀军粮草将尽，曹军救援又至，诸葛亮不得不从陈仓退兵。这时候曹军前来增援的王双显然不把诸葛亮放在眼里，遂率骑兵追击蜀军，却被诸葛亮回身阻击。蜀军斩杀王双，士气大振，无奈因为粮草耗尽，只得再次退回汉中。

两个月之后，诸葛亮命令陈式率军进攻武都、阴平两郡，自己则率大军进驻建威，阻挡魏国雍州刺史郭淮对两郡的增援，同时做出再出祁山的姿态。郭淮进不能击破蜀军救援二郡，留又恐后方有失，踌躇之后决定撤退，放弃武都、阴平，诸葛亮也在夺得二郡之后罢兵。

第三次北伐之后，刘禅下诏恢复诸葛亮的丞相职务。建兴八年（公元230年），曹魏大司马曹真认为，以曹魏之强盛，对蜀汉不能一味防守，而应该进攻消灭之。因此，曹真在这一年的八月谋划了一次规模庞大的军事行动。

在曹真的主持下，曹军分五路同时进攻蜀汉：主力一路由曹真亲自率领，由子午谷进攻汉中；一路由张郃率领，走斜谷道进攻汉中；一路由司马懿率领，经魏兴郡进攻汉中；一路由郭淮率领，经天水郡进攻武都郡；一路由费耀率领，由陈仓进攻阴平、武都郡。

曹真既然安排了五路大军，所动员的军队数量应该是很大的。诸葛亮不仅率驻守汉中的大军在成固、赤坂一线严阵以待，还命令李严率军两万前来增援。从双方的行动估算，此次战争的规模恐怕极大，而史书对其的记载却很简单，只说曹军遇到连绵三十多天的大雨，栈道断绝，曹真不得已在九月撤军。

事实恐怕并非如此简单。

要知道曹真第一次提出进攻方案，说要走斜谷道进攻蜀汉时，司空陈群等人以斜谷道难走为由表示反对，魏明帝曹睿因此没有同意。哪知曹真并不罢休：走斜谷道不行，那走子午谷行不行？陈群仍说不行。这时候曹睿下诏让大家就陈群的意见跟大司马曹真讨论出兵子午谷的问题。

哪知曹真是个伐蜀的狂热者，他抓住曹睿诏书上的漏洞指挥群臣道：“陛下只是让大家讨论走子午谷是否可行，对于伐蜀一事则是肯定的。”

所以，严格来说，曹真这次行动是大不敬的矫诏行为。如果行动胜利了还好，如果失败，他自己怕是怎么也脱不了责任的。如今怎么会还没有交战，仅仅因为大雨就退兵呢？既然退兵，那就说明两军不但已经交锋，而且曹军还吃了不小的亏。

对于诸葛亮的这次重大胜利，陈寿着笔如此草率且语焉不详，这自然不能让后人满意。于是，罗贯中干脆自己来了个“安居平五路”，替他把坑填上。

击退曹魏如此大规模的进攻，显然给诸葛亮增添了不少信心，他准备再次北伐。

第二、三次北伐，诸葛亮虽然获得了一些胜利，但蜀军也暴露出严重的问题：他们落后且低效的后勤运输拖累了前线军队前进的步伐。

为了解决这一难题，发明家诸葛亮经过潜心研究造出了用于解决后勤问题的半自动化运输工具：木牛。据《诸葛亮集》记载：一人驱使一木牛，可以装载一个人一年的口粮（约四百斤），人走六尺，木牛前进四步，日行二十里而人不觉得累。

建兴九年（公元231年）三月，诸葛亮第四次北伐。这一次，诸葛亮走的还是出祁山的路线，围攻驻守祁山的魏将贾嗣、魏平。

这时候，曹魏的大司马曹真已经病死，接替他的是司马懿。司马懿此前都督荆州，还没和诸葛亮对阵过，但他显然对诸葛亮有过深入的研究。因此，他不同意张郃分兵据守的建议，执意率大军到祁山与诸葛亮对峙。

诸葛亮最担心的便是魏军坚守不出，正巴不得司马懿能来。等曹魏大军一到祁山，诸葛亮便留下部分兵力在祁山牵制他们，亲率众将领直扑上邽。防守上邽的是曹魏的雍州刺史郭淮、后将军费耀、征蜀护军戴陵，他们只有四千人，竟敢迎击蜀军，于是被诸葛亮大破之，只好聚拢残兵，龟缩在上邽不敢动弹。

司马懿得到消息后，赶紧从祁山跑到上邽，然后两军又在上邽附近对峙起来。诸葛亮见在上邽再讨不到好处，便率军稍微后撤，想引诱司马懿出战。结果司马懿确实跟了上来，两军在卤城附近再次相遇，可司马懿一找到蜀军主力，马上敛兵聚险不战。

其实，司马懿的战略很简单：集中兵力盯住诸葛亮的主力，不打，和他拼后勤补给能力。集中兵力，可避免队伍分散，遭诸葛亮各个击破；盯住蜀汉的主力，可以防止蜀军出其不意的大规模军事行动，避免太大程度的损失；不打，避免战斗中出错，给诸葛亮可乘之机；拼后勤消耗，以长击短，直击诸葛亮的软肋。

可以说，以司马懿的才能，他已经将能做的做到了最好。可他手下的将军们却不以为然，他们认为如果要坚守，那大军就不必远来祁山，只需固守紧要，拉长蜀军补给线，再寻机切断它；既然来了，就应当大举进攻蜀军。而司马懿现在既要来又不敢打，像什么话！

将军们一再请战，司马懿就是不同意。那些心直口快的将军就不客气了："都督畏惧蜀军如畏惧老虎一般，这不是让天下人笑话吗？！"

以司马懿的脾气秉性，只要能获胜，什么事情他做不出来，哪里是怕人耻笑！但他架不住众人的一再请战，五月份，在众将领的强烈要求下，司马懿命令张郃进攻蜀将王平，自己则率大军进攻诸葛亮的主力。魏军难得敢出击，诸葛亮自然不会做防守反击的打算，立即命令魏延、吴班、高翔率军迎击。

按说曹军财大气粗，骑兵不仅数量多，而且武器装备精良，这样的军队在对攻战中应该是占据上风的，奈何蜀军中有个一人抵得上万人的大发明家诸葛亮。

为了对付曹魏的骑兵，诸葛亮至少发明了两种特殊的器具：一种是不管怎么扔都有一个尖头朝上的四角钉，专门用来钉魏军战马的马掌；一种是可以十连发的弩箭。曹军骑兵的战斗力再强，也要近身后才能发挥出来，而诸葛亮就是不给他们近身的机会，冲锋中的魏军战马只要踩中四角钉，吃痛之下必然人仰马翻；那些没踩到钉子的，身上的铁甲又抵挡不住诸葛连弩长达八寸的铁质箭头的穿透；等剩下几个侥幸冲到近前的，早已心胆俱寒，更不是蜀军士兵的对手。

这一战，蜀军斩敌首三千，缴获魏军骑兵玄铠五千副、角弩三千余张，取得巨大胜利，司马懿只能退守。蜀军占领祁山，并且向东大踏步前进。

又过了一个月，诸葛亮在大胜之后士气正旺之时意外地选择了退兵。

原来，六月夏秋之际阴雨绵绵，负责后勤保障的李严办事不力，致使军粮无法按时送达，便派参军狐忠、督军成藩到前线劝诸葛亮退军。

没有军粮，诸葛亮巧妇难为无米之炊，纵使百般不愿也只能退兵。这时候，一直龟缩的司马懿出人意料地命令张郃追击蜀军。张郃本来是不愿意的，因为兵法有云："归师勿追。"而且，蜀军不是败兵，而是大胜之后整装有秩序地后退。追击这样的队伍，风险非常大，可司马懿不听，仍然强令张郃追击。张郃无奈，只好带着队伍朝诸葛亮退却的方向追去。

蜀军急退，张郃猛追，一直追到木门道，然后遇到了诸葛亮的伏兵。

我们之前说过，张郃是魏军的名将，能力、水平不在张辽之下，是曹魏在陇右及关中的支柱。张郃本人不仅熟读兵法，能征善战，应急和反应能力更是一流。遇到紧急情况，张郃往往能根据战场的实况迅速做出最合理的决策。当年在官渡，面对郭图的谗言，张郃迅速投奔曹操，被曹操引为"韩信归汉"；后来在汉中，夏侯渊不听劝阻被黄忠斩杀，张郃第一时间收拢残兵，抵挡住了刘备的进攻；之前在街亭，张郃一眼就看穿了马谡的命门，使诸葛亮功亏一篑。现在蜀军虽然设伏，但张郃一路追来未必没有准备。他豪气横生，迅速就地组织队伍进行反扑，大有趁机再胜诸葛亮一场的架势。

直到他右边的膝盖被一箭射中。

这是张郃预计不到的。重伤之下，他方寸大乱，一代名将最终殒命阵前。

诸葛亮虽然接连取得大胜，但最终还是因为军粮不足撤回汉中。

然而，让诸葛亮始料未及的事情发生了。当蜀军撤回汉中的消息传到成都，那个因为运粮不力而建议诸葛亮撤军的李严表现得大为惊诧："丞相为什么撤兵啊？我这里的军粮很充足啊！"

转过头来，李严又跟刘禅说："丞相这次肯定是假撤退，目的是诱敌深入。"

等这一番前后不一的言论传到诸葛亮耳朵里，诸葛亮内心恐怕出离愤怒："前线形势明明一片大好，要不是你李严运粮不力，我这次就要直进长安，何至于退兵！"

于是，诸葛亮亲自来到成都，把李严前后的书信拿出来给大家看。这下李严没话说了，最后被废为平民。

不得不说，如果单这样看，李严的水平也太拙劣，这哪像一个能被刘备看重，并且在白帝城托孤时跟诸葛亮同时被委以辅政重任的大臣？

那李严究竟犯了什么事？

当然，首先是他后勤保障工作不利，又自己作死，导致诸葛亮好不容易取得大胜却不得不退兵，这直接惹恼了诸葛亮。但在此之前，李严已经三番五次挑衅诸葛亮的权威。

当时诸葛亮要率汉中的队伍北伐，就需要李严带兵填补大军离开后的空缺，负责汉中的防卫工作。这本无可厚非，北伐一事乃国之大事，自当全国上下勠力同心。李严作为蜀汉实际上的二号人物，去填补诸葛亮离开后留下的空缺，再合理不过了。可李严呢？他推三阻四就是不肯去，还说要在蜀地另划出五个郡，成立一个巴州，他李严做巴州刺史。很明显，李严这是想趁火打劫。诸葛亮虽然没有同意，但也没有处理他。后来，李严见做巴州刺史无望，又有了新主意：他要像司马懿一样开府治事。这时候诸葛亮正要调动所有蜀军对抗曹魏五路大军的侵犯，需要李严带两万人前去助阵，所以迫不得已退让一步，让李严的儿子李丰“督主江州”，部分满足了他的要求。

除了要挟诸葛亮，李严还曾给诸葛亮写信，劝诸葛亮“加九锡，进王爵”，这是不怀好意地把诸葛亮往风口上推。因此，诸葛亮想处理李严这个破坏团结、影响北伐大业的家伙，恐怕不是一天两天的事了。这次他自己犯浑，落了这么大一口实给诸葛亮，正好让诸葛亮名正言顺地处理他。

然而，事实仅此而已吗？

恐怕也不是。实际上，李严的问题并不是他个人和诸葛亮之间的问题，而是以诸葛亮为代表的荆州集团和以李严为代表的益州集团之间的问题。当年刘备由荆州占领益州后，随之而来的是好大一批荆州人士，这些人占据了益州许多重要位置。

这本来很正常，刘备作为一个外来户，占领一块新的地盘后，为了治理地方任用自己的熟人、亲信是再常见不过的事情。益州集团的士人虽然心怀不满，但他们作为战败者再不满也只能忍气吞声，把怨言消化在肚子里。可好巧不巧，刘备刚刚称帝就在夷陵赔光了自己的老本，荆州集团的很多将领以及益州集团中亲刘备的人都折在了从猇亭到白帝城的路上。这些空缺出来的位置需要诸葛亮从益州本土士人中选拔人才进行填补，这使得益州集团势力壮大，甚至到了可以和荆州集团分庭抗礼的地步。刘备在白帝城托孤时，选择李严为诸葛亮的副手也是形势所迫，只为保持荆州和益州两个集团的平衡，维护蜀汉的统治。

刘备自己草草收场，把一大摊子事丢给了诸葛亮。接手之后，诸葛亮的首要任务是稳定集团内部的关系。虽说丞相的职责本就是平衡朝中各方面的势力，但诸葛亮要做的远不止这些。

我们知道，诸葛亮是蜀汉的丞相，即便放在中国两千年封建朝代所有丞相中，他也是名列前茅者，为后世敬仰。这样一个丞相，除了要让大家的日子过得尽量好一些，更要把朝廷上下拧成一股绳，使蜀国军民勠力同心，完成先帝刘备的遗命。而在完成这些的同时，诸葛亮还得保证自己不被上级猜疑，不被下级嫉恨，至少不会如曹操般日后落人口实。

怎么才能做到这些呢？诸葛亮不仅处事要公平、公正、公开，更要做到做事胸怀坦荡，亲力亲为，将自己置于众人的聚光灯之下，以自身给蜀国的大小官员做榜样、树标杆。

诸葛亮无疑做到了这些。因此，为了维护蜀国内部的稳定，不管是处理益州集团的首领李严，还是处理荆州集团的重要人物廖立，诸葛亮都做得堂堂正正，不仅让人无可挑剔，甚至李严、廖立两人也难生怨言。

这已经很难了，但对于诸葛亮来说这还远远不够，治理好蜀国内政不过是安稳了内部，他还有更大、更艰难的目标需要达成，那就是完成国家的统一。

这在所有人看来几乎是不可能完成的事情，因此后世许多人批评诸葛亮在北伐一事上不切实际，甚至指责他穷兵黩武，把蜀国带入深渊，还有人说他军事能力不行。陈寿就曾评价诸葛亮“治戎为长，奇谋为短，理民之干，优于将略”。也就是说，诸葛亮的治国能力是一流的，治军水平也很高，但打仗不行，只能规规矩矩地打阵地战，一旦战场发生变化，他就抓瞎了。

由此可见，哪个朝代都有“键盘侠”，区别只是他们手中是否有键盘罢了。

诸葛亮为什么要北伐？

蜀汉国小民寡，而且偏于一隅，国力远不及曹魏，要实现统一就必须不断发动战争，通过战争转移蜀汉内部的矛盾和民众的注意力，在战争中谋求发展，在战争中寻找机会。

诸葛亮为什么要接二连三北伐?

因为和曹魏相比，蜀汉的人口基数太小，综合实力差得太多。如果诸葛亮停下进攻的脚步，一心谋求发展，那么在蜀国发展的同时，人口基数大的魏国也在发展，而且时间拖得越久，双方差距就会越大，对蜀汉越不利。因此，刘备在夷陵大败之后，诸葛亮也仅仅恢复了四五年，粗略平定南中之后便迫不及待地北伐。

诸葛亮知道，他不能等，蜀国也不能等。

要打仗，诸葛亮又被他自己的身份束缚住了手脚。虽然刘备去世之后诸葛亮成了蜀汉实际上的统治者，可再怎么“实际”，诸葛亮也不姓“刘”。蜀汉的主人是刘禅，不是他诸葛亮。因此，他不能像刘备那样豪赌一把，哪怕把蜀汉整个输掉也无所谓。

诸葛亮的北伐当然要胜利，但在胜利之前首先不能输，诸葛亮的身份、为人和秉性都决定了他承担不起因战争失败导致蜀国灭亡的后果。因此，诸葛亮首先得保证在战争中不失败，然后才能考虑争胜的问题。

要做到先保存自己再打击敌人，这就注定诸葛亮不能行险，但我们知道，战争中要以弱胜强、以寡敌众，就必须兵行险着。项羽攻巨鹿，韩信伐赵国，刘秀战昆阳，哪一次以少胜多的经典战役不是死中求生，惊险至极！而且，经典之所以经典，就是因为它不可再为，难以复制。

就好比如今的那些大企业家，或许他们真是白手起家，历经艰苦、曲折后成就一番事业，但我们普通人看到的只是其中一两个成功的，而忽视了与之同时期起步，路线和背景相似，却最终倒在通往终点路上的绝大多数人。这就是幸存者偏差。

谁都知道风险和机遇呈正相关的关系，风险越大，机遇往往也越多。但诸葛亮不能拿整个蜀汉去冒这种风险，在机遇与风险并存时，他只能选择那条风险相对较小的道路，于是便有了为后人所诟病的“子午谷奇谋”事件。

事情发生在诸葛亮第一次北伐之前。当时诸葛亮决定出兵，在南郑做好了战前部署，这时候都督前部的大将魏延给诸葛亮提出这样一个计划：

让诸葛亮给他一万人马（包括五千精兵，另外五千人运粮食），他带着这一万人出褒中，走子午谷，十天就可以到达长安。曹魏方面防守长安的是谁？是曹操的女婿夏侯楙。这是个没什么用的公子哥，看见他魏延神兵天降，必然吓得转身就跑，那样他就可以占领长安。而曹魏方面从听说长安失守到聚拢大兵前来，至少要二十天时间。有这三十天的时间，足够诸葛亮带着大军从斜谷道抵达长安，而只要诸葛亮及时到达，长安以西便都是蜀国的。

诸葛亮没有同意。道理很简单：若魏延这个计谋成功，诱惑当然很大；可若失败了呢？他这一万人肯定折了，而诸葛亮蓄谋已久的北伐也将受到极大影响，不如他堂堂正正地出师，打一个地方就占领一个地方来得稳妥而实际。

同样，我们可以再揣测一下诸葛亮的北伐，尤其是第一次北伐，他为什么要出祁山？

因为诸葛亮心里的目标或许并不是长安，或者说长安只是诸葛亮第一次考试的附加题，而他本来的首要目标是陇西，也就是雍州和凉州。

为什么这么说呢？因为当时汉中到关中之间横亘的是高耸的秦岭，而要穿过秦岭，从西到东有四条路可以选择：陈仓道、褒斜道、傥骆道和子午道。这四条道路虽然难走，但胜在距离短；而从西边绕过秦岭的祁山道则不然，不仅路没好走多少，还得走一个大大的弓背，远的不是一丁半点儿。

如果诸葛亮是奔着长安去的，那他没有理由不在其他四条路上多下功夫。而且，出征前诸葛亮还给蜀军的第一号猛将魏延加封了凉州刺史这一头衔，而这里面的深层含义可能就是：当时诸葛亮北伐的目标是陇西的雍、凉二州。

那到底有没有这种可能呢？我觉得不仅有，而且可能性非常大。首先，战争不是儿戏，以蜀国的国力，一个平A[1]直接推到长安、回归故都的可能性不大。其次，陇西地区面积很大，又盛产蜀地急缺的战马，通过一次战役拿下陇西，成绩已经很大，谁都不可能一口吃成胖子。当然，如果顺利，接下来兵不卸甲，马上从陇西进攻长安也不是不可以。但以诸葛亮稳重的

1. 游戏用语，指普通攻击。

性格看，将陇西作为第一目标是合适的。

诸葛亮不是没冒过险，火线提拔马谡就是他的冒险之举，可他得到的是什么？丢了街亭。其实，即便丢了街亭，蜀军折损的最多不过马谡的五千先锋，诸葛亮完全可以将战线后移，收拢队伍再战。他为什么就退了呢？

原因只有一个：求稳。

因此，诸葛亮之后的每次北伐但求十全，不肯冒险。即便在如此苛刻的条件下，诸葛亮的北伐其实仍在稳步前进。到了最后，诸葛亮与司马懿对峙于渭水之南的五丈原，蜀军屯田的士兵与当地百姓甚至已经杂居在离长安不过四五十里的渭水边上。

这表明诸葛亮其实一直处于胜利状态，这不是他军事能力的证明又是什么？

其实，不管后人如何揣摩、推演，都难以理解一个真实的诸葛亮。真正懂得诸葛亮的，恰恰是他的对手。

而作为其对手的司马懿只是参观了蜀军撤退后遗留下的军营壁垒，便不由得发出衷心的感叹："天下奇才也！"

历史上总有那么一些人，明明是人，却总让后人感觉他们是神。

建兴九年（公元231年），诸葛亮的第四次北伐因为李严运粮不力而不得不停止，之后蜀军罕见地进入暂时的平静期。其间，一方面，诸葛亮严厉处理了以李严为首的不尽职官员，进一步稳定蜀汉的内部政治；另一方面，总结后三次北伐的经验，针对制约蜀军的最大难题后勤补给，诸葛亮一边发展农业，一边对之前的木牛进行改进，制造出更适合在山地运粮的流马。

经过两年的休整和准备，诸葛亮准备发动第五次北伐。

之前的四次北伐都只持续了两三个月便因缺粮而撤军，这一次北伐之前，诸葛亮或许已有所感，随即先与东吴约定，共举大军两面出击。然后，在建兴十二年（公元234年）春天，诸葛亮率军十万出斜谷，踏上了他最后的征途。

四月，诸葛亮到达郿城，蜀军驻扎渭水之南。与此同时，东吴孙权率十万人进攻合肥新城，并命令陆逊进攻襄阳，孙昭进攻广陵。

与诸葛亮对阵的，依然是司马懿。

司马懿的策略还和之前一样：盯住诸葛亮，坚守不出，拼后勤补给。于是，两军在经过短暂交锋后于五丈原展开最后的对峙。

司马懿是没有信心和诸葛亮正面对抗的，他认为只要坚壁不战，等蜀军粮草接济不上，自然会撤退。因此，即便诸葛亮派人送一套女人衣服给他，羞辱他是个大娘儿们，司马懿也不打算出战。

可司马懿不能表现出无所谓的样子，因为他能忍，他手下的将军们可不能忍。而且，在知道诸葛亮送来女人衣服之后，司马懿手下的将军已经激愤，纷纷要求出战。司马懿怕众人不听他的忍不住私下出击，眼睛一转，想出一个缓兵之计。他故意表现出很生气的样子，拿着诸葛亮送来的女人衣服又摔又踩，估计还问候了诸葛亮的先人，然后跟手下的将军们说："你们等着！我现在就派人去跟陛下请战！"

司马懿自己就是前线总指挥，战与不战，哪里用得着派人回去请示！而魏明帝曹睿显然事先和司马懿通过气，很配合地派卫尉辛毗持节到军中，以皇帝的名义制止司马懿出战的请求。

这下司马懿就有理由了。他手一摊，对将军们说："没办法，陛下不允许啊！"

这事被蜀军的探子得知后，姜维对诸葛亮说："丞相，辛毗这一来，司马懿估计是不会出战了。"

诸葛亮只能无奈地摇头："司马懿本来就没有出战的打算，也就是给手下们装装样子而已。将在外，君命有所不受。如果他估计能打过我，哪里还会千里请战？"

司马懿在等诸葛亮自己退兵，但诸葛亮这次已经打定不胜不归的决心。两军对峙百余天后，蜀军仍没有退回去的迹象，诸葛亮甚至让士兵直接在前线屯田，准备做长久对峙的打算。

虽然对于诸葛亮在第五次北伐前所上的《后出师表》究竟是他本人所作，还是后人托名伪作，如今仍未有定论，但《后出师表》中所表达的确实洽合诸葛亮的思想。诸葛亮清楚地知道，蜀汉的基业不能苟安，即便不去讨伐曹魏也是死路一条。与其等死，不如在战斗中寻找机会（不伐贼，王业亦亡。惟坐而待亡，孰与伐之），而他立誓将以自己的性命去努力完成这件看起来不可能的事情（鞠躬尽瘁，死而后已）。

然而，正是诸葛亮身上巨大的精神压力（受命之日，寝不安席，食不甘味），使得他不得不事必躬亲，鞠躬尽瘁，从而耗尽了他的生命。建兴十二年（公元234年）八月，在军营中的诸葛亮突发疾病，很快便重病缠身，但他依然没有撤军的打算，准备为蜀汉的基业拼尽最后一口气。

可惜的是，历史没有再给他时间。公元234年农历八月二十八日（公历十月八日），诸葛亮在军中病逝，与他“兴复汉室，还于旧都”的梦想一起葬在了五丈原。

后记

本书大概是少数几本可以得到重制出版的非畅销书，因此首先非常感谢北京联合出版公司的朋友们。

从我起意要写这样一本书到现在，已经过去十二年了。十二年的时间足够改变很多事情，不仅我从一个青葱少年变成了一个油腻大叔，就连我们生活的世界也发生了重大的变化。

因为自己是个临床医生，日常就面临高强度的工作，空余时间很少，所以一开始的时候，我并不确定在这本书的写作上自己能够走到哪一步，前期经常写写停停，甚至曾经数次放弃创作。但每次放弃之后过数个月，我又总会心生不甘，重新将其拾起。随着越写越多，就越不舍得放弃，到了后来，我甚至有了这样一种感觉：管他其他什么东西，就这么一直写下去也挺好。本来汉朝的历史在曹丕篡汉的建安二十五年就已经结束，但这时候我想表达的还没表达完，我所敬仰的先贤甚至还没有登场，于是便有了《最后的使徒》。

诸葛亮是最为中国人熟知和仰慕的历史人物之一，但他也是很特殊的一位。年轻时我对诸葛亮的了解大多来自《三国演义》中的故事，那时我的看法和大多数人的一样，认为他是被夸大和神化的。然而，当我真的通过历史古籍去了解这个人，我越来越体会到诸葛亮的伟大其实是被片面化、弱化的，他是那种真正三百六十度无死角的完美“六边形战士”。就如同我们的祖国，以我有限的语言和文字水平，其实根本不能把这两者的伟大完全表现出来。于是，我决定就写到这里。以诸葛亮这样一个伟大的人物来完结这样一段伟大的历史，是再好不过的事情了。

最后，我想跟大家分享下在学习历史和创作过程中我个人的思想变化。刚开始写这本书时，我其实没想太多，只是想在某一领域证明自己，但当时间推移，随着社会的变化和自己阅历的丰富，尤其是党和国家领导人提出中华民族伟大复兴，点明树立民族自信、文化自信之后，我逐渐感到了解自己国家历史的重要性。中华民族为何是“复兴”？因为两千年来，我们长期处于世界之巅，我们现在只不过是要回到自己原本该在的顶峰。而作为一个中国人，国家曾经的辉煌光彩夺目，现在的强大肉眼可见，将来的兴盛指日可待，在世界其他民族面前，我们有什么理由不自信？

我希望每一个读到这本书的人，最终都能够对这个两千多年来一直在背后默默支持我们的伟大国家产生更多的了解和热爱，同时在我们自己平凡的工作中为它的复兴贡献自己的一分力量，与它一起面对未来世界的变化和挑战。

因为我们是华夏儿女，是中华民族的一分子。

这句话我保证是最后一句了：

感谢十二年来支持我的每一个人，以及我自己。

谢谢。

王瑞

2022年12月10日

作者推荐书单

到这里，一段阅读旅程已经结束。但是，历史犹如星河，浩瀚、绵延，希望本书能成为诸位读者前去探索历史宝藏的一个起点。以下是影响本书创作甚至作者人生的书籍，希望各位能在其中得到更进一步的收获。

1. 《史记》（汉）司马迁 撰 中华书局 2005年版
2. 《汉书》（汉）班固 撰；（唐）颜师古 注 中华书局 2005年版
3. 《后汉书》（宋）范晔 撰；（唐）李贤等 注 中华书局 2005年版
4. 《三国志》（晋）陈寿 撰；（宋）裴松之 注 中华书局 2005年版
5. 《资治通鉴》（宋）司马光 编著；（元）胡三省 音注 中华书局 2009年版
6. 《说文解字》（汉）许慎 著 岳麓书社 2006年版
7. 《战国策》（汉）刘向 编订；明洁 辑评 上海世纪出版集团 2007年版
8. 《前后汉故事新编》林汉达 编写 中华书局 1979年版
9. 《吕思勉读史札记》吕思勉 著 上海古籍出版社 2005年版
10. 《秦汉史》吕思勉 著 新世纪出版社 2009年版
11. 《秦汉史》钱穆 著 生活·读书·新知三联书店 2005年版
12. 《中国历代政治得失》钱穆 著 生活·读书·新知三联书店 2005年版
13. 《钱穆先生全集：从中国历史来看中国民族性及中国文化》钱穆 著 九州出版社 2011年版
14. 《国史大纲》钱穆 著 商务印书馆
15. 《秦汉魏晋史探微》田余庆 著 中华书局 2011年版
16. 《秦汉史》田余庆 著 中国大百科全书出版社 2011年版
17. 《秦汉的方士与儒生》顾颉刚 著 上海古籍出版社 2005年版
18. 《汉代学术史略》顾颉刚 著 人民出版社 2008年版

19. 《秦始皇传》顾颉刚 著 中国三峡出版社 2010年版
20. 《中国史纲》张荫麟 撰 上海古籍出版社 1999年版
21. 《秦汉简史》林剑鸣 赵宏 著 福建人民出版社 2001年版
22. 《汉代的谣言》吕宗力 著 浙江大学出版社 2011年版
23. 《秦汉简牍中法制文书辑考》高恒 著 社会科学文献出版社 2008年版
24. 《秦始皇的秘密：李开元教授历史推理讲座》李开元 著 中华书局 2009年版
25. 《复活的历史：秦帝国的崩溃》李开元 著 中华书局 2007年版
26. 《刘邦与项羽》(日)司马辽太郎 著；赵德远 译 南海出版社 2009年版
27. 《华阳国志译注》(晋)常璩 著；汪启明 赵静 译注 四川大学出版社 2007年版
28. 《细说秦汉》黎东方 著 上海人民出版社 2002年版
29. 《秦汉问题研究》张传玺 著 北京大学出版社 1995年版